KB270238

희년서
ספר היובלים

모세가 시내 산에서 본 인류의 과거역사와 미래역사

희년서

ספר היובלים

모세가 시내 산에서 본
인류의 과거역사와 미래역사

4QJub: 쿰란 4번 동굴에서 발견된 히브리어 희년서

본서에서 사용된 사해 사본의 모든 이미지는 Israel Antiquities Authority에서 운영하는
Dead Sea Scrolls DIGITAL LIBRARY (www.deadseascrolls.org.il)에서 가져왔다.

차
례

프롤로그

희년서 사본에 대해서 · 008
AHPI 한글 번역판 · 009

서 문

모세 이전의 토라 Pre-Mosaic Torah · · · · · · · · · · · · · · · · 012
  문서 자체의 내적인 증거
  최소주의와 최대주의의 이중 잣대
  히브리어 문자와 고고학적 증거
  땅 아래에서 발굴되지 않으면 없었던 것인가? (성경에 대한 최소주의 적용의 문제점)
  Vaticinia Ex Eventu 예언을 인정하지 않는 신학의 학풍
  모세의 토라 이전에 존재하던 토라들

희년서에 대해서 · 031
  천사에 의한 역사 시청각 교육
  제사장 직분의 세대 간 전수 The Lineage of the Priesthood
  절기의 책
  토라의 책
  증거의 책
  희년은 50년 주기인가 49년 주기인가?
  가이난이 족보에서 제명된 이유
  희년서와 랍비 유대교의 차이 Calendar Issue

희년서 본문

1장 - 50장 · 049-173

일러두기 | · 047
에필로그 | · 175
참고문헌 | · 178

희년서는 에티오피아 고대어인 게에즈어로 완전한 사본이 남아 있으며, 에티오피아 정교회는 에녹1서와 함께 희년서를 정경으로 인정하고 있다. 그 외 그리스어 사본이 과거에 존재했지만 현재 남아 있지 않고, 그리스어에서 라틴어로 번역된 사본과 시리아어 사본도 존재했었으나 현재 남아 있지는 않다.

수천 년간 외부의 침략을 받지 않았던 아비시니아 고원지대(해발 2천 미터~3천 미터)의 에티오피아 테와히도 정교회에 의해서 정경으로 지켜져 내려왔던 희년서가 유럽에 처음 소개되기 시작한 것은 1850년대에 August Dillmann이 독일어로 번역하여 출판하면서였다. 1861년에 Antonio Maria Ceriani는 밀라노 대주교 도서관에 소장된 중세 라틴어 필사본을 연구하던 중 희년서 일부 조각들(23장과 50장)의 존재를 확인하였다. 1870년 Adolf Jellinek는 비엔나에서 새로운 독일어 번역본과 함께 처음으로 히브리어로 복원된 희년서를 본문과 함께 출판하였다. 이후 1888년 George Henry Schodde가 영어 버전을 출판하였고 그는 Dillmann의 장 구분을 바탕으로 절을 나누었다. 1913년 Robert Henry Charles는 새로운 영어 버전을 외경과 위경 문학 모음집 ‘The Apocrypha and Pseudepigrapha of the Old Testament’에 포함했다.

1950년대 초에 쿰란 1번과 4번 동굴에서 발견된 사해사본 중에서 히브리어로 된 희년서 단편 약 15개가 J. T. Milik에 의해서 확인되어 발표되었으며, 이로 인해 학자들은 희년서가 에녹1서와 함께 제2성전 시대 유대교에서 성서로써 읽혔음을 인정하게 되었고, 고대 유대교뿐만 아니라 초기 기독교 세계에서도 희년서가 중요한 위치를 차지했던 문서임을 알게 되었다. 1978년 Michael A. Knibb는 에티오피아 본문과 영어 본문의 critical edition인 ‘The Ethiopic Book of Enoch and the Book of Jubilees’를 출판하였다. O.S. Wintermute는 1985년 James H. Charlesworth가 편집 출판한 ‘The Old Testament Pseudepigrapha’에서 희년서 파트를 번역했다. 1989년 James VanderKam은 본문 분석을 통한 주석과 함께 새로운 영어 번역본을 내놓았으며 그후 2018년에 총체적인 업데이트 판을 출간했다. 2013년에 여러 학자들이 정경 밖의 유대 문헌들을 번역하여 모아서 출판한 “Outside the Bible: Ancient Jewish Writings Related to Scripture”에서 James L. Kugel도 영어 번역본과 각주를 제공해 주었다.

희년서는 처음부터 50장으로 구성된 완본의 모양으로 전달된 것으로 보인다. 쿰란에서 발견된 사본들은 기원전 160~150년에 쓰여진 사본이라고 학계에서 일반적으로 추정한다. 발견된 사본들은 모세가 최초로 직접 기록했던 팔레오 히브리어 원본이나 모세 이후 후대의 사본을 보며 누군가가 필사하여 남겨 놓은 사본들이다.

고대히브리관점연구소AHPI에서 번역한 희년서 본문의 뼈대는 R. H. Charles의 영문 번역본(1917년)을 기본으로 사용하였고, 더 정확한 단어와 문장 구조를 위한 사본 대조 작업을 위해서 참고한 번역본은 아래와 같다. Michael A. Knibb(1978년), O. S. Wintermute(1985년), James L. Kugel(2013년), James C. VanderKam(2018년), 히브리어로 복원된 희년서(sefaria.org).

고대히브리관점연구소의 연구팀들 중에서 희년서의 출판을 위해 많은 시간과 엄청난 노력을 투자해 주신 Hana Im, Jiyoung Harmon, Christina Luce에게 감사드린다.

1. Charles, R. H. *The Book of Jubilees or the Little Genesis*. London: Black, 1917.

2. Knibb, Michael A. *The Ethiopic Book of Enoch and the Book of Jubilees.* 2 vols. Oxford: Clarendon, 1978.

3. Wintermute, O. S. "The Book of Jubilees: A New Translation and Introduction." Pages 35–142 in *The Old Testament Pseudepigrapha. Volume 2: Apocalyptic Literature and Testaments.* Edited by James H. Charlesworth. New York: Doubleday, 1985.

4. Kugel, James L. "Jubilees." Pages 1279–1500 in *Outside the Bible:* Ancient *Jewish Writings Related to Scripture.* Edited by Louis H. Feldman, James L. Kugel, and Lawrence H. Schiffman. 3 vols. Philadelphia: Jewish Publication Society, 2013.

5. James C. VanderKam, *Jubilees: A Commentary on the Book of Jubilees Chapters 1-21*, Hermeneia: A Critical and Historical Commentary on the Bible (Minneapolis: Fortress Press, 2018).

6. James C. VanderKam, *Jubilees: A Commentary on the Book of Jubilees 2 Chapters 22-50*, Hermeneia: A Critical and Historical Commentary on the Bible (Minneapolis: Fortress Press, 2018).

서 문

모세 이전의 토라 Pre-Mosaic Torah

에녹 계열의 문서들과 희년서, 이 두 부류의 책들은 제2성전 시대의 작품으로 여겨지는 다른 외경들과 비교했을 때, 고대 경건한 유대인들로부터 차원이 다른 아주 높은 가치의 '토라'로 여겨졌다. 사해 사본이 보관되어 있는 이스라엘 박물관 홈페이지의 The Shrine of the Book Complex 게시판에는 에녹서를 다음과 같이 소개한다. 에녹서와 같은 책은 그때 당시 유대인들 중에서 하시딤 하리쇼님(חסידים הראשונים)이라는 경건주의 공동체들에 의해서 "Full-fledged Holy Scriptures," 즉 "경전으로써 완전한 자격을 인정받은 책"으로 여겨졌다고 그 가치를 평가하고 있다.[1]

대다수의 학자들은 희년서가 주전 2세기 중엽의 시대적인 상황 속에서 모세 오경을 재해석하기 위해 누군가가 모세의 이름으로 창작했다고 추정하며, 희년서가 Retelling Bible(또는 Rewritten versions of Biblical Works) 즉, 모세 오경의 몇몇 주제들을 정당화하기 위해서 제2성전 시대에 누군가가 이 모든 이야기들을 짜맞춘 것이라 믿는다.[2] 그러나 그 누구보다도 경건성에 있어서는 높이 평가받았으며 사독계열 제사장들이 주축이 되었던 쿰란 야하드 공동체의 하시딤 하리쇼님(חסידים הראשונים) 사람들이 과연 모세가 직접 기록하지도 않은 내용을 모세가 직접 기록했다고 창작해놓고 그것을 정성스럽게 필사하고 받들며 '토라'로 여겼을까? 또한 윗 세대로부터 전해 받은 아무런 원자료도 없이 주전 2세기에 그들이 스스로 희년서를 창작했을까?

쿰란 동굴에서 발견된 에녹 계열 스크롤에 대한 평가도 마찬가지이다. 대다수의 학자들은 에녹1서의 기록 연대를 주전 3세기에서 주전 2세기 사이로 추정한다. 발견된 두루마리의 연대가

---

1 현재 개신교가 인정하고 있는 구약의 정경 목록이 결정된 것은 주후 90년 얌니야 회의 때라고 알려져 있다.

2 정경 밖에 있는 경전 즉 외경(外經) 중에서 이런 책을 Pseudepigrapha 위경(僞經)이라 분류하는데, Pseudepigrapha는 내용이 거짓이라는 의미가 아니라 저자가 권위 있는 과거 위인의 이름과 권위를 빌려서 쓴 책이라는 의미이기 때문에 차경(借經)이라는 호칭도 사용 가능하다. 정경의 목록과 숫자는 교파마다 조금씩 차이가 나며 외경과 위경을 분류해 놓은 목록도 서로 다르다.

주전 3세기라는 사실과 주전 3세기에 이 작품이 창작되었다는 사실은 서로 분리시켜 생각해야 할 부분이지만, 대다수의 학자들은 스크롤의 연대와 창작 연대를 동일하게 여기는 생각의 오류를 범하고 있다.

그러므로 다음과 같이 생각하는 것이 더 자연스럽고 이성적인 추론이다. 쿰란 동굴에서 발견된 두루마리 중에서 에녹 계열 사본 조각이 약 20개 발견되었는데 그 연대를 여러 가지 과학적인 방법으로 추정해보니 그 두루마리들의 연대가 주전 3세기에서 주전 1세기 사이의 것으로 판명되었다. 그렇다면 그것은 그 두루마리의 연대가 그 시대의 것이라는 의미이며, 주전 3세기에서 주전 1세기 사이에 누군가가 오래되고 낡은 원자료를 보고 필사해 두었음을 의미하는 것이지 그 연대에 누군가가 이전에 전혀 없던 내용을 창작한 것이 아니라는 것이다.

그 스크롤이 기록되기 전부터 이미 성문전승 written tradition으로 내려오고 있었던 원자료가 있었다. 에녹1서와 희년서 사본 자체의 기록 연대가 주전 3세기부터 주전 1세기 사이에 분포되어 있지만 그것은 발굴된 그 스크롤의 기록되거나 편집된 연대를 의미하는 것이지, 그것을 필사하던 그 당시에 과거부터 내려오던 어떠한 전승이나 원자료를 참고하는 과정 없이 창작한 것을 의미하는 것이 아니다. 그러므로 스크롤의 기록 연대와 전승을 구분하여 생각하여 에녹 계열 문서들과 열두 족장의 유언과 희년서와 같은 문서들의 가치는 반드시 재평가되어야 할 것이다.

문서 자체의 내적인 증거

탈굼 요나단 창세기 5:24에서는 에녹이 완전히 승천한 후에 '그의 이름이 메타트론 싸프라아 랍바 מטטרון ספרא רבא로 불렸다'고 설명을 추가했다. 싸프라아 랍바는 the Great Scribe를 의미한다. ספרא '싸프라'는 히브리어 סופר의 아람어로써 '글을 쓸 줄 알고 책을 집필할 수 있는 학자'를 의미하며[3] 고대의 처음 어느 시점에는 문자를 읽고 쓸 수 있는 자들이 극소수였기 때문에 '비밀이 맡겨진 사람(secretary)' 또는 '높은 계급의 관리'를 의미하기도 했다. 시간이 지나면서 글을 쓰고 기록하는 전문적인 필경자들의 그룹이 생기면서 '서기관'이라는 하나의 직급이 형성되었고, 쏘페르סופר가 '서기관'이라는 하나의 관직으로 고정되었다. 에녹서에서 언급하고 있는 쏘페르סופר는 후대에 고정된 의미로서의 서기관을 뜻하는 것이 아니라 '글을 쓸 줄 알고 책을 집필하는 학자'를 의미하고 있다. '제사장 겸 학사 에스라'(느 8:9)라는 표현에서도 '학사, 학자'로 번역되는 쏘페르סופר도 후대에 형성된 서기관이라는 그룹과 구분되어야 할 필요가 있기 때문에 '서기관'으로 번역하지 않고 '학자, 학사'로 번역된다. 에녹 계열 문서들 자체에서도 에녹을 쏘페르סופר(

---

3 Nadav Na'aman, "Sources and Composition in the History of Solomon," The Age of Solomon : Scholarship at the Turn of Millennium, Studies in the History and Culture of the Ancient near East 11 (1997): 57.

학자, 학사, 서기관, 필경자)로 여러 차례 소개하고 있다.

희년서에서는 에녹을 글쓰기 기술을 아는 사람 중에서 인류 역사상 처음으로 책을 기록한 사람이라고 소개하고 있다.

> 희년서 4:17 그는 땅에서 태어난 사람들 중에서 글쓰기 기술과 지식과 지혜를 배운 자로서, 사람들이 월별 순서에 따라 각 해의 절기를 알 수 있도록 하늘의 징조들을 월별로 책에 기록한 사람들 중에서 첫 사람이었다. 18 그는 증거를 기록한 첫 사람이었으며, 우리가 그에게 알려준 대로 그는 땅의 세대들 중에서 사람의 아들들에게 증언하였고, 희년의 주간들을 알려주었으며, 일 년의 날수를 알게 했고, 월들을 순서대로 설명했으며, 안식년들을 자세히 말해주었다. 19 무슨 일이 있었고 무슨 일이 일어날지 에녹은 그의 꿈환상에서 보았는데, 그것은 인류의 전 세대에 걸쳐 심판의 날까지 사람의 자녀들에게 일어날 일들이었다. 그는 모든 것을 보고 이해했으며 그의 증거를 기록했고 모든 사람의 자손들과 그들의 세대들을 위해 그 증거를 땅에 남겨 두었다.

에녹-메타트론 전승에서 나타나는 승천한 에녹이 높은 하늘에서 하늘의 서기관의 직분을 맡게 되었다라는 묘사는 후기 랍비 전통에서도 나타나는데, 바벨론 탈무드 Hagigah 15a에 따르면 에녹-메타트론은 이스라엘의 공로를 기록하도록 하나님 곁에 앉는 특권을 부여받았다.[4]

에녹1서와 2서와 3서에서 에녹을 '학자', '서기관', '의의 서기관', 또는 '위대한 서기관'으로 호칭하는 구절은 에녹1서 12:3, 12:4, 15:1, 92:1, 에녹2서 1:1, 에녹3서 31:1, 32:2, 33:2(2), 48:10에서 총 10회 나온다. 뿐만 아니라 에녹1서, 2서, 3서에서 글을 쓰거나 책을 적는 행위나 쓰여진 글을 읽는 행위와 관련된 단어가 나오는 구절은 에녹1서에서 49회, 에녹2서에서 39회, 에녹3서에서 94회가 등장하여 총 182회가 나온다. 희년서에서도 글을 기록하는 동작과 관련된 구절이 총 60회 나오니, 통틀어서 242회 사용된 것이다.

희년서에서 글을 기록하는 동작과 관련된 구절은 모두 60회

372B1:1, 1:5, 1:7, 1:25, 1:26, 2:1, 2:20, 3:10, 3:14, 4:5, 4:17, 4:18, 4:23, 4:30, 5:13(2), 5:14, 5:17, 5:18, 6:12, 6:17, 6:21, 6:22, 6:23, 6:35, 8:2, 8:3, 8:11, 8:12, 10:14, 11:16, 11:27, 15:25, 16:3, 18:19, 19:14, 21:10, 23:32(2), 24:33, 28:6, 30:9, 30:12, 30:17, 30:21, 30:23(2), 32:11, 32:21, 32:22, 32:24, 32:28, 33:10, 33:12, 33:18, 47:9, 49:17, 50:6, 50:13(2).

에녹1서에서 49회

374B10:8, 13:4, 13:6, 14:4, 14:7(2), 33:3, 33:4(2), 40:8, 69:8, 74:2(2), 81:1, 81:2(2),

---

[4] 땅에서도 서기관이었던 에녹은 하늘에서도 서기관의 직분을 받아 하늘에서 인간의 일들을 기록하는 직무를 총괄하고 있다(b. Hag 15a).

81:4, 81:6, 82:1, 83:1, 83:10, 89:62(2), 89:64, 89:68, 89:70(2), 89:76, 90:14, 90:17, 90:22, 91:14, 92:1, 98:7, 98:8, 98:15(2), 103:2(3), 104:1, 104:7(2), 104:10, 104:11(2), 107:1, 108:1, 108:15.

에녹2서에서 39회

376B19:3, 22:10(2), 23:2(2), 23:3(2), 33:2, 33:6, 33:9, 33:10, 33:11, 35:2, 36:2, 40:2, 40:4, 40:5(2), 40:6, 40:7, 40:8, 40:9, 40:11, 43:1(3), 47:2, 47:4, 50:1, 53:2(2), 64:5(writer), 65:4(2), 66:8, 68:3(2), 71:34, 73:11.

에녹3서에서 94회

378B13:1, 18:17, 18:25, 22c:4(2), 22:2, 23:1, 23:3, 23:4, 23:5, 23:6, 23:7, 23:8, 23:9, 23:10, 23:11, 23:12, 23:13, 23:14, 23:15, 23:16, 23:17(2), 23:18(2), 24:1,2,3,4,5,6,7, 8,9,10,11,12,13, 14, 15, 16, 17(3), 18, 19, 20, 21, 22, 23, 28:10, 29:1, 30:2, 31:2, 31:12, 32:1, 32:2, 33:5, 35:4, 35:5, 35:6, 38:2, 38:3, 40:3, 40:4, 42:2, 3, 4, 5, 6, 7, 43:3, 44:9(3), 46:2,3,4, 48:3,4,6(2),7(2),8, 10, 48b:1, 48c:1, 9, 10(2), 48d:4(2), 10.

에녹1서 83장에서 제4부 꿈환상의 책(83장-90장)을 시작하면서 에녹이 본 두 번의 꿈환상을 그의 아들 므두셀라에게 진술하는 장면이 나오는데 그 시작에 에녹은 아래와 같이 적고 있다.

> 내가 아내를 맞이하기 전 본 두 개의 이상은 서로 다른 것이었다. 처음 본 이상은 내가 글
> 을 쓰는 기술을 배웠을 때였고, 두 번째 본 이상은 너의 엄마를 맞이하기 전이었다. 나는 무
> 서운 장면을 보았고 이것에 관해서 주님께 도움을 간구했다 (에녹1서 83:2).

두 번째 본 꿈환상은 에녹이 그의 아내 에드나를 만나 결혼하기 직전에 보았고, 에녹이 처음 본 꿈환상은 에녹이 글쓰기를 배웠을 때라고 하면서 에녹이 살던 홍수 이전 시대에 이미 문자를 읽고 쓰는 법이 전수되고 있었음을 알려주고 있다.

창세기 11:1에 의하면 홍수 이후부터 바벨탑 언어 혼잡 사건 전까지는 온 땅의 언어(싸파 에하트 שָׂפָה אֶחָת speaking language 口音)가 하나였으며, 말이 하나였다(드바림 아하딤 דְּבָרִים אֲחָדִים) 고 한다. 한글 성경에서는 후자를 언어, 말, 낱말이 하나였다고 번역하고 영어 성경에서는 common speech, one speech, the same words로 번역해 주고 있지만 싸파 에하트 שָׂפָה אֶחָת와 드바림 아하 딤 דְּבָרִים אֲחָדִים의 의미 구분이 되지 않고 있다.

사파 שָׂפָה의 기본 의미는 입술이다. 듣고 구별될 수 있는 소리를 냄으로 의미를 전달하는 것 을 שָׂפָה라고 할 때 개역성경의 구음(口音 speaking language)이라는 번역이 잘 되어진 것이다.

반면 드바림 아하딤 דְּבָרִים אֲחָדִים의 다바르는 여러가지 의미로 사용되는 단어이다. 드바림 아 하딤 דְּבָרִים אֲחָדִים은 speaking language와는 달리 다른 사람에게 의미가 전달될 수 있도록 표시를 하는 문자 체계 시스템을 말하는 것이다. 그것이 어떤 pictographic symbols의 형태였는지 현재

로서는 남아있는 증거 자료가 없으니 epigraphy(study of inscriptions)로서나 paleography의 방법으로 과학적 접근을 할 길이 없다고는 하지만, 흥미로운 사실은 희년서 11:16에는 아브라함도 그의 아버지로부터 14세 때에 글쓰기를 배웠다고 알려주고 있다. 아브라함의 14세는 바벨탑 사건으로 언어가 혼잡되기 약 34년 전이다.[5]

여기서 드바림 아하딤 דְּבָרִים אֲחָדִים은 하나의 공통된 문자 체계 시스템이 있었음을 말해주고 있는 것이다. 다바르 דָּבָר는 기록된 문자나 글자라는 의미도 가지며, 그 복수 드바림 דְּבָרִים이 글을 모아 놓은 책을 지칭하는 용례는 다음과 같다.

> 역대상 29:29 "다윗 왕의 행적은 처음부터 끝까지 선견자 사무엘의 글(책, 기록)과 선지자 나단의 글(책, 기록)과 선견자 갓의 글(책, 기록)에 다 기록되고"

여기서 사무엘, 나단, 갓의 글(책, 기록)에서 드바림 דְּבָרִים이 명사 연계형으로 사용되어 기록된 문자(글자)를 모아 놓은 글, 책, 기록의 의미로 사용되었다. 그 외에도 예후의 글(대하 20:34), 나단의 글(대하 9:29), 스마야와 잇도의 족보책(대하 12:15), 옛 기록(대상 4:22 הַדְּבָרִים עַתִּיקִים)에서 드바림 דְּבָרִים이 '말을 글로 적은 문자나 책이나 기록'이라는 의미로 사용되어, 구약에서 총 6회의 용례가 나타난다.

그러므로 창세기 11:1에서 드바림 아하딤 דְּבָרִים אֲחָדִים은 히브리어 22개의 문자 시스템이 있었음을 말해주고 있는 것이다.

고대 시대에 읽고 쓰는 능력은 상위층에 속한 엘리트 집단, 종교 지도자, 통치자와 같은 소수자들의 전유물이었던 때가 있었다. 특권층들에 의해서 글을 쓰고 읽는 기술이 전수되며 발전되는 과정을 거치면서 문자로 기록된 전승들이 한 동안은 소수의 사람들만 소유하게 되는 시간들이 있었다. 그러나 대가족을 이루어 가족 단위로 살던 히브리 족장들은 주변 다른 민족들에 비해 문맹률이 낮았던 것으로 보인다.[6] 특히 주전 10세기 다윗, 솔로몬 시대에 와서는 이스라엘의 문예 부흥 시대를 거치면서 문자 사용 기술을 통한 문예 활동이 예루살렘 왕궁의 문서들과 광범위한 저술 활동을 통해 더 발전했을 것으로 생각되며,[7] 전문 서기관 그룹(소프림 סוֹפְרִים)을 양성하는 서기(書記) 훈련(scribal training) 양성 교육이 예루살렘 궁중 중심으로 운영되면서 처음에는 행

---

5 랍비 유대교의 표준 연대 계산은 Temple Institute에서 발간한 HISTORICAL CHART from the Creation to the End of Days를 참고하였다.

6 에녹은 윗세대로부터 글쓰기를 배웠다. 홍수 후에 셈의 아들 아르박삿은 그의 아들 가이난에게 글을 읽고 쓰는 것을 가르쳤다(희 8:3). 데라는 아브람이 14세 때에 아브람에게 글쓰기를 가르쳤다(희 11:16). 이삭은 야곱에게 글쓰기를 가르쳤다(희 19:14).

7 Na'aman, "Sources and Composition in the History of Solomon," 60–61. 사무엘서와 열왕기서에서 그려지는 다윗과 솔로몬의 역사는 10세기 예루살렘 궁전에서 광범위한 저술에 대한 증거로써 수년 동안 받아들여져 왔다.

정 기록과 왕의 개인 비서와 레위인의 성문서 관리에 주로 머물던 저술 활동(scribal activity)이 8세기에 이르러서는 왕궁과 성전의 뜰을 넘어서 일반 백성들에게 더 보편화되었을 것으로 보인다. 그리하여 약 400년간 지속되었던 1차 성전 시대인 솔로몬 성전 시대 동안 구약의 대부분의 성문서들이 기록되거나 편집되었고, 과거의 원자료들을 필사한 사본들도 늘어났으며, 그 과정에서 과거 사본들을 편집 재구성하거나 창작된 부분을 추가하는 작업도 포함되었다.

에녹1서 68:1에는 노아가 에녹에게 자문을 구하기 위해 땅의 끝으로 가서 에녹을 찾아 만나는 장면이 나온다.

> 이 일 후에 나의 증조 할아버지 에녹은 나에게 한 책에 있는 모든 비밀들과 그에게 주어졌던 비유들에 대해서 설명해 주었다. 그는 나를 위해서 그것들을 비유들의 책의 글들로 모아주었다(에녹1서 68:1).

에녹이 그가 받은 비밀들과 비유들을 노아에게 설명해준 후, 기록해 놓았던 글들을 모아서 책으로 노아에게 전해주었다. 에녹이 글로 적어서 노아에게 넘겨준 그 작품이 홍수 속에서도 유실되지 않고 노아에 의해서 가보처럼 여겨지며 보존되어 왔다.

이러한 전승(tradition)의 과정은 다음과 같이 이어진다. 에녹은 그의 책들을 므두셀라에게 또한 노아에게 전달했고, 노아는 므두셀라와 에녹으로부터 받은 조상들의 책들을 셈에게, 셈은 아브라함에게, 아브라함은 이삭에게, 이삭은 야곱에게 전달한 후 야곱은 조상들의 책들을 자신이 기록한 책과 함께 레위에게 넘겨준다. 이로써 대가족 단위의 족장들의 시대의 전승이 마감된다 (4Q Aramaic Levi Document 10:5, 16:1, 희년서 45:16). 이후로는 이 가보(家寶)로 내려오는 대외비 문서를 레위인 제사장들이 보관하고 자녀들을 위해서 필사하여 넘겨주게 된다.[8] 이집트에서 레위는 높은 수준의 경건성으로 존경받던 그의 아들 고핫에게 이 가보(家寶)를 전달해 주고 (고핫의 유언 4Q542), 고핫은 그의 아들 아므람에게 전달했으며(아므람의 비전 4Q543-549), 아므람은 그의 아들 아론에게 전달하여 이후 이 조상들의 토라 스크롤은 모세의 토라와 함께 문서 관리를 담당하던 레위 사람 제사장이 맡게 된다.[9]

약속의 땅에 들어와 정착한 이후 왕국 시대에 들어서면서 다윗과 솔로몬 시대부터 인정받은 사독 계열 제사장들이 제1차 성전 시대에서부터 제2차 성전 시대 중반까지 이 토라들을 맡아서

---

[8] 【희 45:16】 "그리고 야곱은 자신의 모든 책들과 조상들의 책들을 그의 아들 레위에게 주어 그 책들을 잘 보존하게 하였으며, 그의 아들들을 위해 그 책들을 새롭게 필사하게 하여 오늘날까지(모세가 시내 산 정상에 도착한 시점) 이르게 하였다."

[9] 모세에게는 토라뿐만 아니라 토라의 복사본(미쉬네מִשְׁנֶה)까지 이미 있었음을 증거하고 있으며, 레위 사람 제사장이 그것을 보관하고 있었음을 말해주고 있다.

【신 17:18】 "그가 왕위에 오르거든 이 율법서(하토라 하졷 הַתּוֹרָה הַזֹּאת)의 등사본을 레위 사람 제사장 앞에서 기록하여"

관리했으며, 왕국 시대 선지자들이 모세의 토라와 함께 '모세 이전의 토라'를 그들의 선지자 학교에서 교과서와 참고서로 사용했을 것으로 보인다.

주전 160년 마카비 혁명을 통해서 세워진 하스모니안 독립 왕조가 자신의 가문에서 왕과 대제사장을 세우기 시작하면서 제1차 성전 시대부터 성전 제사를 주관해오던 사독 계열 제사장들이 성전 제사 직무에서 제외되고 밀려나게 되자, 유대 주류 사회로부터 분리된 그들은 대외비로 내려오던 이 문서들을 간직한 채 흩어지게 되었고, 그 후 대부분의 사본들이 '에녹 유대교'로 분류될 수 있는 초특급 경건주의 공동체들(에세네 공동체, 쿰란 공동체, 다메섹 공동체, 나사렛 공동체)에 의해서 보관되게 된다. 이 '모세 이전의 토라'를 간직해 오던 경건한 유대 공동체들은 일 년에 한 번 오순절에 쿰란 지역으로 모두 모여 그들이 보유했던 토라들을 읽고 언약의 갱신을 위한 성회를 개최하였다(희년서 14:20).[10] 쿰란의 야하드 공동체 사람들은 로마 군대에 의해 침략당하기 직전에 이 '모세 이전의 토라들'을 구약 성경과 다른 고대 문서들과 함께 항아리에 담아 사해 북서 지역인 쿰란의 여러 동굴 속에 미래 세대를 위해 숨겨 놓았으며, 약 1900년 동안 건조하고 더운 환경 속에서 외로이 감춰져 왔던 이 고대 문서들이 1947년부터 약 10년간 사해 지역에서 발견되었다.[11]

하나님의 섭리로 역사 속에 서서히 자취를 감춰버리고 숨겨졌던 대외비 문서 '모세 이전의 토라들'이 약 2천년이 지난 후 마지막 시대에 우리에게 다시 부각되고 있다. 에녹1서 1:1-3에서 에녹은 이 글을 남기면서 서문에 이 책을 기록으로 남긴 이유가 당시 그 시대를 살아가는 사람들을 위함이 아니라 먼 미래에 인류 역사의 마지막에 있을 큰 환란의 시대를 살아가게 될 의롭고 택함받은 자들을 위함이라고 명시하고 있다. 이 책들은 바로 지금 이 시대를 위해서 기록되었고 감춰져 왔으며 이제 드러나야 할 '토라'인 것이다.

모세의 토라 이전에 존재하던 토라들 중에 알려진 책은 다음과 같다.

> 조상들의 책들, 에녹의 책, 노아의 책, 셈의 책[12]
> 야곱의 책[13]

---

10 전국에 흩어졌던 경건주의자들이 오순절에 다 같이 한 지역(쿰란 지역)에 성회로 모여서 다 함께 토라들을 낭독한 후 언약을 갱신했다고 쿰란 문서 여러 곳에 기록되어 있다. 공동체 규율서(1QS), 다마스쿠스 문서, 전쟁 문서(1QM)에서는 공동체가 언약을 갱신하기 위해 모여 토라를 읽는 성회를 개최해야 함을 기록되었고, 유대인의 축제 달력(4QMMT)에서는 언약 갱신의 명절로써 오순절이 특별히 강조되고 있다.

11 Wright, The Origin of Evil Spirits: The Reception of Genesis 6:1-4 in Early Jewish Literature (Revised Edition), 97-105.

12 (카이로 게니자와 쿰란 동굴에서 발견된) 【아람어 레위 문서 10:10】 "나의 아버지 아브라함이 내게 이같이 명하였으니 이는 그가 '노아의 책'의 기록에서 피에 관하여 이렇게 발견하였음이라."
  * 【희 12:27】 "그(아브람)는 히브리어로 기록된 그의 '조상들의 책들'을 꺼내어 그 책을 필사하였으며"
  * 【희 21:10】 "내(아브라함) '조상들의 책들'과 '에녹의 글'과 '노아의 글'에 이와 같이 기록되어 있는 것을 내가 찾아보고 알게되었다."

열두 족장의 유언

고핫의 유언 The Testament of Qahat: 4Q542

아므람의 비전(유언) The Visions of Amram: 4Q543–549 (4Q Visions of Amram)

희년서(모세의 계시록, 작은 창세기)

아담의 책(일명: 모세의 묵시록) [14]

열두 족장의 유언은 1896년 카이로 게니자에서 '아람어 레위 문서'가 발견되기 전까지는 기독교의 창작이라 여겨졌다. 하지만 카이로 게니자에서뿐만 아니라 쿰란 동굴에서도 '아람어 레위의 유언(4Q213-214)'이 발견되면서 '열두 족장의 유언'이 고대 히브리 문서였음을 인정받게 되었다. 12족장들 중에서 유다의 유언(4Q538)과 베냐민의 유언(4Q537-538)과 요셉의 유언(4Q539)과 납달리의 유언(4Q215)도 쿰란 동굴에서 확인되었으며, 아직까지 문서의 명칭을 확정 짓지 못하는 다른 유언 문서 조각들도 발견되어 보관 중이며 연구의 과제로 남아 있다.

열두 족장의 유언과 고핫의 유언과 아므람의 유언(비전)과 희년서의 공통적인 특징은 이 책들이 모두 다 '조상들의 책들'과 '에녹의 책', '노아의 책'을 읽고 그 책들로부터 알게 된 사실에 대해서 이야기하고 있다는 것이며, '조상들의 책들'이 그 시대에는 '토라'로 여겨지며 보관되고 다음 세대를 위해 필사하여 전달되고 읽혀지고 있었다는 것이다. 열두 족장의 유언에서는 '에녹의 책, 에녹의 토라, 노아의 책, 조상들의 책, 하늘의 돌판들'이 총 12번 언급되고 있다.

---

* 【희 10:13】 "노아는 우리가 온갖 종류의 약에 관해 그에게 지시한 대로 모든 것을 다 한 책에 기록했다."

* 【Introduction to Sefer Assaf haRofeh】 "이것은 고대의 지혜자들이 노아의 아들 '셈의 책'을 보고 베껴 적은 치료법에 대한 책이다. 그 내용은 홍수 후에 아라랏 산의 루바르 산에서 노아에게 전해진 것이다."

13 【희 32: 26】 "그가 야곱을 떠나 올라갔고, 야곱은 잠에서 깨어나 그가 읽고 본 모든 것을 기억했고 그가 읽고 본 모든 말들을 기록했다."

【희 45:16】 "야곱은 자신의 모든 책들과 조상들의 책들을 그의 아들 레위에게 주어 그 책들을 잘 보존하게 하였으며, 그의 아들들을 위해 그 책들을 새롭게 필사하게 하여 오늘날까지(모세가 시내산 정상에 도착한 시점) 이르게 하였다."

14 아담서는 에녹의 책과 함께 주후 2세기 중엽까지는 랍비들에 의해서 비밀스럽게 참고서로 사용되던 책이었지만, 랍비 아키바의 제자인 랍비 시몬 벤 요하이에 의해 당시 랍비 유대교가 지향하던 교리와 충돌되는 주제들 때문에 금서로 지정되어 유대교 역사 속에 자취를 감추게 되었다. 그러나 아담 문헌은 그리스어로(모세의 묵시록), 라틴어와 슬라브어로(아담과 하와의 생애), 아르메니아어로(아담의 참회), 조지아어로(아담의 책) 그리고 콥틱어 사본 조각들로 잔존하게 되었다. 히브리어 원본으로부터 번역된 것으로 인정되고 있는 이러한 번역본들 사이에는 번역되는 과정에서 생긴 표현의 차이와 변형 및 추가와 누락으로 내용이나 문장의 길이에 서로 어느 정도 차이가 있지만 단일 출처에서 나온 것이라고 인정된다. 이러한 1차 번역본들 외에 이 아담의 책을 다시 인용, 발췌, 재편집한 문헌들도 있다. 사해 사본에서 아담서(Adam literature, 아담과 관련된 문서들)로 분류될 만한 몇 가지 사본 조각들이 발견되었다. 4QAdam and Eve(4Q482), 4QTexts on Paradise and the Fall (4Q203, 4Q206, 4Q215a)

레위의 유언(아람어 레위 문서), 4Q213 ALD

고핫의 유언, 4Q542 (4Q TQahat) Plate 193 Frag 1

아므람의 유언(비전), 4Q544 (4Q Visions of Amram) Plate 431

최소주의와 최대주의의 이중 잣대

창조론은 최소주의minimalism로, 진화론은 최대주의maximalism로 평가받는 이중 잣대는 두 영역에서의 증거 평가 방식이 편향되어 있음을 보여주고 있다.

세상 학문에서 히브리 성경의 창조 기록을 다룰 때는 최소주의적 관점으로 접근하는 경향이 있다. 이때 상당한 고고학적, 역사적 또는 문헌적 증거가 성경 기록과 일치하더라도, 이는 증거로써 인정받기 어렵다. 증거들이 있어도 더 확실한 증거들이 있어야 인정해 주겠다고 말한다. 성경의 기록에 대해선 압도적인 증거가 제시되지 않는 한 이를 인정하려 하지 않는 것이다. 예를 들어, 현재 학계에서 고고학을 바탕으로 이스라엘이 히브리어 문자를 사용하기 시작한 때가 다윗 왕조나 솔로몬 왕조 즈음인 주전 10세기 초중반이며, 페니키아 문자나 프로토-가나안 문자로부터 영향을 받아서 주전 10세기 초중반에 이스라엘에서 히브리어 문자가 사용되기 시작했다고 선을 그어 놓았다.[15] 그렇다면 모세는 무슨 언어로 모세 오경의 원자료를 기록했으며, 히브리어 문자가 아직 없었다면 십계명은 무슨 언어로 기록되었단 말인가? 히브리대 교수였던 요셉 네베(Joseph Naveh) 같은 고대 언어의 대가가 히브리어 문자가 주전 9세기 중후반에 페니키아 문자나 프로토-가나안 문자를 받아서 사용되기 시작했다고 정해 놓은 이후 히브리어 문자가 더 이른 시기부터 사용되었다는 증거가 나와도 무시되거나 경시된다. 이는 성경 기록의 진정성을 다른 고대 역사 기록보다 더 엄격하게 다루는 최소주의적 접근 태도 때문이다.

반면 진화론적 과학에서는 최대주의적 접근이 적용된다. 이는 화석 기록이나 유전적 돌연변이 해석과 같은 과정에서 두드러지는데, 진화론은 추론과 가설에 의존하며 충분한 증거가 없을 때에도 진화론적 패러다임 안에서 하나의 가능성 있는 작은 증거도 최대주의적 방식으로 받아들여진다. 적은 증거로도 충분히 사실로 받아들일 수 있다고 말하는 것이다. 예를 들어 진화의 과정을 입증할 불확실한 중간 화석의 증거가 종의 점진적 진화를 입증하는 결정적인 증거이며 확실한 증거로 간주된다.

또한 자연발생설(abiogenesis) 같은 진화론적 이론은 직접적인 실험적 증거가 부족한 상황에서도 일반적 기정 사실로 수용된다. 진화론에 대해서는 부분적 일부 불완전한 데이터조차 진화론적 모델을 지지하는 확실한 증거로 받아들여지는 반면 창조론에 대한 증거는 같은 기준으로 수용되지 않는다. 이는 진화론이 제한된 증거에도 불구하고 최대주의적 해석을 통해 넓게 적용되며 기정 사실로 받아들여지고 있음을 보여준다.

---

15 *Joseph Naveh, Early History of the Alphabet: An Introduction to West Semitic Epigraphy and Palaeography, 2005, 9, 10, 54.*

히브리어 문자와 고고학적 증거

히브리어 문자의 기원에 대한 논쟁과 고대 바벨론 문헌의 고고학적 발견의 평가도 명확한 이중 잣대가 적용되는 한 가지 예이다. '길가메쉬 서사시'나 '에누마 엘리쉬'와 같은 고대 바벨론 유적이 발견되었을 때, 학자들은 이를 발 빠르게 문헌적 가치로 높이 평가하고 그 시대의 종교와 문화를 연구하는 데 중요한 자료와 기준으로 삼았다. 이 비문들은 그 상징성과 신화적 요소를 기반으로 널리 수용되며, 고대 근동의 세계관을 해석하는 데 중요한 틀로 사용되고 있다.

반면 히브리어 문자의 기원에 관한 논쟁에서는 더 엄격한 최소주의적 접근이 이루어진다. 예를 들어 프로토-시나이 문자와 프로토-가나안어 문자가 고대 히브리어의 증거임에도 불구하고, '히브리어'라는 명칭을 회피하는 방식으로 히브리어 문자로써의 관련성은 축소되거나 부정된다. 이는 고대 이스라엘에서 히브리어 문자 사용의 발전을 과소평가하려는 경향으로 이어지게 되어 창세기의 창조와 홍수 이야기가 고대 바벨론의 창조 설화와 홍수 설화에 영향을 받은 것으로 해석하게 되는 '학문적 사고의 틀'을 제공해 주었다.

땅 아래에서 발굴되지 않으면 없었던 것인가?
성경에 대한 최소주의 적용의 문제점

고고학에서 최소주의(minimalism)는 새로운 증거가 나올 때까지는 해당 주장이 인정되지 않는다는 입장을 지칭한다. 즉, 땅에서 발굴된 유물이 없으면 그 사건이나 인물은 존재하지 않았다는 가정에 근거하여 결론을 내린다. 하지만 이 논리는 몇 가지 근본적인 문제점을 가지고 있다.

1961년 이전에는 빌라도의 이름이 신약 성경과 요세푸스의 유대 전쟁사 (2.169-77)와 유대 고대사 (18.55-89) 외에는 로마 일반 역사 자료에 발견되지 않았다는 사실 때문에 학자들은 본디오 빌라도의 역사적 실존에 대해 의문을 제기했었다. 그러나 1961년에 이스라엘의 로마 항구도시인 가이사랴 해변에서 '유대 총독 본디오 빌라도'의 이름이 기록된 비문의 발견은 그의 존재를 의심했던 많은 비평가들을 침묵시켰다. 이것은 신약 성경과 유대인 역사가 요세푸스의 증거는 유효한 문헌 증거로써 받아들이지 않으면서, 땅에서 발굴된 고고학적 증거의 부재에만 의존하는 것이 얼마나 편향된 억지인지 보여주는 예이다.

마찬가지로 많은 학자들은 다윗의 생애와 통치에 대한 고고학적 증거가 부족하다는 점을 지적하면서 다윗 왕의 존재를 의심했었다. 그러나 1993년 이스라엘 북부에서 '다윗의 집 בית דוד' 이 언급된 석비가 발굴되었으며, 이 텔단 석비는 주전 9세기에 성경 외에서 다윗이 언급된 고고학 발굴로써 공인되어 다윗과 다윗 왕국이 역사적 실재라는 것을 확증해 주었다. 이 발견 이전에 미니멀리스트들은 고고학적 증거가 없기 때문에 다윗은 신화 속의 인물일 것이라고 주장했었다. Tel Dan Stele은 역사 연구에서 성경과 이스라엘 역사에 적용되는 미니멀리즘의 한계를 보여주는 핵심 증거 중 하나로 자리 잡았다.

특정 장소에서 특정 시기의 문자가 발견되지 않았다고 해서 그 시대에 문자가 없었다고 결론을 내리는 것은 고고학의 오만함이다. 예를 들어, 에발 산에서 발견된 후기 청동기에 속한 주전 15세기의 동판에서 고대 히브리어가 나왔다는 사실은 히브리어 문자의 기원이 주전 10세기 초중반 다윗 왕조 시기로 평가되던 것보다[16] 약 500년 더 이른 시기로 소급되는 확실한 증거이다.[17] 그러나 일부 학자들은 발견된 문헌이 충분하지 않다는 이유로 그 가능성을 무시하거나 축소한다. 기혼 샘과 다윗 성 사이에서 발견된 주전 18세기의 고대 히브리어에 대한 견해 또한 마찬가지이다. 주전 18세기면 이삭이 살던 시대에 발견된 고대 히브리어에 대한 증거이며[18] 프로토-시나이 문자의 연대와 동일한 시기이다. 하지만 최소주의자들은 이를 고대 히브리어의 증거로 인정할 수 없기 때문에 굳이 프로토-가나안어라고 부른다. 그러나 고대에는 가나안어와 히브리어가 서로 다른 언어가 아니라 같은 언어로 인식되었다는 증거를 이사야 선지자가 이사야 19장 18절에 남겨 두었다.

> "그 날에 애굽 땅에 가나안 방언을 말하며 만군의 여호와를 가리켜 맹세하는 다섯 성읍이
> 있을 것이며 그 중 하나를 멸망의 성읍이라 칭하리라"

여기서 가나안 언어(שְׂפַת כְּנַעַן)는 곧 히브리어를 언급하고 있는 것이다. 학자들이 고대 가나안 문자라고 하는 것은 곧 고대 히브리 문자라고 바꿔 말할 수도 있는 같은 언어군인 것이다.

특정 유물이 오랜 시간 동안 보존되지 않았을 가능성도 크다. 자연재해나 인위적인 파괴로 인해 많은 기록이 사라질 수도 있다. 발견되지 않았다고 해서 그것이 존재하지 않았다고 결론 내리는 것은 시간과 사건의 복잡성을 무시하는 비논리적인 추론이다.

성경과 창조 연대기에 대한 최소주의적 입장은 고고학적 증거의 결여를 기준으로 결론을 내린다. 그러나 땅에서 발굴된 것을 기초로 하는 고고학은 불완전하고 부분적인 유물에 의존할 수밖에 없고, 땅에서 발견된 고고학적 유물이 없다는 사실이 역사적인 실존을 부정하는 증거가 될 수는 없는 것이다. 고고학적 최소주의는 고고학적 유물이 발견되지 않았다는 이유만으로 역사적 사실을 부정하는 오류를 범할 수 있다. 땅 아래에서 발굴되지 않았다고 해서 존재하지 않았던 것이 아니다.

---

16 엘라 골짜기 샤아라임에서 발굴된 키르베트 케이야파(Khirbet Qeiyafa) 비문은 주전 11세기 후반에서 10세기 초반의 고대 히브리어 문자 사용의 증거이다.

17 Stripling, Scott, Gershon Galil, Ivana Kumpova, Jaroslav Valach, Pieter Gert van der Veen, and Daniel Vavrik. "'You are Cursed by the God YHW:' an Early Hebrew Inscription from Mt. Ebal." Heritage Science (2023).

18 Ruth Schuster, "Archaeologists Reveal Oldest Inscription in Jerusalem: A Canaanite Curse," Haaretz, 10 July 2022, § Archaeology.

성경에 대해 이렇게 최소주의적인 접근을 하는 세상 학문의 입장과 그들이 세워놓은 프레임 때문에 우리는 에녹과 노아가 책을 기록하여 후손들에게 전달했다는 사실과 아브라함이 조상들의 책들을 읽고 연구하고 필사했다는 사실, 아브라함으로부터 전해 받은 이 책들을 이삭과 야곱과 열두 아들이 읽으면서 그들의 입장에서 그 책들을 '토라'로 여겼다는 사실이 선뜻 받아들여지지 않고 의문을 먼저 품게 되는 것이다. 그러나 구약의 족장들과 주요 지도자들과 선지자들과 성경의 저자들에게 그들이 성경을 기록하기 전에 그들의 손에 들려져 있었던 '조상들의 책들'을 보고 참고하고 있었다는 사실을 인정하게 될 때, 우리는 이제 기존의 틀을 더 확장하여 성경의 저자들이 가지고 있었던 그 세계관으로 성경을 더 올바르게 이해할 수 있게 될 것이다.

예언을 인정하지 않는 신학의 학풍 Vaticinia Ex Eventu

'Vaticinium Ex Eventu'는 '사후(事後) 예언'을 뜻하는 라틴어로 사건이 발생한 이후에 이를 예언한 것처럼 기록하는 문학적 기법이며 일반 문학 작품에 종종 나타난다. 19세기 독일의 성서 비평의 학풍은 성경의 예언도 실제로는 미래 사건을 예언한 것이 아니라, 이미 발생한 사건을 사후(事後)에 예언의 형태로 기술한 것이라고 가르치기 시작하였다. 성경의 예언을 Vaticinium Ex Eventu이라는 문학 기법으로써 받아들이고 해석하려는 것은 성경의 예언성을 인정하지 못하는 신학자들의 입장을 반영하는 것이다. 그리고 그들은 그들의 역사적 문학적 렌즈를 통한 성경 비평 방법이 전통적인 방법에 비해 더 발전되고 학문적이며 과학적인 접근 방식이라는 의미에서 이러한 성경 해석 방법을 '고등 비평 Higher Criticism'이라 부르도록 했다. 제2이사야와 다니엘서의 저자 문제가 이러한 해석의 대표적인 예이다

제2이사야와 Vaticinia Ex Eventu

제2이사야(Deutero-Isaiah)라는 개념은 독일의 학자 베른하르트 둠(Bernhard Duhm)의 이사야 주석책(1892년)에서 처음 제안되었다.[19] 이사야서 40장부터 55장까지의 구절들이 이사야가 살았던 시기(주전 8세기)의 내용이 아니며, 바벨론 포로기(주전 6세기)에 관한 것이기 때문에 그는 이 구절들이 후대에 누군가가에 의해서 이사야의 이름으로 기록한 것이라 주장했다. 이러한 주장은 이사야가 약 150년 후의 사건인 바벨론 포로 사건과 약 200년 후의 인물인 고레스를 그 이름까지 정확하게 미리 기록했을 리가 없다는 생각에서부터 시작했고, 그 후 문체와 어휘 등의 다른 요소들을 통해서 자신의 주장에 근거를 더했다. 성경의 예언성에 대한 최소주의적 입장은

---

19 Bernhard Duhm, Das Buch Jesaia, Handkommentar zum Alten Testament. III. Abt., Die prophetischen Bücher (Göttingen: Vandenhoeck & Ruprecht, 1892).

이 예언들이 실제로는 고레스의 통치 시기에 기록된 것으로 보고 이사야의 예언이 아니라 Vaticinia Ex Eventu 즉, 이미 일어난 사건을 예언으로 포장한 것이기 때문에 '제2이사야'라는 가상의 인물을 설정해 놓은 것이다.

'제2이사야'라는 개념을 도입한 것은 성경의 예언성을 믿지 않는 입장에서부터 시작한 것이다. 예언을 인정하지 않는 입장에서는 예언서가 과거의 사건을 예언의 형태로 기록한 후대의 문서일 수밖에 없다고 주장한다. 그러나 이러한 관점은 성경의 예언적 기능을 배제한 채 여러가지 추측과 가설을 바탕으로 여러 사람들이 달려들어 이런 저런 의견들을 늘어 놓음으로써 성경 본문을 자신의 신념을 바탕으로 찢어 놓고 해석하도록 문을 열어주었다.

다니엘서와 Vaticinia Ex Eventu

다니엘서의 저자가 다니엘이 아니라 후대(기원전 2세기 중반)에 어떤 인물이 기록했다고 주장한 초기 학자는 독일의 비평학자 하인리히 에버하르트 고틀롭 파울루스(Heinrich Eberhard Gottlob Paulus)이다.[20] 그는 19세기 초에 이 주장을 제기했으며, 이 주장으로 인해 독일의 비평학에서는 다니엘서를 헬레니즘 시대, 특히 기원전 2세기 중반에 기록된 것으로 보는 견해가 발전하게 되었다. 이러한 주장은 18세기 말에서 19세기 독일에서 성서 비평학의 학풍 아래서 제기된 것이다. 다니엘서의 내용이 알렉산더 대왕의 후계자들과 셀레우코스 왕조의 안티오코스 4세 에피파네스와 관련된 사건들을 아주 상세하게 묘사하고 있는 이유는 주전 2세기 중반에 누군가가 이미 발생한 사건들을 '사후(事後) 예언'의 문학적 기법으로 창작하면서 다니엘의 이름으로 기록했기 때문이라는 것이다. 이러한 견해는 성경의 미래 예언이 불가능하다는 전제 하에 다니엘서의 기록을 재해석하려는 시도였다. 그러나 마태복음에서 예수님은 다니엘서를 인용하시면서 '선지자 다니엘'이라고 다니엘을 선지자로 호칭하셨고 다니엘서의 저자를 다니엘로 인정하셨다.

> 그러므로 너희가 선지자 다니엘이 말한 바 멸망의 가증한 것이 거룩한 곳에 선 것을 보거든 (마 24:15)

---

20 Heinrich Eberhard Gottlob Paulus, Philologisch-kritischer und historischer Kommentar über das Neue Testament (Bohn, 1804).

모세의 토라 이전에 존재하던 토라들 Pre-Mosaic Torah

Vaticinia Ex Eventu의 관점은 성경의 예언적 기록이 이미 발생한 사건을 바탕으로 사후(事後)에 만들어졌다고 가정한다. 그러나 이러한 접근은 성경의 예언을 신적 개입의 결과가 아니라 단순한 역사적 편집 과정으로 해석함으로써 성경을 지나치게 제한된 시각으로 해석하는 결과를 낳게 되었다.

진화론적 입장에서는 최대주의적 접근이 적용되어 증거가 부족하더라도 진화론적 가설은 쉽게 수용되는 반면, 성경의 창조나 예언에 대한 기록된 자료들에는 훨씬 더 많은 증거가 필요하다고 요구되며 더 엄격하게 비평하려는 이중잣대가 적용되고 있는 것이다.

'모세의 토라 이전에 존재하던 토라'에 대한 많은 내적인 증거와 사본 간의 넘쳐나는 증거들이 있음에도 불구하고 기존 학계에서는 '창조의 언어인 히브리어의 선재성'과 '성경의 예언성'을 인정하지 못하기에, 성경 연대기보다 진화론적 연대기가 더 과학적이고 학문적이라고 생각하기에 성경과 예언에 대해서는 최소주의의 잣대를 사용하여 '모세 이전의 족장들에게도 토라가 있었다'는 사실을 받아들이기 어려운 실정이다. 그러나 모세의 토라가 시내 산에서 주어지기 이전 시대에 살던 족장들에게 '조상들의 책들', '에녹의 책', '노아의 책', '아브라함이 필사한 책', '야곱의 책', '열두 족장의 유언들', 그 중에 '레위의 유언', '고핫의 유언', '아므람의 유언', '희년서', '아담의 책'이 있었다는 사실을 받아들이고 우리에게 주어진 66권의 정경을 대하면 우리는 성경에 대한 더 깊은 이해를 가질 수 있게 될 뿐 아니라 구속사의 숲과 나무를 더 높은 곳에서 더 깊이 잘 볼 수 있게 될 것이다.

4Q225 Plate 311 Frag 2 적외선 촬영 이미지

쿰란 4번 동굴에서 발견된 희년서 17-18장, 모리아 산에서 이삭을 번제로 바치는 아브라힘

희년서에 대해서

천사에 의한 역사 시청각 교육

희년서는 창세기의 창조와 에덴-동산 이야기에서부터 출애굽기의 초반부인 모세의 초기 생애와 시내 산 위에서 받은 계시의 내용에 대한 추가적인 정보들을 제공해 주고 있는 책으로 '작은 창세기'라 불린다. 이 책은 성경에서 언급되지 않은 세부 사항들을 천사의 관점으로 제공해 주며, 중요한 역사적 사건들을 희년 주기 안에서 7년 주기(주간 또는 이레, 샤부아 שבוע)로 설명하고 있다.

아담 창조 후 50번째 희년의 제9년인 A.M. 2410년, 모세는 하늘의 영광이 내려와 있는 시내 산 정상으로 올라가서 단절되었던 역사 교육 즉, 아담에서부터 노아까지, 셈에서부터 아브라함, 이삭, 야곱까지, 그리고 모세 자신에게 이르기까지의 과거사를 천사들로부터 시청각 교육을 받게 되는데 그 내용이 바로 희년서이다. 이러한 의미에서 희년서는 '모세의 계시'라는 이름으로도 불린다.

성경에서 천사가 인간에게 역사나 율법을 가르쳐준 예가 여러 번 등장한다. 다음 구절들은 천사의 이러한 역할의 예를 보여준다.

행 7:53　너희는 천사들이 전하여 준 율법을 받고도 지키지 아니하였도다(스데반)

갈 3:19　율법은… 천사들을 통하여 한 중보자의 손으로 베푸신 것인데…(사도 바울)

히 2:2　천사들을 통하여 가르쳐 주신 것들 역시 진리입니다(쉬운성경),

　　　　천사들을 통하여 하신 말씀도 효력이 있어서 (바른성경),

　　　　천사들을 통하여 하신 말씀이 견고하게 되어(개역개정)

계 1:1　예수 그리스도의 계시라 이는 하나님이 그에게 주사 반드시 속히 일어날 일들을

　　　　그 종들에게 보이시려고 그의 천사를 그 종 요한에게 보내어 알게 하신 것이라

　　　　(사도 요한)

성경에서는 천사들이 성도들을 보호하기도 하고, 보이지 않게 여러 모양으로 섬기기도 하며, 때로는 보이는 모습으로 나타나서 돕기도 하는 장면들이 많이 나온다. 뿐만 아니라 천사들은 하나님의 메시지를 전달해 줄 때 짧은 메시지를 전달해 주기도 하지만 긴 내용을 가르쳐 주기도 한다. 요한계시록은 밧모섬에서 천사가 사도 요한에게 가르쳐주고 보여준 미래 역사 교육의 기록이라면, 희년서는 시내 산에서 천사들이 모세에게 가르쳐주고 보여준 과거와 미래 역사 교육의 기록이다.

제사장 직분의 세대 간 전수 The Lineage of the Priesthood

희년서는 시간을 희년과 안식년 단위로 나누어 인류 역사를 설명하고 있는 책이다.

여호와의 일곱 절기와 레위기의 다섯 제사와 안식일과 안식년과 희년에 대한 토라가 시내 산에서 모세에게 주어졌지만, 이 모든 것들이 모세에게 처음으로 알려졌던 것은 아니었으며, 모세 이전 선조들도 이미 이 하나님의 절기들과 희생 제사들에 대한 가르침을 알고 있었다. 하지만 이스라엘 백성이 이집트에 들어가서 보내던 기간의 후반부가 되어갈 때 즈음에 이집트에서 이스라엘 백성은 이러한 가르침을 거의 다 잊어버렸다.

이러한 가르침들이 모세의 때에 처음 알려진 것이라면 가는 곳마다 제단을 쌓았던 아브라함은 어떻게 희생 제사를 드리는 방법을 알았으며, 노아는 어떻게 홍수 후에 속죄제를 드렸고, 가인과 아벨은 어떻게 소제와 번제를 화제로 드리는 방법을 알고 있었을까?

왕이며 제사장이었던 아담은 에덴-동산에서 머물던 7년 동안 제사장의 모든 제반 업무를 배웠으며, 동산에서 쫓겨났을 때 동산 밖에서 분향하는 제사를 올려드렸다. 제사장이었던 아담은 제사장 직분과 제사장 직무를 자녀에게 이어서 전달해 주었다. 이것은 홍수 전과 후를 살았던 노아에게까지 전달되었으며, 노아에게서 셈에게, 셈에게서 아브라함에게, 아브라함에게서 이삭에게, 이삭에게서 레위에게 전달되었고, 족장 시대에서 한 민족을 이룰 만큼 번성한 시대로 전환되던 이집트에서 살아가던 시대 이후로는 '레위의 제사장 직분'이 세대 간에 계속 이어져 내려가게 된다.

희년서는 이러한 제사장 직분과 제사장 직무의 세대 간 연결 고리들을 큰 주제로 다루고 있으며, 이 제사장 직무가 하나님의 정한 시간에 맞춰 하나님이 정해주신 지침에 따라 지켜져 왔음을 많은 분량을 할애하며 다루고 있다.

절기의 책: 희년서

시내 산에서 모세에게 7대 절기와 5대 제사와 토라와 계명과 세부 규칙들이 가르쳐질 때 그 이전 시대보다는 더 체계적으로 그리고 완성된 모습으로 토라와 계명과 세부 규칙들이 모세의 토라로써 주어진 것은 사실이지만,[21] 모세 이전 족장들에게도 그들의 시대와 그들의 분량에 맞는 만큼 토라와 계명과 세부 규칙들이 주어졌으며, 세대가 흐르고 시대가 바뀌면서 계시의 점진적인 확장과 증가가 있어 왔다.[22] 희년서에서 34회 사용되고 있는 '하늘의 돌판들'이라는 개념을 통해 하늘의 돌판들에 이미 그렇게 기록된 대로 땅에서 그 사건들이 일어나고 그 일들이 이루어진다는 세계관이 나타난다. 이는 에녹서와 열두 족장의 유언에서도 잘 나타나는 사상이며 성경 전반에서 나타나는 세계관이다.

> 내가 시초부터 종말을 알리며 아직 이루지 아니한 일을 옛적부터 보이고 이르기를 나의 뜻
> 이 설 것이니 내가 나의 모든 기뻐하는 것을 이루리라 하였노라(사 46:10)

여호와의 일곱 절기는 시내 산에서 모세에게 체계적이고 온전하게 갖춰진 모습으로 주어지기 전에 이미 족장들에게 점진적인 계시로 알려지며 발전되어 오고 있었다.

1. 샤밭(안식일)

희년서에서 가장 강조되는 절일(모에드מועד)은 안식일이며 안식일은 모든 절기의 기초가 된다. 일곱째 날을 기억하여 거룩하게 지키는 것은 일곱 번째 천년인 천년왕국에 반드시 참여하게 될 것을 미리 맛보며 기념하는 것이다. 또한 땅에서 일곱째 날을 거룩하게 지키는 것은 결국 일곱째 하늘에 있는 하나님의 보좌 가장 가까이에서 하나님을 섬기고 있는 가장 높은 천사들의 무리에 참여하게 될 것에 대한 확실한 언약의 표징이다. 이스라엘이 그 자리에 초대받았으며, 땅에서 일곱째 날을 기억하며 거룩히 지키는 것은 반드시 일곱째 하늘에 이르게 될 것에 대한 표징으로써 지키는 것이다. 이 일을 위해 이스라엘을 성별(聖別)하셨을 뿐만 아니라 모든 인류로부터 이스라엘을 모으셨으며, 원래 이스라엘이 아닌 이방 백성들 가운데서도 택한 자들을 그분의 백성이 되도록 불러 모으셨다(희 15:31). '샤밭'이라는 단어는 희년서 1장과 2장에 21회 사용되며 강조되고 있고, 마지막 장(50장)에서는 14회 사용되며 안식일에 대한 계명이 재차 강조되면서 희년서가 마무리된다.

2. 칠칠절(오순절)

노아는 무지개 언약을 갱신하기 위해서 매년 칠칠절을 지켰다. 노아가 사는 동안 이 절기가 지켜졌지만 노아가 죽은 후 한동안 이 절기가 지켜지지 않다가 아브라함 때에 다시 이

---

[21] 【희 33:16】 "이는 그때까지는 모든 사람을 위한 규례와 판결법과 토라가 완성된 채로 계시되지 않았으나, 너(모세)의 시대에는 그것이 절기와 시대의 토라로 그리고 영원한 세대들을 위한 영원한 토라로 계시되었기 때문이다."

[22] 【희 36:20】 "야곱은 헤브론 산지 곧, 그의 조상 아브라함이 잠시 머물던 땅에 있는 망대에 거주했고, 여호와께서 그 세대의 시대 구분에 맞추어 계시되어진 명령들에 따라 그는 온 마음을 다해 여호와를 경배하였다."

【희 50:13】 "이는 각 시대마다 그 시대의 토라들을 기록하도록 그분께서 내 손에 두신 돌판에 기록된 대로 이스라엘 자손들이 그 땅의 샤밭에 관한 계명들을 따라 샤밭을 준수하게 하려 함이다."

절기가 지켜지기 시작했으며, 아브라함은 이삭과 이스마엘과 야곱과 함께 칠칠절을 지켰다. 레위의 손자, 고핫의 아들 아므람이 죽은 이후 이집트에서 한동안 이 절기가 다시 잊혀졌다. 그리고 시내 산에서 모세를 통하여 이 절기가 이스라엘에게 다시 회복되었다. 에녹2서에 의하면, 에녹은 오순절에 태어났고 오순절에 승천했는데, 홍수 전부터 에녹의 승천을 기념하는 날로 이 날을 지키기 시작했다고 한다. 희년서에서는 랍비 유대교의 전통과는 달리 이삭의 출생도 오순절이라고 한다(일곱째 달 곧 티쉬레이 월은 천사들이 태어난 이삭을 방문한 날이다). 다윗의 출생과 사망도 오순절이라고 알려져 있다.

3. 사분기 월삭

노아는 1년 동안 진행되었던 홍수의 중요한 전환 시점이었던 사분기 월삭도 중요한 절기로 제정하여 지켰다(첫째 달, 넷째 달, 일곱째 달, 열째 달: 희 6:23-28).

4. 로쉬 하샤나(나팔절)

아브라함은 고대 근동 전 지역에서도 신년으로 지키던 일곱째 달 월삭에 별을 관측하다가 회개하고 인생의 전환점을 맞이한다(희 12:16-27). 야곱은 신년에 벧엘로 올라가서 우상을 버리고 제단을 쌓고 장막절을 준비한다(희 31:1-3). 야곱이 돌을 베고 자던 날도 일곱째 달의 월삭이었다(희 27:19).

5. 장막절(초막절)

아브라함은 7일 동안 장막절을 축제로 지켰으며, 이 절기를 '지극히 높으신 하나님께 받아들여지는 희락의 절기'라 불렀다(희 16:26-31). 야곱은 벧엘에서 장막절을 지키기 위해서 모든 것의 십일조를 정산하여 7일 동안 희생 제사를 드렸다(희 32:4-7).

6. 유월절과 무교절 7일

아브라함이 모리아 산에서 이삭을 번제로 드리던 날이 아빕월 14일이었으며, 이 아케다 사건을 기념하기 위해 7일간의 절기를 지키기 시작했다. 같은 날 모세가 이집트에서 나오면서 유월절 어린 양을 잡았고[23] 무교절의 7일을 지켰다. 예수님께서는 이삭이 번제로 드려지던 그 날 그 시간에 모리아 산에서 번제로 자신을 드리셨다.

7. 제8일(쉬미니 아쩨렡)

야곱은 7일간의 장막절 후에 천사를 통해서 일곱 돌판을 받아 이스라엘의 미래 역사를 알게 되었으며, 그 날을 기념하기 위해서 야곱은 추가된 하루를 더 지킨다(희 32:16-29).

8. 대속죄일

야곱이 요셉의 형들로부터 요셉이 죽었다는 소식을 들었던 때가 일곱째 달 10일이 시작되던 저녁이었으며, 그 날 야곱이 밤새 슬퍼하며 애통했기 때문에 야곱의 가족들은 이 날을 요셉을 애도하는 날로 정하고 스스로 괴롭게 하며 속죄의 날로 지키기 시작한다(희 34:12-14, 18-19). 죄에서 돌이키는 모든 자들에게 해마다 한 번씩 자비를 베푸시는 날이 하늘에 이미 제정되어 있음이 노아의 홍수 사건을 설명하는 중에도 언급되고 있다(희 5:17-18).

---

[23] 같은 날 예슈아께서 세상 죄를 옮겨 제거하시는 어린 양으로써 십자가에서 희생 제사를 마치셨다.

토라의 책: 희년서

이 책이 19세기에 와서 희년서라는 이름으로 불리기 전에는 '토라와 증거의 시대 구분의 책' 또는 '시대 구분의 책'이라는 제목으로 알려져 있었는데, 이는 이 책의 첫 문장과 마지막 장의 끝 문장이 그렇게 시작하고 끝나기 때문이다. 토라תּוֹרָה를 율법이라고 일반적으로 번역하지만, 그 원 뜻은 '위에서 아래로 내려주신 가르침'을 의미한다. 우리가 토라라고 하면 '모세의 토라'를 먼저 떠올리게 된다. 하지만 모세 이전 시대의 족장들에게도 토라가 있었음이 앞에서 논의되었다. 창세기 26:4-5에서 하나님은 이삭에게 네 아버지 아브라함이 나의 토라들을 지켰기 때문에 이삭과 이삭의 자손을 하늘의 별과 같이 번성케 하시고, 천하 만민이 이삭의 자손으로 말미암아 복을 받으리라고 언약을 이어가신다.

> 네(이삭) 자손을 하늘의 별과 같이 번성하게 하며, 이 모든 땅을 네 자손에게 주리니 네 자손으로 말미암아 천하 만민이 복을 받으리라. 이는 아브라함이 내 음성(콜리קֹלִי)을 순종하고 내 명령(미쉬말티מִשְׁמַרְתִּי)과 내 계명들(미쯔보타이מִצְוֹתַי)과 내 율례들(후코타이חֻקּוֹתַי)과 내 법도들(토로타이תּוֹרֹתַי: '토롯'은 토라의 복수이며, '토로타이'는 나의 토라들을 의미함)을 지켰음이라 하시니라(창 26:4-5)

모세 이전의 족장들에게 주어진 토라가 이미 있었지만, 모세 때 주어진 토라는 그 이전 시대에 주어진 토라에 비해서 더 완전하게 갖추어진 모습으로 주어졌다고 희년서는 설명하며, 계시가 시대에 따라서 점진적으로 발전해 왔음을 이야기하고 있다.

> 이는 그때까지는 모든 사람을 위한 규례와 판결법과 토라가 완성된 채로 계시되지 않았으나, 너(모세)의 시대에는 그것이 절기와 시대의 토라로 그리고 영원한 세대들을 위한 영원한 토라로 계시되었기 때문이다(희년서 33:16)
> 야곱은 헤브론 산지 곧, 그의 조상 아브라함이 잠시 머물던 땅에 있는 망대에 거주했고, 여호와께서 그 세대의 시대적 구분에 따라 계시되어진 명령들대로 그는 온 마음을 다해 여호와를 경배하였다(희년서 36: 20)
> …각 시대마다 그 시대의 토라들을…(희년서 50:13)

각 시대마다 그 시대에 맞는 만큼 세부 법령과 판결법과 토라가 점진적으로 계시되어진다는 사상이 희년서의 전반에 깔려 있다. 처음부터 종말을 알리고 시작하셨으며 아직 이루지 아니한 일을 옛적부터 보이시며 반드시 하나님의 뜻대로 이루어질 것이라 말씀하시며 인류의 초반 역사가 진행되었다(사 46:10). 그러나 어느 시점에 이르러 이런 초기 계시를 잊어버린 세대들에게 다시 점진적으로 계시가 더해지고 각 시대마다 추가된 계시를 통해서 하나님을 더 알아가고 하나님을 더 섬기며 하나님 나라가 이루어진다. 모세 이전 세대에게도 규례와 판결법과 토라가 주어졌지만 모세 때에 와서 완성된 모습으로 모양을 갖추고 체계적으로 주어졌다.

증거의 책: 희년서

희년서는 '토라의 책'이며 또한 '증거의 책'이다. 희년서에서 '증거의 책'은 '예언의 책'이라는 의미와 비슷하게 사용된다. '증거'로 번역된 테우다תעודה는 '증거', '증명', '신원 증명', '사실 확인', '진술 증명'이라는 뜻이다. 이 단어는 미래에 있게 될 어떤 일이나 사건을 미리 기록해 놓음으로써 나중에 그 일이나 사건이 발생하게 되면 "보라, 이렇게 될 것이라고 미리 말해놓지 않았느냐"라고 사실을 확인해 줌으로써 입증을 할 수 있게 해주는 기록된 문서를 의미하는 것이다. 앞으로 역사의 각 시대마다 일어날 사건들을 하나님께서 시내 산에서 천사들을 통해 미리 알려 주시고 기록으로 남겨두게 하신 이 희년서가 곧, '증거의 책'이다. 후에 그 사건이 발생하게 되면 미리 그러한 일이 일어날 것이라고 기록된 테우다תעודה가 증명서나 증언서나 증거 서류로써 누구도 부인할 수 없는 입증 자료가 된다.

이 단어는 구약 성경에 3번 나온다(룻 4:7, 사 8:16, 사 8:20). 테우다תעודה가 '앞으로 일어날 일을 미리 기록해 놓고 미래에 실제로 그 일이 발생할 때 대조하여 사실 확인을 함으로써 증명되게 해놓으신 하나님의 가르치시는 방법'이라는 측면에서 테우다תעודה의 책은 곧 예언의 책이며 증언의 책이다. 희년서에서 테우다는 토라와 함께 짝을 이루어서 언급되며, 이사야 8:16, 8:20에서도 토라와 증거가 짝을 이루어 사용되고 있다. 이 희년서는 토라의 책이며, 이 희년서 자체가 테우다תעודה이다.

법정에서 사실을 입증하기 위해서 내놓는 자료로써 증빙서류가 사용되듯이 하나님의 말씀을 기록해 놓은 하늘에 있는 연대기 돌판들과 행위록 두루마리와 땅에서 기록되어 보관되어진 테우다תעודה의 기록들은 마지막 때 있게 될 최종 심판대 앞에서 증거의 자료(증빙 서류)로써 제출될 것이다.

> 나를 저버리고 내 말을 받지 아니하는 자를 심판할 이가 있으니 곧 내가 한 그 말이 마지막 날에 그를 심판하리라(요 12:48)

희년은 50년 주기인가 49년 주기인가?

대부분의 사람들은 희년의 주기가 50년이라고 알고 있다. 이는 성경에서 레위기 25:10-11에 근거한 오해에서 비롯되었다. 이 구절에서는 다음과 같이 말한다.

> 너희는 오십 년째 해를 거룩하게 하여 그 땅에 있는 모든 주민을 위하여 자유를 공포하라. 이 해는 너희에게 희년이니, 너희는 각각 자기의 소유지로 돌아가며 각각 자기의 가족에게로 돌아갈지며, 그 오십 년째 해는 너희의 희년이니…

많은 사람들은 이 구절을 근거로 50년마다 희년이 돌아온다고 생각한다. 하지만 이 구절에서 강조하는 것은 '50년째 해를 희년으로 선포하라'는 것이지, 희년이 50년 주기로 돌아온다는 의미는 아니다. 희년은 반복되는 49년 주기의 첫 해의 일부이다.

희년의 주기를 이해하려면, 티쉬레이 월과 관련된 절기의 흐름을 자세히 살펴보아야 한다. 티쉬레이 월은 히브리력에서 새해를 알리는 첫 달로, 그 달의 월삭인 로쉬 하샤나(Rosh Hashanah, 나팔절)에 나팔을 불면서 시작된다. 하지만 희년은 티쉬레이 월 10일, 즉 대속죄일(Yom Kippur)이 끝날 무렵 전국적으로 나팔을 불면서 선포된다. 이는 나팔절 월삭에 이미 새로운 해가 시작된 후, 10일이 지나고 나서 희년이 선포된다는 것을 의미한다.

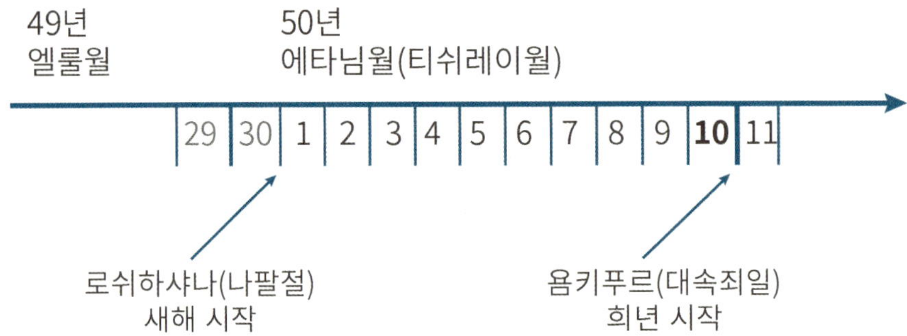

따라서 희년은 새로운 7년 주기의 첫 해와 일부 겹치게 된다. 로쉬 하샤나로 새해가 시작된 후 10일 동안은 새로운 7년 주기의 첫 해로써 신년의 10일을 보내고, 대속죄일이 끝날 무렵 나팔이 불리면서 희년이 공식적으로 시작되므로 실제로 희년은 49년 주기의 첫 해에 포함되며, 일년에서 10일을 뺀 기간인 354일 동안 다음 해의 나팔절이 오기까지 지켜지게 된다.

희년을 50년 주기로 생각해 왔던 이유는 '50번째 해'에 희년이 선포된다는 것 때문이다. 그러나 중요한 점은 희년은 49년 주기 안에 포함되어 계산되는 것이지, 별도의 한 해를 희년으로 보낸 후에 다시 7년 주기가 시작하는 것이 아니라는 점이다. 만약 희년을 49년에 포함시키지 않고, 49년과는 별개의 한 해로 계산하게 되면 즉, 50년 주기로 계산하게 되면 7년 주기의 리듬이 깨뜨려지게 된다. 따라서 희년의 주기는 49년이며, 50년째 해는 새로운 주기의 첫 해에 해당된다.

희년은 49년 주기의 첫 해 중에서 첫 10일을 제외한 나머지 기간이다. 즉, 희년은 일 년에 10일이 모자란 기간 동안 지키며, 다음 해의 새해가 시작되기 전까지 지키는 것이다. 따라서 희년은 49년 주기의 첫 7년 주기의 첫 해의 일부이다. 희년서에서는 49년의 희년 주기 안에 일곱 번의 7년이 포함된 것으로 계산하도록 가르친다.

가이난이 족보에서 제명된 이유

셈의 아들 아르박삿, 아르박삿의 아들 셀라로 이어지는 셈의 족보에서 아르박삿과 셀라 사이에 실존하였던 가이난은 구약의 맛소라 사본의 족보에서는 생략되었지만, 칠십인역의 창세기 족보(창 10:24, 11:12-13)와 역대상 족보(대상 1:18, 24)와 누가복음 3장의 족보에는 나타난다. 칠십인역과 누가복음에서는 가이난의 이름과 나이만 소개될 뿐이지 그가 어떤 인물이었는지에 대한 정보는 없다. 하지만 유일하게 희년서에서만 가이난의 인생을 소개해 주고 있으며, 족보에서 가이난이 제명된 이유에 대한 정보를 제공해 주고 있다.

가이난은 어릴 때 그의 아버지 아르박삿에게서 히브리어를 읽고 쓰는 것을 배운다. 그는 자라서 자신이 집을 세우고 독립할 만한 장소를 찾으러 다니다가 홍수 이전 시대의 비문을 발견한다. 이 비문에는 홍수 이전 시대의 감찰자들과 네필림들과 관련된 기록들과 천사 숭배, 별 숭배, 점성술과 같은 내용이 기록되어 있었으며, 이는 대홍수의 심판이 내려지게 된 죄악들 중에서 주요 요인이었다. 이런 의미에서 가이난은 인류 역사에서 '에피그라피(epigraphy 비문학)의 아버지'인 셈이다. 가이난은 이 비문을 발견한 후 그 내용을 필사하여 비밀스럽게 간직하여 연구하였고, 한동안 노아에게 들키지 않은 채 점점 빠져들어 가다 결국 알려지게 되었으며, 이후 셈 집안 혈통에서 쫓겨나는 처지가 되었고, 그의 아들의 이름을 셀라(샬라아흐) 즉, '내보냈다'는 의미로 지음으로써 본인이 가문에서 쫓겨났음을 그의 아들의 이름에 반영해 놓았다.

누가복음의 저자인 누가는 족보를 정리하는 과정에서 맛소라 본문의 족보와 칠십인역 족보의 차이를 놓고 비교하며, 가이난을 포함할지 말지를 결정해야 했을 것이다. '모든 일을 근원부터 자세히 미루어 살핀 후'에 시간의 순서대로 복음서를 기록하려고 노력했던 의사 누가는 가이난의 이름이 빠진 맛소라 본문과 가이난이 포함된 칠십인역 족보를 검토했을 때, 가이난이 족보에서 제명된 이유를 설명해 주고 있는 희년서를 참고했을 가능성이 크다. 희년서는 가이난이 제명된 배경을 설명하는 유일한 문헌이기 때문에 누가가 이를 통해 가이난을 생물학적 혈통의 족보에 포함시켰을 것으로 보인다. 그는 의사로서 혈통적이고 사실적인 족보를 기록하였고 마태는 상징적이고 의미적인 족보를 기록하였다.

족보에서 이름이 생략되는 이러한 사례는 마태복음 1장 족보에서 일부 인물들이 생략되는 것으로도 나타난다. 마태복음 족보에서는 여호사밧에서 여호람 사이에 3대가 빠져 있는데, 이는 여호람의 아내 아달랴 때문이다. 시돈 왕 엣바알의 딸인 이세벨의 딸 아달랴의 피가 섞인 3대가 족보에서 생략된 것이다. 이는 요아스가 선한 왕이었음에도 불구하고 아달랴의 아들이었기 때문에 족보에서 제명된 이유다. 요아스 왕에 비하면 남유다 왕 중에 가장 악한 왕인 므낫세는 자기의 어린 자녀를 몰렉에게 바치기 위해 불로 밀어 넣었으며 온 나라가 걷잡을 수 없을 만큼 우상 숭배에 빠지도록 한 악한 왕이었음에도 마태복음의 족보에서 제명되지 않았다. 그는 앗수르에 포로로 잡혀가는 경험을 통해서 말년에 자신을 낮추고 회개하며 하나님께 용서를 구했으며 기울어져 가는 나라를 개혁하려고 잠시 애썼다. 이러한 족보 생략의 이유는 신학적 판단과 메시아를 약속받은 다윗 왕조의 혈통에 대한 특별한 인식과 연관이 있다.

가이난은 홍수 이전 시대의 고고학적 발견을 통해서 천사 숭배와 천체 숭배와 점성술과 우상 숭배를 홍수 이후 시대에 다시 퍼뜨리는 일에 앞장서게 된 인물이다. 이로 인해 그는 전통적인 족보에서 생략되었으며, 칠십인역의 번역자들은 맛소라 사본에서 가이난을 신학적인 이유로 족보에서 제명하는 작업이 진행되기 전의 모세 오경 본문을 사용하였기 때문에 창세기 10:24과 11:12-13에 가이난이 원래 포함되어 있는 족보를 그대로 번역하여 남겼다.

마태복음의 족보는 아브라함부터 시작한 약 2천 년간의 세대들을 세 번의 14대로 나누어서 예수 그리스도의 탄생까지 정리하였다. 하지만, 누가가 누가복음의 족보를 기록할 때 예수 그리스도에서부터 아담까지 그리고 하나님까지 이르는 약 4천 년의 인류사 전체의 족보를 77세대로 맞추어 기록하였다. 누가가 하나님부터 예수 그리스도까지 77세대의 족보를 정리할 때, 칠십인역의 구약성경과 희년서를 참고하였기에 맛소라 사본에는 존재하지 않는 가이난을 족보에 포함하기로 결정했을 것이다. 희년서는 이러한 의미에서도 구약과 함께 신약을 하나님의 말씀으로 받아들이는 기독교인들에게 그 가치를 더해 주고 있다.

희년서와 랍비 유대교의 차이 Calendar Issue

제2성전 시대 유대교의 여러 종파 중 예루살렘 성전의 멸망과 함께 이스라엘 나라가 역사 속에서 사라지면서 살아남은 종파는 바리새파 유대교이다. 바리새파 유대교가 살아남아서 지난 2천 년간 존속하며 발전해 온 모습이 현재 랍비 유대교의 모습이다. 다른 종파 중에서도 바리새파 유대교는 성전이 없이도 회당을 중심으로 하는 유대교 형태를 장려했기 때문에 일반인들에게 더 쉽게 접근하고 적응할 수 있었으며, 특히 민족의 위기의 시기에 더 폭넓은 호소력과 현실적인 적응성으로 살아남는 종파가 되었고, 이러한 생존을 통해 2천 년 이상 지속된 랍비 유대교의 전통으로 발전할 수 있었다.

에세네파 중에서도 쿰란의 야하드 공동체는 높은 수준의 영성과 엄격하게 절제된 삶을 추구하는 금욕적이고 분리주의적인 특징을 가지고 있었기 때문에 대중화가 될 수 없었고, 그들은 그들만이 보유한 지식과 정보를 다른 그룹들과 공유하지 않으면서 세속을 떠난 수도자적 영성 공동체의 삶을 선택했었다.

바리새파와 에세네파는 고대 유대교의 범주 안에 함께 있었기 때문에 공통점을 훨씬 더 많이 공유하고 있지만, 몇몇 주제들에서는 서로 다른 관점을 유지하고 있었다. 랍비 유대교 안에서도 스펙트럼이 넓고 다양성이 존재하며, 에세네파 유대교도 예루살렘의 쟈리를 지키려던 파와 예루살렘을 떠나 수도사들처럼 생활하려던 파 사이에 서로 다름이 존재했었다.

희년서와 에녹 계열 문서들은 사독 계열 제사장들[24]을 중심으로 형성된 에세네파의 한 부류인 야하드 공동체가 보유하고 있던 대외비 문서들 중에 하나로써 그들의 신학과 사상이 어떠했음을 볼 수 있게 해준다.

바리새파 유대교와 에세네파 유대교의 가장 큰 차이는 어떤 달력을 사용하느냐에 있었다. 에세네파는 태양의 주기를 기준으로 하는 태양력을 사용했고, 바리새파는 달의 주기를 기준으로 하는 음력을 사용하며 윤달을 통해서 오차를 맞추는 태음태양력을 사용했다. 어떤 달력을 사용하느냐에 따라서 지켜야 할 절기의 날짜에 차이가 생기기 때문에 이 주제는 고대 유대인들의 여러 종파들 사이에서 불일치 문제를 해결하려고 다투다 종파가 갈리기도 하던 민감하고 중요한 이슈였다.

태양력을 사용하던 에세네파는 음력을 사용하던 바리새파가 진리에서 벗어났다고 생각했고, 현재 통용되고 있는 유대력을 만든 바리새파는 음력을 사용하지만 현실적으로 생기는 오차는 약 3년에 한 번 윤달을 추가함으로 보정하면 된다고 생각했다.

> 너는 이스라엘 자손들에게 명하여 그들이 이 계산에 따라 한 해를 364일로 지키게 하라.
> 364일로 완전한 한 해를 구성할 것이며, 그 해의 날들과 그 해의 절기들의 시간을 어긋나게 하지 말아야 할 것이다. 모든 것이 그것들의 증거에 따라 그 날들에 맞아 떨어져야 하므로, 그 날들은 어느 하루도 빠지지 않아야 하며, 어떤 절기도 어긋나지 않도록 해야 한다
> (희년서 6:32)

야하드 공동체가 따랐던 에녹서와 희년서의 정보에 의하면 태양의 주기는 364일이다. 모세에게까지도 364일을 완전한 일 년의 주기로 계산하도록 명령되었으며, 왕국 시대 동안에도 이 전승을 이어온 사독 계열 제사장들의 주도 하에 계속 태양력에 맞춰 절기를 지켜 왔던 것으로 보인다. 그러나 두세 번에 걸쳐서 유대교 안에 양력보다는 음력을 기준으로 삼게 되는 과정이 있었다. 첫째, 남유다가 바벨론에 의해서 멸망되고 남은 자들이 바벨론의 포로로 살아가던 시기에 바벨론 음력에 영향을 받기 시작하였다. 둘째, 하스모니안 왕조가 시작할 때 사독 제사장 전통에서 벗어나면서, 또한 헤롯 대왕이 세운 사두개파 제사장들이 성전 제사를 주도하면서 태음태양력을

---

24 신약 성경에서 등장하는 사두개파는 사독 계열 제사장들의 정통성과는 먼 다른 유대교의 분파이다. 마카비 가문이 헬라를 몰아내고 세운 하스모니안 왕조는 그들의 혈통 가운데서 대제사장을 임명하기 시작했으며, 그때 솔로몬 성전 초기부터 제사의 직무를 전담하던 아론의 자손 중 사독 계열 제사장들은 성전 직무에서 제외되었다. 일부 사독 계열 제사장들이 하스모니안 왕조의 정치권력에 협력하면서 정통성을 잃은 사두개파가 시작되었다. 주전 63년 로마에 의해서 하스모니안 왕조가 무너진 이후, 주전 37년에 헤롯 대왕이 그의 통치를 확립하는 시기에 하스모니안 가문의 대제사장들은 폐위되었고, 헤롯이 임명한 자들을 제사장직에 세우면서 사두개파 사람들은 헤롯과 로마 당국에 충성하는 정치적 집단으로써 성전 제사를 전담하는 엘리트 귀족 계급으로 자리매김하였다. 하스모니안 왕국과 로마의 분봉 왕 헤롯 시대의 성전과 제사장직의 오염으로 경건했던 사독 혈통들은 타락한 예루살렘 성전을 등지고 전국으로 흩어져 수도적 영성 운동을 하는 종파를 형성하게 되었다.

사용하여 절기를 지키는 것이 보편화 되었다.

이러한 달력의 문제와 성경 연대기의 세부 연도의 차이 문제는 고대에나 현재나 해결하기 어려운 난제로 남아 있다. 현대에는 일 년이 365.2422일로 측정된다. 지구의 공전 속도나 태양으로부터의 거리가 변한다면 1년의 길이와 날의 수도 변할 수 있다. 태양으로부터 지구의 거리가 약간 줄어들면 궤도 주기가 짧아져 1년이 364일에 더 가까워지게 되고, 지구의 공전 궤도가 멀어지면 1년의 전체 일수가 늘어나게 된다. 모세 이후 어느 시대에 지구의 자전과 공전의 변화로 일 년이 364일에서 365.2422일로 바뀌는 천체의 변화가 있었을 가능성도 있으며, 앞으로도 다시 어떤 방향으로든 변화할 가능성은 있다.

지금에 와서는 어느 누구의 입장에 100% 손을 들어주기가 힘들다. 아담부터 아브라함 출생까지 맛소라의 연대는 A.M. 약 1948년이고, 희년서의 연대는 A.M. 1876년으로 약 72년의 오차가 있다.[25] 하늘의 원리와 원칙과 기준이 있는데 땅의 삶의 현장에서 발견되는 오차는 원리 원칙적인 시간과 실제 시간 사이에서 생기는 오차가 발생하게 한다. 이러한 모든 오류와 오차와 불일치는 인간의 죄와 불순종과 관련이 있다. 땅의 입장에서의 시간과 하늘의 입장에서의 시간이 다른가? 인간의 측량과 천사의 측량에 차이가 있는가? 지구에서 관측하는 입장과 우주에서 관측하는 입장이 다른가? 천사나 별들의 불순종으로 생기는 오차, 지구에 큰 대격변 때문에 생기는 오차, 지구와 해와 달과 별들과의 여러 가지 요소의 변화 때문에 생기는 오차, 그리고 인간의 계산과 측정과 기록의 오류를 감안해야 한다.

희년서와 랍비 유대교의 또 다른 차이점은 희년서 16:4, 18:18, 19:2, 50:8의 각주를 참고하라.

---

25 칠십인역의 아담부터 아브라함 출생까지의 연대는 A.M. 3284년이다. 칠십인역의 연대가 지나치게 더 긴 이유는 야렛과 므두셀라와 라멕과 노아와 셈과 데라를 제외하고 13족장들의 첫 자녀 출생 나이에 거의 일괄적으로 100세가 더해졌기 때문이다.

희년서

ספר היובלים

모세가 시내 산에서 본
인류의 과거역사와 미래역사

희년서에서 희년은 49년을 주기로 하는 첫 번째 해이다. 아담이 창조되던 해가 첫 번째 희년이다. 두 번째 희년의 첫해는 A.M. 50년이며, 세 번째 희년의 첫해는 A.M. 99년이다. A.M.은 Anno Mundi의 약자로 아담 창조 연호 즉, 아담 창조 이후 몇 년이 지났는지를 카운트하는 연호다. 희년서에서 주간(샤부아שבוע)은 7일이 아니라 7년을 의미한다.[26] 첫 번째 희년의 둘째 주간의 첫 해는 제8년이며, 두 번째 희년의 둘째 주간의 첫 번째 해는 A.M. 57년이다. 희년서 본문의 연도는 모두 Anno Mundi이므로 A.M.을 따로 명시하지 않고 숫자만 아래 첨자로 표기했다. 예) 너는 50번째 희년의 둘째 주간의 둘째 해에2410 이집트로 돌아왔다.

희년서에는 숫자가 많이 나오므로 일관성이 없어 보일 수도 있지만 필요에 의해서 아라비아 숫자를 사용했다.

명사가 복수일 경우 복수로 명시하는 것을 원칙으로 하지만, 명사 앞에 이미 복수를 의미하는 숫자나 형용사가 있을 경우 단수로 사용했다. 그럼에도 단수와 복수 때문에 의미의 차이가 생길 수 있는 곳에서는 한글로 어색하더라도 반드시 복수로 표시했다.

인명과 지명은 뜻으로 번역되지 않고 발음을 그대로 옮기게 되는데, 음역되는 과정에서 발음에 차이가 나게 되는 경우가 생긴다. 희년서에는 구약 성경에 언급되지 않는 인명과 지명이 나오는 경우가 있다. 음역된 인명과 지명이 이미 개역개정판에 있을 경우에는 개역개정판을 따랐다. 개역개정판에 없는 인명과 지명은 히브리어 발음에 가장 가깝게 음역했다.

히브리어에서는 할아버지와 아버지를 구분해서 부르지 않고 아브אב로 부르는 경우가 많다. 아들과 손자도 구분하지 않고 벤בן이라고 부르는 경우도 많다. 할아버지로나 손자로 번역하지 않고 아버지와 아들로 놔두었다.

히브리어 제라아זרע는 단수로 쓰이더라도 집합 명사로 사용되기 때문에 하나의 씨이기도 하지만 그 씨로부터 태어나게 될 모든 후손을 포함하기도 한다. 이해를 돕기 위해 필요한 곳에 '씨 (후손)'라고 표기했다.

---

[26] 다니엘서의 묵시에서도 샤부아שבוע(주간 또는 이레)를 7년으로 계산하는 경우가 나온다. 샤부아שבוע는 7일을 한 주기로 하는 경우가 대부분이지만 묵시의 문학에서는 7년을 한 주기로 나타내기도 한다. 히브리 성경에서 7년을 한 주기로 하는 경우는 안식년 또는 면제년(쉐미타שמיטה)이라 한다. 안식년, 쉬낱 샤바톤שנת שבתון은 레 25:5, 6, 8 대하 36:21에 나타나고 이스라엘 땅과 관련되어 쓰인다. 면제년은 쉬미타שמיטה라 하며 '면제해 준다, 풀어 놓아준다'를 의미하는 동사 샤마트שמט에서 왔고 성경에서 5번 쓰인다(신15:1,2,9; 31:10).

　　이것은 세상의 모든 년도의 처음부터 끝까지 토라와 증거의 시대(날들)로 구분된 역사이며, 해와 7년 주기와 희년의 사건들로 나눈 역사이다. 주님께서 모세에게 '그 산의 꼭대기로 올라오라'고 명하셨고 하나님의 음성에 따라 모세가 토라와 계명의 돌판들을 받기 위해 올라갔을 때, 하나님께서 시나이 산에서 모세에게 말씀하셨다.

과거와 미래 역사에 대한 토라와 증거의 돌판들을 받는 모세

1 이스라엘 자손들이 이집트에서 나오던 첫해 셋째 달 16일에[27] 하나님께서 모세에게 말씀하셨다. "산 위에 있는 나에게로 올라오라. 네가 그들을 가르치도록 내가 새겨 놓은 토라와 계명의 두 돌판을 너에게 주리라."

2 모세는 하나님의 산으로 올라갔다. 여호와의 영광이 시내 산 위에 머물러 계셨고, 구름이 6일 동안 그 산을 덮었다.

3 그분께서 제7일에 구름 가운데서 모세를 부르셨으며, 여호와의 영광의 모습은 그 산 정상에 타오르는 불 같았다.

4 모세는 40일 40야를 그 산 위에서 머물렀으며, 하나님께서 모세에게 토라와 증거의 시대로 구분된 이전 역사[28]와 이후 역사를 가르치셨다.

이스라엘의 배교와 우상숭배

5 그분께서 말씀하셨다. "내가 이 산에서 너에게 전하는 모든 말에 너의 마음을 기울여라. 오늘 시내 산에서 그들의 세대를 위해 너와 나 사이에 세운 언약을 그들이 벗어나 저지른 모든 악에도 불구하고 내가 어떻게 그들을 버리지 않았는지 그 세대들이 볼 수 있도록 모든 것들을 책에 기록하여라.

6 이와 같이 이 모든 일들이 그들에게 닥쳐올 때, 그들은 내가 그들의 판단들과 행동들보다 더 의롭다는 것을 알게 될 것이고, 내가 진실로 그들과 함께 있었다는 사실을 깨닫게 될 것이다.

7 오늘 내가 너에게 전하는 이 모든 말을 너는 직접 기록하여라. 내가 그들의 조상 아브라함과 이삭과 야곱에게 맹세하여 '너

27 희년서 50:4에서, 아담의 날부터 모세가 시내 산에서 토라와 증거의 계시를 받을 때까지 49번의 희년과 한 번의 7년 주기와 2년이 지났음을 알려주고 있다. 희년의 주기는 49년이고 n번째 희년이 시작하는 연도는 ((n-1)x 49)+1이다. 첫 번째 희년은 A.M. 1년이었고, 두번째 희년은 A.M. 50년이었다. 희년이 49번 지나면 2401년(49번x49년)이 된다. 거기에 한 번의 7년 주기와 2년이 지났으니, A.M. 2410년(=2401+7+2)에 모세는 시내산에서 토라와 증거의 계시를 받았다(Anno Mundi는 아담 창조 이후 몇 년이 지났는지를 나타내는 연도 계산 방법이다). 출이집트한 해가 A.M. 2410년이면, 광야 40년을 지나고 약속의 땅에 들어갔으니, 이스라엘 자손들이 여호수아의 인도로 법궤를 모시고 요단 강을 건너 약속의 땅을 밟은 해는 A.M. 2450년 아빕월이며, 약 6개월 후 대속죄일에 이스라엘은 약속의 땅에서 51번째 희년의 나팔을 불었다.

28 토라תורה는 '하늘에서 내려온 가르침'을 의미한다. 여기 희년서에서 증거로 번역된 테우다תעודה는 앞으로 역사의 각 시대마다 일어날 사건들을 하나님께서 시내 산에서 천사들을 통해 기록하여 미리 전하여 준 증거 문서를 의미한다. 후에 그 사건이 일어나는 시기가 되면 미리 그러한 일이 일어날 것이라고 기록된 테우다תעודה가 증명서나 증언서나 혹은 증거서류로써 누구도 부인할 수 없는 입증 자료가 된다. 또한 법정 재판에서 증거가 사실을 입증하기 위해서 내놓는 자료로써 사용되듯이 하나님의 말씀을 기록해 놓은 하늘에 있는 연대기 돌판들과 행위록 두루마리나 땅에서 기록되어 전해진 테우다תעודה의 기록들은 마지막 때 있게 될 최종 심판대 앞에서 증거의 자료로써 제출될 것이다.

【요 12:48】"나를 저버리고 내 말을 받지 아니하는 자를 심판할 이가 있으니 곧 내가 한 그 말이 마지막 날에 그를 심판하리라"

희 씨(자손)[29]에게 젖과 꿀이 흐르는 땅을 주리라'고 한 그 땅으로 그들을 데리고 들어가기 전에 이미 그들의 패역함과 완악함을 나는 알았느니라.

8 그들은 먹고 배불러 만족하게 될 것이며, 그들의 어떤 환난으로부터도 그들을 구원할 수 없는 낯선 신들에게로 돌아설 것이다. 이 증거가 그들에게 불리한 증언으로 들려지게 될 것이다.

9 이는 그들이 나의 모든 계명, 즉 내가 너에게 명하는 모든 것을 잊어버리고, 이방 민족들을 좇으며 그들의 부정함과 그들의 수치스러움을 따라 행할 것이고, 그들의 신들을 섬길 것이기 때문이다. 그리고 이것들은 그들이 당할 공격, 환난, 고통, 덫으로 그들에게 증명되어 나타날 것이다.

10 많은 자들이 멸망할 것이며 포로로 잡혀 적들의 손에 들어갈 것이다. 왜냐하면 그들이 나의 규례들과 나의 계명들과 내 언약의 절기들과 나의 안식일들을 버릴 것이며, 내가 그들 가운데 나를 위해 거룩하게 한 나의 성물들과 나의 성막, 그리고 그 땅 가운데 나를 위해 거룩하게 한 그곳에 내 이름을 두어 내 이름이 거하게 할 나의

성전을 버릴 것이기 때문이다.

11 또한 그들은 자신들을 위한 산당들[30]과 수풀들과 새겨진 우상들을 만들고 각각 자신의 우상에게 경배할 것이며 그렇게 어긋나갈 것이다. 그리고 그들은 자녀들을 마귀들에게 희생 제사로 바치고 그들의 그릇된 마음에서 나오는 모든 행위들로 자녀들을 희생시킬 것이다.

12 내가 그들을 대항하여 증언하기 위해 그들에게 여러 증인들을 보낼 것이나, 그들은 듣지 않을 뿐 아니라 그 증인들을 죽이기도 할 것이다. 그들은 토라를 추구하는 자들을 핍박할 것이며, 그들은 나의 눈 앞에서 악한 일을 하기 위하여 모든 것을 폐기하고 바꿀 것이다.

디아스포라

13 나는 내 얼굴을 그들에게서 숨기고 그들을 이방 나라들의 손에 포로로 넘겨 먹이가 되고 삼켜지게 할 것이다. 나는 그들을 그 땅에서 제거할 것이며 이방 나라들 가운데 그들을 흩어버릴 것이다.

14 그들은 내 모든 토라와 계명들과 판결법들을 잊어버릴 것이며 월삭들, 안식일들, 절기을 잊어버릴 것이며 월삭들, 안식일들, 절기

---

29 성경을 읽고 이해할 때 중요한 히브리적 개념 중에서 '제라아זרע'라는 단어의 특징을 이해하고 읽어야 한다. 특히 희년서에서는 '제라아זרע'라는 단어가 많이 나타난다. 이 단어는 문법적으로 단수 형태로 쓰이더라도 집합 명사로 사용되기 때문에 문맥에 따라 단수와 복수의 의미를 다 가질 수 있어서, 씨 또는 자손, 후손으로 이해될 수 있으며, 영어의 offspring과 비슷하다. '그 씨'라는 의미로는 여인의 후손인 메시아를 의미하면서도, 집합 명사로써 경건하고 의로운 아브라함의 자손 전체를 의미하기도 한다.

30 한글 성경에서 '산당'으로, 영어 성경에서 'high place'로 번역된 히브리어 바마בּמה(복수로 바몰בּמות)는 '지형적으로 높은 곳'이라는 기본적인 의미를 가지고 있으며, 그 고지를 악한 자들이 차지해서 우상에게 예배드리는 경우 '우상숭배의 근거지' 또는 '산당'으로 이해될 수 있으며, 영적 도해에서 중요한 지점으로써 '고지(高地)', 또는 '전략적 요충지로써의 치열한 전쟁터', '타작마당', '심판의 장소'로도 이해되어진다.

들, 희년들, 규례들로부터 벗어날 것이다.

알리야와 성전과 메시아 왕국

15 이후에 그들은 마음과 혼(생명)과 힘을 다하여 이방 나라들로부터 나에게로 돌아올 것이다. 그리고 나는 모든 이방 나라들 중에서 그들을 모을 것이다. 그들은 나를 찾고 구할 것이며, 그들이 그들의 온 마음과 온 혼(생명)을 다해 나를 찾고 구할 때, 내가 그들에게 만나질 것이다. 나는 의와 함께 넘치는 샬롬을 그들에게 드러낼 것이다.

16 그리고 나는 나의 온 마음과 온 혼(생명)을 다하여 그들을 '의의 나무'로 심을 것이다. 그들은 축복이 되며 저주가 되지 않을 것이고 머리가 되며 꼬리가 되지 않을 것이다.

17 나는 그들 가운데 나의 성소를 지을 것이고, 그들과 함께 거하며 그들의 하나님이 되고 그들은 진리와 의 안에서 나의 백성이 될 것이다.

18 나는 그들을 저버리지 않을 것이며 그들을 떠나지도 않을 것이다. 이는 나는 여호와 그들의 하나님이기 때문이다."

모세의 중보기도

19 모세는 그의 얼굴을 땅에 대고 엎드려 기도하며 말했다. "오 여호와 나의 하나님, 당신의 백성과 당신의 기업을 버리지 마소서. 그들 마음의 그릇됨으로 인해 그들이 방황하게 되더라도, 당신의 백성을 그들의 원수들인 이방 나라들의 손에 넘기지는 마시어 이방 나라들이 그들을 다스리지 못하게 하시고, 이방 나라들이 그들

로 당신을 대적하여 죄를 짓지 않도록 하시길 원하나이다.

20 오 여호와여, 당신의 자비가 당신의 백성들 위에 드높여지게 하시고, 그들 안에 정직한 영을 창조하시며, 벨리알의 영이 그들을 주관하지 않게 하소서. 그 영이 당신 앞에서 그들을 고소하며, 그들이 모든 바른 길에서 벗어나 악한 덫에 걸려 넘어지고 당신의 면전에서 멸망할까 하나이다.

21 그들은 당신의 백성이요, 당신의 기업입니다. 당신은 당신의 위대한 능력으로 이집트 사람들의 손에서 그들을 구원해 내셨습니다. 그들 안에 정결한 마음과 거룩한 영을 창조하시고, 이제부터 영원까지 그들이 그들의 죄로 인해 덫에 걸리지 않도록 하소서."

여호와의 응답

22 여호와께서 모세에게 말씀하셨다. "나는 그들의 반역하는 비뚤어진 성향과 그들의 사고방식과 그들의 목이 곧음을 안다. 그들이 그들 자신의 죄와 자기 조상들의 죄를 고백하기 전까지는 내 말을 듣고 따르지 않을 것이다.

23 이후에 그들은 온 마음과 온 혼을 다하여, 온전히 바른 마음가짐으로 나에게 돌아올 것이다. 나는 그들과 그들의 씨(후손)의 마음의 포피를 베어낼 것이다. 나는 그들 안에 거룩한 영을 창조할 것이며, 그들을 깨끗하게 하고 그 날로부터 영원까지 그들이 나로부터 돌아서지 않게 할 것이다.

24 그들의 혼은 나와 나의 모든 계명에 굳게 결합되어 붙을 것이며, 그들은 나의 계명

들을 다 이룰 것이다. 나는 그들의 아버지가 되고, 그들은 나의 자녀들이 될 것이다.

25 그들 모두는 살아 계신 하나님의 자녀들이라 일컬음을 받을 것이며, 모든 천사들과 모든 영들은 그들이 나의 자녀들이고, 나는 신실하고 의로운 그들의 아버지이며, 내가 그들을 사랑한다는 것을 알게 될 것이다.

26 이제 너는 내가 이 산에서 너에게 전하는 이 모든 말을 받아 적으라. 처음에 있었던 일과 마지막에 있을 일 그리고 토라와 증거에서 구분되어 있는 각 시대에 일어날 정해진 일들과 희년 주기에 맞춰 각 주간에 일어날 일들을 기록하라. 내가 내려와서 그들과 함께 영원토록 거할 그 때가 이르기까지 이것을 기록해 두어라."

27 그리고 그분께서 그 얼굴(임재)의 천사에게 명령하셨다. "창조의 시작부터 나의 성전이 그들 가운데 영원 무궁히 세워질 때까지의 모든 일을 모세가 받아쓰도록 하여라.

28 여호와께서 모든 이들의 눈 앞에 나타나실 것이고, 모든 자들은 내가 이스라엘의 하나님이요 야곱의 모든 자손들의 아버지이며 영원 무궁히 시온 산에 계시는 왕임을 알게 될 것이다. 그리고 시온과 예루살렘은 거룩하리라."

29 이스라엘 진영을 앞서가던 얼굴(임재)의 천사[31]는 첫 창조의 때로부터 시작하여 하늘들과 땅과 그 안의 모든 피조물이 하늘의 권능에 따라, 그리고 땅의 모든 본성에 따라 각각 새롭게 될 새 창조의 때까지[32],

---

31 '이스라엘 진 앞에 가던 하나님의 사자'(출 14:19)를 희년서 1:29에서는 '얼굴(임재)의 천사'로 명시한다. 모세는 에돔 왕에게 사신들을 보내며 '이집트에서 학대받던 당신의 형제 이스라엘이 부르짖으매 여호와께서 한 천사를 보내셔서 우리를 이집트에서 인도하여 내주셨다'라고 전한다(민 20:16).

【출 23:20-23】 20 "내가 사자를 네 앞서 보내어 길에서 너를 보호하여 너를 내가 예비한 곳에 이르게 하리니 21 너희는 삼가 그의 목소리를 청종하고 그를 노엽게 하지 말라 그가 너희의 허물을 용서하지 아니할 것은 내 이름이 그에게(그 안에 בְּקִרְבּוֹ) 있음이니라 22 네가 그의 목소리를 잘 청종하고 내 모든 말대로 행하면 내가 네 원수에게 원수가 되고 네 대적에게 대적이 될지라 23 내 사자가 네 앞서 가서 너를 아모리 사람과 헷 사람과 브리스 사람과 가나안 사람과 히위 사람과 여부스 사람에게로 인도하고 나는 그들을 끊으리니" '내 이름이 그 안에 있다'는 표현은 그 천사가 바로 '나의 대리자'라는 의미이다. 그 천사가 하는 것이 곧 내가 하는 것이고 내가 하는 것이 곧 그 천사가 하는 것이라는 의미로써 '내 이름이 그 안에 있다'라고 표현하는 이 문장은 그 높은 천사와 '나'는 마치 하나와 같다라고 하나님께서 여기고 계심을 나타내는 독특한 표현이다. 이러한 의미에서 출애굽기 13:21에서는 이스라엘 앞에서 가시며 인도하시는 분을 '여호와께서'라고 표현하기도 한다.

【요 17:12】 "내가 그들과 함께 있을 때에 내게 주신 아버지의 이름으로 그들을 보전하고 지키었나이다."

【요 14:11】 "내가 아버지 안에 거하고 아버지께서 내 안에 계심을 믿으라"

【요 16:32】 "…아버지께서 나와 함께 계시느니라"

32 희년서 1:29은 문장이 길고 복잡해서 에티오피아 고대 사본으로의 번역 과정에서 단어의 위치가 잘못되었을 것으로 본다. Milik은 쿰란 동굴에서 발견된 히브리어 희년서 사본 조각인 4Q217을 근거로 '첫 창조의 때로부터 시작하여, 새 창조의 때까지'로 문장을 복원해야 할 것을 제안했다. 복원된 문장을 바탕으로 이 구절을 번역했다. 이렇게 번역해서 이해하는 것은 희년서 1:27-29; 19:25, 에녹1서 72:1, 이사야 65:17-18; 66:22과 계시록 21:1에서 볼 수 있는 첫 창조와 새 창조를 구분하는 개념과도 일치가 된다.

또한 여호와의 성소가 시온 산 위의 예루살렘에 완성될 때까지, 그리고 이스라엘의 택함 받은 모든 자들을 위해 모든 광명체가 치유와 샬롬과 축복이 되도록 다시 새롭게 되는 그 날로부터 땅의 모든 시대에 이를 때까지, 희년과 7년 주기(주간)를 연도별로 구분하여 기록된 토라와 증거의 돌판들을 가져왔다.

6일 창조와 히브리어 22문자

2 여호와의 말씀에 따라 그 얼굴(임재)의 천사가 모세에게 말했다. "여호와 하나님께서 6일 동안 그분이 만드신 모든 작품들과 그분이 창조하신 모든 것을 어떻게 마치셨는지와, 일곱째 날에 안식일(샤밭)[33]을 지키시고 모든 시대를 위해 샤밭을 거룩하게 하신 것과, 그분께서 하신 모든 일을 위한 표징으로써 샤밭을 지정하신 것에 대한 창조의 완성된 역사를 기록하여라."

2 처음에[34] 그분께서는 위에 있는 하늘들과 땅과 물들과 그분 앞에서 섬기는 모든 영들을 창조하셨다. [35] 얼굴(임재)의 천사들, 거룩의 천사들, 불의 영의 천사들, [36] 바람들의 영의 천사들, 구름들과 어둠과 눈과 우박과 안개의 영의 천사들, 울림과 천둥과 번개의 천사들, 추위와 더위, 겨울과 봄, 추수와 여름의 영들의 천사들, 그리고 하늘들과 땅과 모든 곳에 있는 그분의 피조물들의 모든 영들, 무저갱들, 흑암과 저녁과 밤, 빛과 새벽과 낮을 창조하셨다. 이 모든 것들은 그분께서 그분의 마음의 지식 안에서 예비해 놓으신 것이었다.

3 그 후 우리[37]는 그분이 만드신 모든 작품

---

33 안식일은 히브리어로 שבת인데 일반적으로는 '샤밧'으로 표기되지만, 이 책에서는 히브리어 발음에 더 가깝게 '샤밭'으로 표기한다.

34 처음에: 다수의 사본들에서 '첫째 날에'로 번역되어 있다. 그러나 2절의 '첫째 날'과 3절의 '첫째 날'은 구분이 된다. 3절의 '첫째 날'은 창 1:3-5의 첫째 날이지만, 2절의 '첫째 날'은 3절의 첫째 날의 창조가 있기 전에 먼저 창조해 놓으셨던 하늘들과 땅과 물들과 영적인 존재들인 각종 천사들과 무저갱과 어둠과 빛이 이미 존재했던 때였다. 그러므로 2절의 '첫째 날'은 창세기 1장 1절의 '태초에'와 같은 개념이다. [잠 8:30] "나는 그분 곁에서 창조의 명공이 되어, 날마다(יום יום) 그분을 즐겁게 하여 드리고, 나 또한 그분 앞에서 늘 기뻐하였다." [에녹2서 30:1] "셋째 날에 나는 땅에 명령해서 열매 맺는 큰 나무들을 자라게 했으며 언덕들과 뿌리는 씨를 만들게 했다. 나는 낙원을 심었고 그것을 둘러싸고 무장한 (수호) 불천사들을 배치했다. 이와 같이 나는 다시 새롭게 창조했다." [에녹2서 70:25] "그때부터 마귀가 세 번째로 통치하기 시작했다. 첫 번째는 에덴-동산 전에, 두 번째는 에덴-동산 안에서, 세 번째는 에덴-동산 밖에서였다. 그는 대홍수 때까지 계속 통치하였다."

35 에녹1서 60:11-23 참고

36 거룩의 천사들(말아케이 하크도샤 מלאכי הקדושה)은 두 번째로 높은 천사들의 무리이다. 그들이 이렇게 불리는 이유는 그들이 하늘 보좌 주변에서 항상 거룩 삼창을 때로는 감미롭게 때로는 우렁차게 부르는 특권을 누리며 섬기는 자들이기 때문이다.

37 하나님께서는 처음에 하늘과 땅과 하나님과 사람과 자연에 대한 봉사의 임무를 맡은 천사들을 창조하셨다. 그리고 이후 '우리'라는 1인칭 복수 주어를 통해서 천사들은 시내 산에서 모세에게 희년서의 이야기를 전달한다. 희년서의 '우리'라는 화자는 시내 산에서 모세와의 대화를 이끌어가는 주체인 천사들이다.

들로 인해 그분 앞에서 그분을 높이 칭송했는데,[38]이는 첫째 날에 일곱 가지 큰 작품을 그분께서 만드셨기 때문이다.

4 둘째 날에 그분께서는 물들 가운데 궁창을 만드셨는데, 그 날에 물들이 나뉘어져 절반은 위로 올라갔고 절반은 궁창 아래 곧 지면 위로 내려갔다. 이는 둘째 날에 하나님께서 만드신 유일한 것이었다.

5 셋째 날에 그분께서는 물들이 온 땅의 표면에서 한 곳으로 물러가도록 명하셨으며 마른 땅이 드러나도록 명하셨다.

6 물들은 그분께서 명하신 대로 되었고, 땅의 표면으로부터 벗어나 궁창 밖의 한 장소로 물러갔으며 마른 땅이 드러났다.

7 그 날에 그분께서는 땅을 위해서 물들이 모이는 곳에 있는 모든 바다와 모든 강과, 온 땅과 산들에 모여 있는 물들과 모든 호수와 땅의 모든 이슬, 그리고 뿌려지는 씨앗들과 싹이 트는 모든 것과 열매 맺는 나무들과 목재의 나무들, 그리고 에덴 안에 있는 에덴-동산과 모든 식물을 그 종류대로 창조하셨다. 그리고 이 네 가지 큰 작품을 하나님께서 셋째 날에 만드셨다.

8 넷째 날에 그분께서 태양과 달과 별들을 만드셨고, 그들을 하늘의 궁창에 두셔서 온 땅에 빛을 비추게 하시고, 낮과 밤을 주관하게 하셔서 어둠으로부터 빛을 나누셨다.

9 하나님께서 태양을 지명하셔서 날과 안식일과 달과 절기와 해와 안식년과 희년과 모든 계절을 위해 땅에서 큰 징조가 되게 하셨다.

10 해는 어둠에서 빛을 나누어 번성케 하고 땅에서 싹이 나고 자라는 모든 것을 형통케 한다. 그리고 이 세 가지 종류를 그분께서 넷째 날에 만드셨다.

11 다섯째 날에 그분께서 물들의 깊음들 속에 큰 바다 괴물들을 창조하셨다. 이들은 그분의 손으로 만드신 육체를 가진 존재 중 첫 번째였다. 하나님은 물들에서 움직이는 모든 것들, 새들과 하늘을 나는 모든 것들을 그 종류대로 지으셨다.

12 해가 땅에 있는 모든 것들과 땅에서 싹이 나는 모든 것들과 모든 열매 맺는 나무들, 그리고 모든 생물들을 번성하게 하려고 그것들 위로 떠올랐다. 그리고 이 세 가지 종류를 그분께서 다섯째 날에 만드셨다.

13 여섯째 날에는 그분께서 땅의 모든 동물들과 모든 가축들, 그리고 땅에서 움직이는 모든 것을 지으셨다.

14 이 모든 일 후에 그분께서 사람을 한 남자와 한 여자로 만드셨고, 사람에게 땅에 있는 모든 것과 바다에 있는 모든 것과 날아다니는 모든 것을 다스리는 권세를 주셨으며, 짐승들과 가축들과 땅에 움직이는 모든 것과 온 땅을 다스리는 통치권을 주셨다. 그리고 이 네 가지 종류를 그분께서는 여섯째 날에 만드셨다.

---

38 【욥 38:7】 "그 때에 새벽 별들이 기뻐 노래하며 하나님의 아들들이 다 기뻐 소리를 질렀느니라"

15 모두 2와 20가지[39] 종류들이었다.

16 그분께서는 여섯째 날에 하늘들과 땅, 바다들과 무저갱들, 빛과 어둠, 그리고 모든 곳에 있는 모든 것, 곧 그분의 모든 일을 마치셨다.

높은 하늘에서 샤밭을 지키는 두 부류의 높은 계급 천사들

17 그분께서는 우리에게 큰 표징으로써 샤밭(안식일)의 날을 주셨다. 이는 우리가 6일 동안은 일하지만, 일곱 번째 날에는 모든 일로부터 샤밭(안식일)을 지키도록 하기 위함이다.

18 그분께서는 모든 얼굴(임재)의 천사들과 모든 거룩의 천사들, 이 두 부류의 위대한 천사들인 우리에게 명하셔서, 우리가 그분과 함께 하늘과 땅에서 샤밭을 지키도록 하셨다.[40]

샤밭을 지키는 택한 백성으로 이스라엘을 성별하심

19 그분은 우리에게 말씀하셨다. "보라 나는 모든 민족들 가운데 나 자신을 위해 한 민족을 구별할 것이다. 이들은 샤밭의 날을 지키게 될 것이며, 내가 나를 위하여 그들을 나의 백성으로서 거룩하게 하고, 그들에게 복을 줄 것이다. 내가 샤밭의 날을 거룩하게 구별한 것처럼 나를 위해 그들을 거룩하게 구별할 것이며, 또한 그들에게 복을 줄 것이다. 그들은 내 백성이 될 것이며 나는 그들의 하나님이 될 것이다.

20 나는 내가 본 모든 자들 중에서 야곱의 씨를 택하였고, 그를 내 맏아들로 기록해 놓았으며, 나를 위해 그를 영원토록 성별(聖別)하였다. 나는 그들에게 샤밭의 날을 가르쳐 그들이 모든 일들로부터 샤밭을 지키게 할 것이다."

가장 높은 천사들과 함께 샤밭에 초대받은 이스라엘 : 땅에서 영원으로의 초대

21 이와 같이 그분께서는 그 날에 한 표징을 만드셨는데, 이는 그들도 우리와 함께 일곱째 날에 샤밭을 지키며 먹고 마시고 만물을 창조하신 그분을 송축하게 하기 위함이며, 그분께서 그분 자신을 위해 모든 민족들 중에서 보배로운 백성을 거룩하게 구별하시고 축복하셔서 그들로 하여금 우리와 함께 샤밭을 지키게 하기 위함이다.

22 그분께서는 '그분의 기쁘게 받아들여 주

---

39 희년서 2:15에서는 22가 2와 20이라고 표현되고 있다. 히브리어에서는 일반적으로 20과 2로 22를 표현한다. 여기서는 의도를 가지고 2와 20이라고 표현하고 있다. 처음인 알렢과 나중인 타브를 2로 표현하고, 나머지 20개 문자를 따로 표현하고 있는 것이다.

40 구약 성경에서 '천사들이 샤밭의 명령과 특권을 받았다'라는 내용은 발견되지 않지만, 희년서에서는 하늘에서든 땅에서든 하나님과 함께 샤밭을 지키도록 명령받은 위대한 두 부류의 천사들 즉, 얼굴(임재)의 천사들과 거룩의 천사들이 언급되고 있다. 천사들 중에 자연 현상(비, 바람, 구름, 눈, 이슬…)과 천체 운행에 대한 임무를 부여받은 천사들의 경우는 샤밭의 명령에 덜 종속적이지만, 가장 높은 등급의 두 부류의 천사들은 높은 하늘에서 항상 샤밭을 지키고 있다. 제7일의 샤밭은 일곱 번째 천년과도 연결되어 있지만, 일곱째 하늘과도 연결되어 있다.

시려는 갈망들’[41]이 항상 그분 앞에 흠향되는 감미로운 향기로 올라가게 하셨다.

22세대와 22문자

23 아담부터 그에게 이르기까지 인류의 2와 20머리들이 있었고, 일곱째 날에 이르기까지 2와 20종류의 작품이 만들어졌다.[42] 이 작품은 복되고 거룩하다. 그리고 그 머리들도 복되고 거룩하다. 이것은 저것과

41 ‘그분의 기쁘게 받아들여 주시려는 갈망들’은 히브리어 라쫀רָצוֹן에 대한 번역이다. 라쫀רָצוֹן은 한 단어로 번역하기 어려운 풍성한 뜻이 포함되어 있다. BDB와 HALOT의 사전 정의는 다음과 같다. Pleasure, delight, favor, goodwill, acceptance, desire, self-will. 이러한 사전적인 정의를 종합적으로 이해하면 라쫀רָצוֹן의 히브리적 개념은 ‘기쁘게 받아들여 주시기로 스스로 뜻을 정하시고 그것을 간절히 갈망하심’이다. 이 라쫀רָצוֹן은 샤밭(안식일)의 핵심 DNA이며 주님께서 샤밭(안식일)을 제정하신 이유이다. 이사야 61:2에서 ‘여호와의 은혜의 해’는 히브리어로 샤낱 라쫀 라아도나이שְׁנַת רָצוֹן לַיהוָה인데 한글 성경에서는 라쫀רָצוֹן이 ‘은혜’로 번역되었다. 예수님은 공생애 초반에 나사렛 회당에서 회당장이 펼쳐준 그 주간의 토라포션의 하프타라 부분 중에서 이사야 61장을 찾아 읽으시고 선포하실 때, 샤낱 라쫀 라아도나이שְׁנַת רָצוֹן לַיהוָה를 강조하시기 위해 이어지는 단어들인 붸욤 나캄 레엘로헤이누וְיוֹם נָקָם לֵאלֹהֵינוּ(보복의 날)를 읽지 않으시고 ‘샤낱 라쫀 라아도나이’에서 끊어 읽으셨다. 예수님의 공생애 첫 회당 설교에서 죄인인 우리를 기쁘게 받아들여 주시기로 결정하시고 그것을 간절히 갈망하시는 하나님의 은혜의 해(긴 기간)가 본격적으로 시작되었음을 선포하셨다. 이러한 하나님의 갈망이 매 샤밭마다 하나님께 다시 올려 드려지게 하며 하나님께서 기억하시도록 하는 예배는 하나님께서 받으시는 아름답고 달콤한 향기가 된다. 사도 바울은 에베소서 1:5에서 ‘그분의 기쁘신 뜻을 따라서’라고 이 단어를 사용했다. “그분의 기쁘신 뜻대로 우리를 예정하사 예수 그리스도로 말미암아 자기의 아들들이 되게 하셨으니”

42 히브리어 문자는 알렢א으로 첫 번째 문자가 시작하고 그 뒤로 20문자가 있으며 타브ת는 22번째 마지막 문자이며, 알렢א부터 타브ת까지 22개로 이루어져 있다. 아담부터 야곱에 이르기까지 22족장이 있었다. 창조의 6일 동안 22문자가 만들어진 후 샤밭(안식일)으로 들어갔다. 아담부터 이삭까지 22족장들 후에 야곱이 태어났고, 이스라엘이 된 야곱에게서 이스라엘 12지파가 나왔다. 6일의 확장인 6천 년 역사의 시작부터 끝까지, 처음부터 마지막까지, 알렢א부터 타브ת까지가 다 이루어진 후(창 2:1 “천지와 만물이 다 이루어지니라”) 천년왕국이 전 지구적 샤밭으로 올 것이다. 6일의 창조가 마치고 제7일이 샤밭으로 성별되었듯이, 이스라엘(야곱)은 천년왕국으로 들어가도록 성별되었으며, 전 지구가 제7천 년에 샤밭으로 들어갈 것이다.

【마 5:17~18】 17.“내가 율법이나 선지자를 폐하러 온 줄로 생각하지 말라 폐하러 온 것이 아니요 완전하게 하려 함이라 18. 진실로 너희에게 이르노니 천지가 없어지기 전에는 율법의 일점 일획도 결코 없어지지 아니하고 다 이루리라.” [계22:13] “나는 알파와 오메가요 처음과 마지막이요 시작과 마침이라.” [계21:6] “또 내게 말씀하시되 이루었도다 나는 알파와 오메가요 처음과 마지막이라.” [사41:4] “누가 이 일을 행하였느냐 누가 만들었느냐 누가 처음부터 그 세대들을 불러내었느냐 나 여호와라 처음 세대에도 나요 나중 세대들에게도 내가 곧 그니라.”

주후 90년 얌니아에서 히브리 성경의 정경을 24권(현재 개신교의 구약 39권과 동일하다. 예를 들어 사무엘상하는 한 권이기 때문이다.)으로 정하여 정착되는 시기에 요세푸스는 “아피온에 대한 반박”에서 당시 유대인들 사이에서는 히브리어 성경이 22권인 것으로 인식되고 있음을 기록했다(토라 5권 + 네비임 13권 + 케투빔 4권). 제2성전 시대에 히브리 성경의 수를 22권으로 규정하려던 것은 희년서의 이러한 사상을 반영한 것으로 히브리어 22문자와 히브리 성경의 수를 맞추려는 시도였을 것으로 보인다. 또는 히브리 정경을 27권(22권+5권)으로 보기도 했는데, 추가된 5권은 히브리어 문자에서 5개가 단어의 끝에 올 때 변형된 형태로 쓰이기 때문이다(כ카프 11, מ멤 13, נ눈 14, פ페 17, צ짜데 18).

다바르דָּבָר는 말, 글, 존재, 사건이란 뜻이다. 입에서 나온 말도 다바르דָּבָר고, 히브리어 문자도 다바르דָּבָר이며, 창조되어진 존재도 다바르דָּבָר이고, 일어나는 사건도 다바르דָּבָר이다. 6일 동안 말씀דָּבָר으로 창조된 22문자(드바림דְּבָרִים)가 있었고 제7일에 샤밭이 왔다. 아담부터 이삭까지 22족장들이 있었고 야곱이 태어났다(가이난 포함). 6천 년의 시작과 과정과 끝의 모든 것이 예정된 대로 일어나는 사건들(드바림דְּבָרִים) 후에 천년왕국이 땅과 인류의 샤밭과 희년으로써 시작된다.

함께 거룩하게 함과 축복을 위해 서로 섬긴다. [43]

24 그분께서 일곱째 날에 샤밭을 성별(聖別)하시고 복되게 하신 것과 같이 야곱과 그의 씨(후손)를 항상 복되게 하시며 거룩한 자들이 되도록 하셨으니, 이것이 첫 번째 증거이며 첫 번째 토라이다.

이스라엘과 샤밭

25 그분께서는 하늘들과 땅 그리고 6일 동안 그분께서 창조하신 모든 것을 창조하셨으며, [44] 하나님께서는 그분의 모든 피조물을 위해 일곱째 날을 거룩하게 하셨다. 이러한 이유로 그분께서는 샤밭(안식일)에 대해, 누구든지 그 날에 일하는 자는 죽을 것이고 그 날을 더럽히는 자도 반드시 죽을 것이라고 명하셨다.

26 그러므로 너는 이스라엘 자녀들에게 이 날을 거룩하게 지키고 이 날에 아무 일도 하지 말며, 이 날을 더럽히지 않도록 명하여라. 이는 이 날이 다른 모든 날보다 거룩함이라.

27 그 날을 모독하는 자는 반드시 죽을 것이요, 누구든지 그 날에 일하는 자는 영원히 죽으리니, 이는 이스라엘 자손들이 대대로 이 날을 지켜 그 땅에서 뿌리 뽑히지 않게 하려 함이라. [45] 이 날은 거룩한 날이며 복된 날임이니라.

28 그 날을 준수하며 모든 일에서 안식일(샤밭)을 지키는 모든 자는 우리와 같이 거룩할 것이며 복을 받게 될 것이다. [46]

29 이스라엘 자손들에게 이 날의 토라 즉, 그들이 안식일(샤밭)을 지켜야 한다는 것과 그들 마음의 그릇됨으로 안식일(샤밭)을 저버리지 말아야 한다고 선포하고 말하여라. 그 날에는 보기에 부적절한 어떤 일도

---

43 이것은 22족장이고 저것은 히브리어 22개의 문자이다.

44 창 1:1의 천지 창조와 창 1:3 이후의 6일 창조를 구분하는 개념이 이 문장에서 나타난다.

45 이스라엘이 이스라엘 땅에서 샤밭을 지키지 않으면 결국 이스라엘 땅에서 쫓겨나게 된다. 다른 6일보다 일곱째 날은 더 거룩하기 때문이며, 지구의 다른 곳보다 이스라엘 땅은 더 거룩하기 때문이다. 이스라엘 땅 안에서 살아가는 하나님의 백성이 이스라엘 땅 안에서 샤밭을 준수함으로 일곱째 날을 거룩하게 하고, 이스라엘 땅을 거룩하게 하는 것이 엄중하게 요구되어진다.
【왕하 17:24-27】 "앗수르 왕이 바벨론과 구다와 아와와 하맛과 스발와임에서 사람을 옮겨다가 이스라엘 자손을 대신하여 사마리아 여러 성읍에 두매 그들이 사마리아를 차지하고 그 여러 성읍에 거주하니라 25 그들이 처음으로 거기 거주할 때에 여호와를 경외하지 아니하므로 여호와께서 사자들을 그들 가운데에 보내시매 몇 사람을 죽인지라 26 그러므로 어떤 사람이 앗수르 왕에게 말하여 이르되 왕께서 사마리아 여러 성읍에 옮겨 거주하게 하신 민족들이 그 땅 신의 법을 알지 못하므로 그들의 신이 사자들을 그들 가운데에 보내매 그들을 죽였사오니 이는 그들이 그 땅 신의 법을 알지 못함이니이다 하니라 27 앗수르 왕이 명령하여 이르되 너희는 그 곳에서 사로잡아 온 제사장 한 사람을 그 곳으로 데려가되 그가 그 곳에 가서 거주하며 그 땅 신의 법을 무리에게 가르치게 하라 하니"

46 샤밭에 모든 일을 멈추고 샤밭을 지키는 것은 가장 높은 하늘에 있는 가장 높은 계급의 천사들에게 주어진 특권이며 낮은 계급의 천사들에게는 허락되지 않은 계명이다. 하나님이 이스라엘에게 샤밭 준수를 명하신 이유는 사람이 결국 모든 천사들보다 더 높은 존재가 되어 하나님의 안식에 참여하게 하려 하심이다. 즉, 땅에서 샤밭을 지키는 것은 영원한 샤밭을 누리게 되는 것과 연결되어 있다.

하지 말며, 그들 자신의 즐거움을 위해 행하지 말고, 그들의 거주지에서 여섯째 날에 자신을 위해 예비해 두지 못했던 먹고 마시는 어떤 것도 그 날에 준비하지 말며, 물을 긷거나 어떤 짐을 대문으로 들여오거나 가지고 나가지 말아야 한다.

30 그 날에 그들은 이 집에서 저 집으로 무엇이든지 가지고 들어가거나 나가지 말아야 한다. 그 날은 희년들의 희년의 어떤 날보다 더 거룩하고 복된 날이기 때문이다.[47] 땅에서 그 날에 샤밭을 지키는 것이 어떤 육체에게도 알려지기 전부터 우리는 하늘들에서 이 날에 샤밭을 지켜왔다.[48]

31 만물의 창조주께서 그 날을 복되게 하셨으나, 모든 백성들과 민족들로 그 날에 샤밭을 지키도록 성별하지는 않으시고, 오직 이스라엘만을 성별하셔서 그들에게만 그 날에 먹고 마시며 땅에서 샤밭을 지키도록 허락하셨다.

32 만물의 창조주께서 축복과 거룩함과 영광을 위해 창조하셨던 이 날을 모든 날보다 더 축복하셨다.

33 이 토라와 증거는 이스라엘의 자손들에게 그들 대대로 영원히 지켜야 할 법으로 주어졌다.

아담이 모든 피조물에게 이름을 지어주다

3 둘째 주간의 6일 동안 우리는 하나님의 말씀에 따라 모든 짐승들, 모든 가축들, 모든 새들, 땅에서 움직이는 모든 것, 물에서 움직이는 모든 것을 그들의 종류와 그들의 부류에 따라 아담에게 데려갔다. 첫째 날에는 짐승들을, 둘째 날에는 가축들을, 셋째 날에는 새들을, 넷째 날에는 땅 위에서 움직이는 모든 것을, 다섯째 날에는 물에서 움직이는 것들을 데리고 갔다.

2 아담은 그들 각각의 이름으로 그들에게 이름을 지어주었다. 그가 그들을 부르는 대로 그들의 이름이 되었다.

하와의 창조와 부부가 한 몸을 이루라는 명령

3 이 5일 동안 아담은 땅에 있는 모든 것들의 종류에 따라 수컷과 암컷을 보았지만, 그는 혼자였으며 그를 위한 돕는 배필을 찾지 못했다.

4 여호와께서 우리에게 말씀하셨다. "그 사람이 홀로 있는 것이 좋지 아니하니, 우리가 그를 위해 그와 같은 돕는 배필을 만들자."

5 주 우리 하나님께서 깊은 잠을 그에게 쏟아지게 하셨고 그는 잠이 들었다. 그분은 그의 갈빗대들 중 하나를 여자를 위해 취

---

47 희년의 어떤 날보다도 샤밭이 더 중요하다고 여겨진다. 샤밭은 모든 절기와 희년과 하나님의 시간의 기초가 된다. 그러므로 샤밭의 기초가 흐트러지면 다른 절기와 희년과 하나님의 모든 시간이 다 흔들리게 될 것이다. 이것은 하나님이 영원을 함께 보내고 싶어 하는 자들에게 이토록 샤밭을 중요하게 여기시며 철저하게 강조하신 이유이다.

48 샤밭의 선재성: 샤밭은 모세 때부터 시작된 개념이 아니다. 이스라엘 백성이 이집트에서 이집트의 시간으로 살면서 샤밭을 잊어버렸기 때문에 하나님은 이스라엘 백성을 출이집트 시키신 후 곧바로 6일과 제7일을 구별시켜 알려주신 것이다. 샤밭은 창세기 2:2~3부터 시작되었다. 하지만 땅에서 샤밭이 시작되기 전 이미 하늘에서 샤밭은 진행되고 있었다. 그리고 샤밭의 주기와 월삭의 주기는 영원토록 반복되는 것이다(사 66:23).

하셨다. 이 갈빗대는 그의 갈빗대 중에서 여자의 기원이 되었으며 그분께서는 그 자리에 살을 대신 채우셨고 여자를 지으셨다.

6 그분께서는 아담을 잠에서 깨우셨고 여섯째 날에[49] 그는 일어났다. 그분은 그에게 그녀를 데려왔으며 그는 그녀와 동침하였고,[50] 그녀에게 말했다. "이번에는[51] 내 뼈 중의 뼈요 살 중의 살이다. 그녀는 여자라 불려 질 것인데, 이는 그녀가 남자에게서 취해졌기 때문이라."

7 그러므로 남자와 아내가 하나가 되리니, 남자가 그의 아버지와 그의 어머니를 떠나 그의 아내 안으로 붙어 그들이 한 몸이 될 것이다.

7일과 14일, 40일과 80일 정결 기간의 이유

8 첫째 주에 아담과 그 갈빗대인 그의 아내도 창조되었다. 둘째 주에 그분께서 그녀를 그에게 보여주셨다. 이러한 이유로 남자는 7일 동안, 여자는 두 번의 7일 동안 그들의 부정한 기간을[52] 지내도록 계명이 주어졌다.

9 아담이 그가 창조된 그 땅에서 40일을 채운 후, 우리는 그가 에덴-동산에서 일하며 그것을 지키도록 그를 에덴-동산으로 데리고 왔다. 그러나 그의 아내는 80일째 되던 날에 인도되어 에덴-동산으로 들어왔다.

10 이러한 이유로 출산하는 여자에 관한 계명[53]이 하늘의 돌판들에 기록되어 있다. '만일 여자가 남자 아이를 낳으면 그 여자는 그 첫 주의 날수에 맞춰 7일 동안 부정하게 지내야 하고, 그녀의 산혈을 정결케 하는 기간으로 33일을 지내야 한다. 남자 아이의 경우 이 날들을 채울 때까지 그녀는 신성한 물건을 만지거나 성소에 들어가지 못한다.

11 그러나 여자 아이의 경우는 처음 그 두 주의 날수를 따라 두 주 동안 부정하게 지내고, 그녀의 산혈을 정결케 하는 기간으로

---

49 둘째 주의 여섯째 날인 금요일(아마 늦은 오후)에 하와는 아담의 눈 앞에 등장했지만, 첫째 주에 하와는 아담의 갈빗대로 이미 아담 안에 있었다(희 3:8).

50 아담과 하와가 처음 만났을 때 동침하였다(희 3:6). 에덴-동산 안에서 7년을 보낸 후, 에덴-동산에서 추방되었고, 에덴-동산 밖에서 42년이 지난 후에 아담과 하와가 동침했으나(희 3:34), 두 번째 희년의 셋째 주간64-70에 첫 아들 가인을 낳았다(희 4:1).

51 아담이 하와를 처음 본 순간 '이는 내 뼈 중의 뼈요 내 살 중의 살이라' 노래한다(창 2:23). 이 구절은 창세기 2:1-3의 샤밭의 노래와 함께 창세기에서 처음 나오는 두 시이다. 첫 번째 시는 '안식일에 대한 노래'이고 두 번째 시는 '하와에 대한 노래'다. '하와에 대한 노래'에서 번역본들에는 반영이 안 되어 있는 독특한 단어가 히브리어에는 있다. 조트 파암 זֹאת הַפַּעַם, 이 단어를 직역하여 다시 번역하면 다음과 같다. '이번에는 내 뼈 중의 뼈요 내 살 중의 살이라.'

52 레위기 12:6 참조: 부정한 기간을 보내는 것은 바꿔 말하면 정결해지는 기한이 차는 것으로 이해할 수 있다. 레위기 12:2-7 참조. "여인이 잉태하여 남자를 낳으면 그는 칠 일 동안 부정하리니 곧 경도할 때와 같이 부정할 것이며", "여자를 낳으면 그는 이(두 번의) 칠 일 동안 부정하리니", "자녀가 정결케 되는 기간이 차거든"

53 레위기 12:4-5 참조

66일을 지내어 그 날들은 총 80일이 될 것이다.'

12 그녀가 이 80일을 다 채웠을 때, 우리는 그녀를 에덴-동산으로 데리고 왔는데, 이는 에덴-동산이 모든 땅보다 더 거룩하고 그곳에 심겨진 모든 나무도 거룩하기 때문이다.

13 그러므로 남자 아이나 여자 아이를 낳는 여인들에 관한 규례가 제정되어 있는데, 남자 아이나 여자 아이를 위한 이 날들이 차기까지는 그녀는 어떤 신성한 것도 만지지 말고 성소에도 들어가지 말아야 한다.

14 이것은 이스라엘이 항상 지키도록 그들을 위해 기록된 토라와 증거니라.

에덴-동산에서 7년을 보낸 아담과 하와

15 첫 번째 희년의 첫 주간에1~7 아담과 그의 아내는 에덴-동산에서 7년 동안 일하며 그곳을 지켰다. 우리는 그에게 일을 주었으며 일에 관련된 모든 것을 할 수 있도록 지도해주었다[54]

16 그는 그 동산에서 일했고,[55] 벌거벗고 있었으나 이를 인식하지 못했고, 부끄러워하지 않았다. 그는 새들과 짐승들과 가축들로부터 그 동산을 지키며 그곳의 열매를 거두어 먹고, 자신을 위해 남은 것을 따로 두고, 그의 아내를 위해서도 따로 남겨두어 보관했다.

제8년에 뱀이 유혹하다

17 그가 거기서 7년을 채우고 난 후, 정확히 제8년 둘째 달 17일[56]에 그 뱀이 와서 여자에게 접근하여 그녀에게 말했다. "하나님이 너희에게 동산의 모든 나무로부터 어떤 것도 먹지 말라고 명령하셨느냐?"

18 그녀는 뱀에게 말했다. "동산 나무들의 모든 열매는, 하나님이 우리에게 말씀하시길, 먹으라 하셨다. 그러나 동산 중앙에 있는 나무의 열매는, 하나님이 우리에게 말씀하시길, 너희는 먹지도 말고 만지지도 말라 너희가 죽을까 하노라고 말씀하셨다."

19 그 뱀이 여자에게 말했다. "너희가 절대로 죽지 아니하리라. 이는 너희가 그것으로부터[57] 먹는 그 날에 너희 눈들이 열리게

---

[54] 첫 7년 동안 그 동산에 머물면서 그곳을 섬기며 지키는 동안 천사들이 아담에게 땅을 경작하는 데 필요한 모든 일들을 가르쳤다. 성경에서는 자세히 전해주지 않지만, 천사들이 아담에게 땅을 경작하는 것, 아브람에게 히브리어를 읽고 쓰는 것, 노아에게 방주를 만드는 것을 가르쳐주는 역할이나, 타락한 천사들이 인류에게 재련하는 방법과 화장하는 방법과 주술과 약초를 사용하는 방법 등을 가르쳐주는 역할을 인류 역사에서 여러 차례 했었음을 에녹서들과 희년서에서 언급하고 있다. 희년서 자체도 시내 산에서 모세가 천사들로부터 전달받은 아담으로부터 시작한 인류 역사에 대한 특별 과외이다.

[55] 그 동산에서 일했고: 히브리어 동사 아바드עבד는 동산을 가꾸고 경작하며 식물들을 관리하는 일들을 포함한다. 제사에 필요한 제반 사항과 관련된 모든 일들도 제사장이 배우고 익숙해야 할 일이다(향품을 만드는 식물들, 제단의 불에 사용될 나무들, 희생 제사에 쓰이는 곡물들과 가축). 그러나 성경에서 동사 아바드עבד의 주요 의미는 '제사장이나 레위인들이 성전 봉사를 하며 하나님께 예배드리는 섬김과 관련된 모든 일을 하다'이다.

[56] 제8년 둘째 달(헤쉬반월) 17일에 뱀이 하와에게 찾아왔다. 노아가 방주에 다 들어간 후 문이 닫힌 날도 둘째 달 17일이다(창 7:11; 희 5:23).

되어 너희가 신들과 같이 되며 선악을 알게 될 것을 하나님이 아심이라.”

20 여자가 그 나무를 보니 그것이 마음에 들며 보암직하고, 그 열매가 먹음직도 하여 그녀는 그 나무의 실과를 따서 먹었다.

21 그녀는 먼저 자신의 수치를 무화과나무 잎들로 가렸으며 그녀가 그 열매를 아담에게 주니 그도 먹고 그의 눈이 열려 자신이 벌거벗었음을 그도 보았다.

22 그는 무화과나무 잎들을 가져와 함께 엮어 자기를 위해 앞치마를 만들고 자신의 부끄러움을 가렸다.

23 여호와께서는 그 뱀을 저주하셨고 뱀에게 영원히 진노하셨다. 그분께서는 그 여자에게도 진노하셨는데, 이는 그녀가 그 뱀의 음성에 귀 기울여 듣고 먹었기 때문이다. 그분께서 그녀에게 말씀하셨다.

24 “내가 너의 고생과 출산의 고통을 크게 더하리니, 네가 고생하며 자식을 낳을 것이고, 너의 욕망은 네 남편에게 향할 것이며 ⁵⁸ 네 남편은 너를 다스릴 것이다.”

25 아담에게 그분께서 말씀하시길 “너는 아내의 목소리에 귀를 기울여 내가 너희에게 먹지 말라고 명한 나무의 열매를 먹었

으니 너로 인하여 땅이 저주를 받으리라. 땅이 너에게 가시나무와 엉겅퀴를 낼 것이며 네가 흙으로부터 왔으니 흙으로 돌아갈 때까지 네 얼굴에 땀을 흘려야 음식을 먹을 수 있을 것이다. 너는 흙이니 흙으로 돌아갈 것이니라.”

추방 후 분향드리는 제사장 아담과 언어를 잃은 동물들

26 그분께서 그들을 위하여 가죽 옷을 만들어 그들에게 입혀주시고 에덴-동산에서 그들을 내보내셨다.

27 아담이 그 동산에서 나간 그 날, 그가 자기의 수치를 가렸던 그 날부터 그는 해가 떠오르는 아침에 유향, 풍자향, 소합향과 향신료들의 감미로운 향기로 제사를 올려드렸다.

28 그 날에 모든 짐승들과 가축들과 새들과 걷거나 움직이는 모든 것들의 입이 닫혔는데, 이는 그들이 더 이상 말을 할 수 없게 하기 위함이었다. 그들 모두는 한 입술과 한 언어로 서로 말할 수 있었기 때문이었다.

29 그분께서는 에덴-동산에 있던 육을 가진 모든 생물을 에덴-동산에서 내보내셨다.

---

57 ‘그것을 먹는 날에’가 자연스럽지만, 히브리어는 ‘그것으로부터 먹는 날에’로 표현되어 있다. ‘그 나무에서 나오는 열매든, 이파리든, 영향력이든 그것으로부터 먹는 날에’라고 이해할 수 있다.

58 ‘너의 욕망은 네 남편에게 향할 것이며’ 이 구절은 창 3:16과 병행 구절이지만 테슈카תְּשׁוּקָה(desire, longing, craving (of man for woman, of woman for man, of beast to devour))를 어떻게 번역하느냐에 따라서 다양한 의미로 이해하게 된다. 맛소라 사본 외에 칠십인역과 사해사본에서는 테슈바תְּשׁוּבָה(turning)로 읽는다. 여러 가지 번역의 예들은 다음과 같다. ‘너는 남편을 사모하고,’ ‘너는 남편을 원하고,’ ‘네 욕망은 네 남편에게 향하나,’ ‘너는 남편을 마음대로 주무르고 싶겠지만,’ ‘네가 남편을 지배하려고 해도,’ ‘네가 남편에게 집착하겠으나,’ ‘네 열망이 네 남편에게 있겠고,’ ‘네 피난처는 네 남편과 함께일 것이다,’ ‘Your place of refuge will be with your husband.’ 긍정적인 쪽으로든 부정적인 쪽으로든 아내가 남편을 향하여 열망과 욕망과 갈망과 집착하려는 것과 뒤에서 남편을 조정하고 통제하려고 영향력을 뻗는 성향에 대해 표현하고 있는 문장으로 이해할 수 있다.

육체를 가진 모든 생물은 그 종류에 따라 흩어졌고, 그 유형에 따라 그들을 위해 창조되어진 장소들로 흩어졌다.

수치를 덮도록 제정된 법

30 그분께서는 모든 짐승들과 가축들 중에서 아담에게만 그의 수치를 가릴 것을 주셨다.

31 이러한 이유로 토라의 판결법을 아는 모든 자들에게는 그들이 그들의 수치를 가려야 하며 이방인들이 자신을 드러내듯이 자신을 드러내지 말아야 한다고 하늘의 돌판들에 제정되어 있다.

엘다에 거주하며 예배드리는 아담과 하와

32 넷째 달의 월삭에 아담과 그의 아내는 에덴-동산에서 나갔고 그들은 엘다의 땅,[59] 곧 그들이 창조되었던 그 땅에 거주하였다.[60]

33 아담은 아내의 이름을 하와라 불렀다.

34 그들은 첫 번째 희년[61]까지 아들이 없었으며 그 후에 그는 그녀와 동침했다.

35 그는 에덴-동산에서 가르침 받은 대로 그 땅에서 일했다.

가인과 아벨 그리고 아완

4 두 번째 희년의 셋째 주간에[64~70] 그녀는 가인을 낳았고 넷째 주간에[71~77] 그녀는 아벨을 낳았으며 다섯째 주간에[78~84] 그녀는 딸 아완ןואוﬡ을 낳았다.

2 세 번째 희년의 첫째 해[99]에 우리[62]가 아벨의 희생 제사는 받았으나 가인의 예물은 받지 않았기 때문에 가인이 아벨을 죽였다.[63]

3 가인이 들판에서 아벨을 죽였으므로, 그의 피가 땅에서 하늘로 울부짖으며 호소하였다.

4 여호와께서는 가인이 아벨을 죽였기에 아벨의 일로 그를 책망하셨고, 동생의 피로 인해 가인을 땅에서 도망자가 되게 하셨으며 땅에서 그를 저주하셨다.

5 이 일에 대해서 하늘의 돌판들에 기록되어 있다. '악의를 가지고 자기 이웃을 치는 자는 저주를 받을 것이요. 보고 들은 모든 자가 '아멘'이라 말하게 하라. 보고도

---

59 '엘다'라고 음역된 단어를 엘다아עדלﬡ(하나님이 아시는)로 추정해 볼 수 있다. 그러나 히브리어 복원본 1879년 판과 2019년 판에서는 엘다드דדלﬡ(하나님이 사랑하시는)로 복원했다.

60 테벳월 월삭에 첫째 아담은 에덴-동산에서 쫓겨났다. 이후 같은 날 에스더의 머리에 왕후의 관이 씌워지고 에스더가 왕후로 세워졌다. 이후 하누카의 8일 중 마지막 날의 마지막 촛불을 점화하며 성전을 하나님께 봉헌했던 날도 테벳월 월삭이다.

61 에덴-동산 안에서 첫 번째 희년은 A.M. 1년에 시작했다. 【희 3:15】 "첫 번째 희년의 첫 주간에[1~7] 아담과 그의 아내는 에덴-동산에서 7년 동안 일하며 그곳을 지켰다." 여기서 희년은 에덴-동산 안에서의 첫 번째 희년을 언급하는 것이나, 희 3:34에서는 에덴-동산 밖에서 처음 맞이한 희년으로써 '첫 번째 희년'을 언급하는 것이다.
　【희 3:34】 "그들은 첫 번째 희년까지 아들이 없었으며 그 후에 그는 그녀와 동침하였다." 희 4:1에서 가인이 태어난 "두 번째 희년의 셋째 주간"은 A.M. 64~70년이다.

62 우리: 제사를 받으시는 분은 하나님이시지만 하나님이 제사를 받으시는 모든 과정 중에 천사들이 중보의 역할을 하고 있음을 표현하는 것이다.

63 이때 가인의 나이는 35~41세, 아벨의 나이는 28~34세이다.

진술하지 않는 자, 그도 그 사람처럼 저주를 받게 하라.'

6 이러한 까닭에 우리는 주 우리 하나님 앞에 나아갈 때, 하늘에서든 땅에서든 빛에서든 어둠에서든 모든 곳에서 저질러진 모든 죄악을 공표한다.

셋과 아주라

7 아담과 그의 아내는 아벨을 위해 4주간 동안 애도했고99~126 다섯째 주간 넷째 해에130 그들은 서로 위로하였으며 즐거움[64]을 나누기 시작했다. 아담이 그의 아내와 다시 동침하여 그녀가 그에게 아들을 낳았고 그는 그의 이름을 셋이라 불렀다. 아담은 '하나님께서 가인이 죽인 아벨 대신 땅에서 우리에게 두 번째 씨를 일으키셨다'라고 말했다.

8 그리고 여섯째 주간에134~140 아담은 딸 아주라עזורה를 낳았다.

가인과 아완이 낳은 에녹

9 가인은 그의 여동생 아완אוון을 아내로 삼고, 그녀는 네 번째 희년이 끝날 무렵196 에녹을 낳았다. 그리고 다섯 번째 희년의 첫째 주간의 첫 해에197 가옥들이 땅에 지어졌으며 가인은 한 성읍을 건설하면서 그 성읍을 그의 아들 에녹의 이름으로 불렀다.

아담과 하와의 다른 자녀들

10 아담은 그의 아내 하와와 동침하였고 그녀는 9명의 아들을 더 낳았다.

셋과 아주라가 낳은 에노스

11 다섯 번째 희년의 다섯째 주간에225~231 셋은 그의 여동생 아주라를 아내로 맞이했고, 여섯째 주간의 넷째 해에235 그녀는 에노스를 낳았다.

12 그는 땅에서 여호와의 이름을 부르는 것을 더럽히기 시작하였다. [65]

---

64 에덴의 여성형 명사인 에드나עדנה는 부부가 몸의 하나됨을 통해서 누리는 즐거움을 의미하기도 한다. 복원된 히브리어 사본에서는 '서로 위로하였다'라고 되어 있지만 다른 사본에서는 '즐거움을 나누기 시작했다'라고 되어 있어 두 가지 의미를 번역에 다 반영했다. 【창 18:12】 "사라가 속으로 웃고 이르되 내가 노쇠하였고 내 주인도 늙었으니 내게 어찌 낙(에드나עדנה)이 있으리요." 아담과 하와는 아벨을 위해서 28년 동안 애도하는 긴 기간을 가졌으며, 그 후 3년이 지난 후에 다시 동침하기 시작하여 셋을 낳았다.

65 【창세기 4:26】 "그 때에 사람들이 비로소 여호와의 이름을 부르기 시작하였다"라는 구절은 에녹1서와 에녹3서에 의하면 여호와의 이름을 부르면서 해달별들을 숭배하기 시작한 것으로 해석하며, 에노스가 그러한 우상숭배의 우두머리였다고 전해주고 있다. 창 4:26의 "그 때에(맛소라 사본만 시간 부사이며 다른 사본들은 3인칭 남성 단수 대명사) 사람들이(히브리어에는 3인칭 남성 단수) 비로소(원어에는 없지만 추가된 단어) 여호와의 이름을 불렀더라"라는 이 구절은 그전에는 여호와의 이름을 부르며 예배하는 일을 하지 않다가 그 때가 되어서야 여호와를 예배하기 위해서 여호와의 이름을 불렀다는 의미가 아니다. 여호와께 예배를 드리는 것은 아담과 하와도, 가인과 아벨도, 그리고 셋도 이미 행해오고 있었다. 그러나 우상숭배의 우두머리인 에노쉬의 시대부터 사람들은 여호와의 이름을 부르면서 우상숭배를 하기 시작한 것이다.

창세기 4:26 הוּחַל לִקְרֹא בְּשֵׁם יְהוָה에서 הוּחַל는 '시작했다'라는 의미로 쓰이기도 하지만 여기서는 '거룩한 것을 더럽고 불결하고 부정하게 사용함'을 의미하는 단어로 쓰였다. 즉 '그 때에 사람들이 여호와의 이름을 부르는 것을 오용하기 시작했다'라는 뜻이 된다. 이러한 해석 전통은 창세기 랍바 23:6-7, 탈굼 요나탄 4:26, 탈굼 네오피티 4:26에서도 나타난다. 헬라어 번역본에서 다시 번역된 것으로 보이는 게에즈 사본은 70인역의 구절을 반영해서 "그가 땅에서 주의 이름을 부르는 것에서 처음이었다"라고 번역해 놓았다.

에노스와 노암이 낳은 게난

13 일곱 번째 희년의 셋째 주간에309~315 에노스는 그의 누이 노암을 아내로 맞이했고, 그녀는 다섯째 주간의 셋째 해에325 아들을 낳았으며, 그는 그의 이름을 게난이라고 불렀다.

게난과 무알렐렡이 낳은 마할랄렐

14 여덟 번째 희년이 끝날 무렵392 게난은 그의 누이 무알렐렡מהללאית을 그의 아내로 맞이했고, 그녀는 아홉 번째 희년에 아들을 낳았으며, 첫째 주간의 셋째 해에395 그는 그의 이름을 마할랄렐이라 불렀다.

마할랄렐과 디나가 낳은 야렛

15 열 번째 희년의 둘째 주간에449~455 마할랄렐은 아버지의 형제의 딸 브라키엘ברכאל의 딸인 디나הנה를 아내로 맞이했고, 그녀는 셋째 주간의 여섯째 해에461 아들을 낳았으며, 그는 그의 아들의 이름을 야렛

이라 불렀다. 이는 그의 시대에 감찰자들(עירין이린)이라 불리는 여호와의 천사들이 인간의 자녀들을 가르쳐 땅에서 판결과 의를 행하기 위해 땅으로 내려왔기 때문이다. 66

야렛과 브라카가 낳은 에녹

16 11번째 희년의 넷째 주간에512~518 야렛은 아내를 맞이했고, 그녀의 이름은 브라카ברכה로 야렛의 아버지의 형제인 라쭈쩰רצוצאל의 딸이었다. 그녀는 이 희년의 다섯째 주간의 넷째 해에522 67아들을 낳았으며, 그는 그의 이름을 에녹이라 불렀다.

에녹서를 기록한 에녹

17 그는 땅에서 태어난 사람들 중에서 글쓰기 기술과68 지식과 지혜를 배운 자로서, 사람들이 월별 순서에 따라 각 해의 절기를 알 수 있도록 하늘의 징조들을 월별로 책에 기록한 사람들 중에서 첫 사람이었다.

---

66 【에녹1서 1:2】 "나는 감찰자들과 거룩한 자들로부터 이 모든 것을 들었고" 야레드의 시대에 선한 감찰자들도 내려왔고 타락한 감찰자들도 내려왔다. 하나님께서 다섯째 하늘에 배치해 두신 천사들인 감찰자들(아람어로 이린עירין watchers) 중 일부인 200명이 홍수 이전 야레드(야렛)의 시대에 땅에 내려와 여자들을 취하였으며 땅을 부패하게 하고 사람을 타락시켜서 대홍수의 심판이 이르도록 주도했었다. 그 시대에 타락하지 않은 거룩한 감찰자들의 활동과 그들의 역할도 있었다. 에녹이 하나님과 동행하던 300년 동안 선한 감찰자들이 에녹과 함께 동역했다(에녹1서 12:2). 타락한 감찰자들에게 메시지를 전달하기 위해서 거룩한 감찰자들이 에녹에게 내려와 메시지를 전하라고 할 때도 거룩한 감찰자들의 활동이 나타난다(에녹1서 12:3-6). 노아가 방주를 만들 때도 감찰자들이 방주 만드는 일을 도왔다(에녹1서 67:2와 쿰란 사본). 다니엘서에도(단 4:13, 17, 23) 다니엘을 통하여 느부갓네살의 꿈 환상을 해석하는 과정에서 거룩한 감찰자들의 활동이 나타난다.

67 희 4:16에서는 에녹이 A.M. 522년에 태어난 것으로 나오지만, 일반 다른 연도 계산에서는 A.M. 622년에 태어난 것으로 나와 100년의 오차가 생긴다. 맛소라 사본에서는 에녹이 므두셀라를 낳은 나이를 65세로, 칠십인역과 에녹2서에서는 165세라고 하기 때문에100년의 오차가 있다. 70인역 번역자는 아담부터 나홀까지 18세대 중 야렛, 노아, 셈을 제외한 15세대의 장자 출산 나이에 100년을 더하여 족장시대의 연대를 늘리려 했던 의도가 있었던 것으로 보인다.

68 에녹은 인류 역사에서 말을 글쓰기로 표현하는 기술을 배운 사람 중에서 책을 저술한 첫 사람이다. 그는 특별히 하늘의 징조들과 달들과 해들과 계절과 절기들에 대해서 기록하였고 인류에게 이러한 초기 지식과 정보를 전달해 주었다.

18 그는 증거를 기록한 첫 사람이었으며, 우리가 그에게 알려준 대로 그는 땅의 세대들 중에서 사람의 아들들에게 증언하였고, 희년의 주간들을 알려주었으며, 일 년의 날수를 알게 했고, 월들을 순서대로 설명했으며, 안식년들을 자세히 말해주었다. [69]

19 무슨 일이 있었고 무슨 일이 일어날지 에녹은 그의 꿈환상[70]에서 보았는데, 그것은 인류의 전 세대에 걸쳐 심판의 날까지 사람의 자녀들에게 일어날 일들이었다. 그는 모든 것을 보고 이해했으며 그의 증거를 기록했고 모든 사람의 자녀들과 그들의 세대들을 위해 그 증거를 땅에 남겨 두었다.

에녹과 에드니가 낳은 므두셀라

20 그리고 12번째 희년의 일곱째 주간에 582~588 그는 아내를 맞이했는데 그녀는 삼촌 다니엘דָּנִיאֵל의 딸인 에드니עֵדְנִי였다. [71] 이 주간의 여섯째 해에587 그녀는 그에게 아들을 낳아주었고 그는 그의 이름을 므두셀라라 불렀다.

천사들과 동행한 에녹, 승천 후 하늘 서기관이 된 에녹

21 에녹은 여섯 희년 동안 하나님의 천사들과 함께 있었는데, 그들은 그에게 땅과 하늘들에 있는 모든 것과 태양의 법칙을 보여주었고 그는 모든 것을 기록했다. [72]

22 그는 사람의 딸들과 더불어 죄를 지었던 감찰자들에게 증언하였는데, 이는 이들이 사람의 딸들과 교합하기 시작하여 더럽혀졌기 때문이다. 에녹은 그들 모두에 대하여 증언하였다.

23 그는 사람의 자녀들 가운데서 취하여 올려졌고, 우리는 장엄하고 영화롭게 그를 하늘 에덴-동산[73]으로 인도했다. 보라 거기서 그는 세상의 판결과 정죄, 그리고 인류의 모든 사악함을 기록하고 있다. [74]

24 이로 인해 하나님께서 에덴의 온 땅[75]에 홍수의 물들을 불러오셨으니, 이는 거기에 그를 표징으로 세우셔서, 모든 사람에 대하여 증언하게 하시고, 정죄의 날까지 세대들의 모든 행위를 상세히 나열하게 하려 함이다.

---

69 에녹1서의 세 번째 책인 천체들의 책(72-82장)과 천체들의 책에 포함되지 않은 다른 천체들의 책

70 에녹이 인류의 과거사와 미래사를 꿈환상에서 보았다는 사실을 천사들(우리)이 모세에게 알려주고 있다. 꿈환상의 동물 묵시(에녹1서 83~90)에서 그리고 10주간 묵시(91~93장)에서 에녹은 인류 역사의 처음부터 마지막까지 7천 년을 다 보고 중요한 사건과 인물을 기록하였다. 이것에 대해서 에녹1서와 희년서에서 동일한 증언을 하고 있다.

71 어떤 사본에서는 ‘에드나’로 읽힌다(에티오피아 게에즈 사본 17, 20, 38, 63). 에녹1서에서도 ‘에드나’로 읽힌다.

72 에녹1서 72~82장에는 태양과 달과 별들의 운행 법칙들이 기록되어 있다.

73 하늘에 있는 에덴-동산을 의미한다.

74 하늘의 서기관으로서의 에녹의 직분

75 땅에 있던 에덴-동산을 의미한다.

25 그는 그 산에서 성소의 향과 여호와 앞에 열 납되는 감미로운 향료들을 태워 올려 드렸다.

중요한 4 장소

26 땅에 여호와께 속한 4 장소, 즉 에덴-동산, 동편의 산, 그리고 오늘 네가 있는 이 산 곧 시내 산과 시온 산이 있다. 시온 산은 땅의 성결함을 위해 새 창조 안에서 거룩하게 될 곳으로써 이 산을 통해 땅은 세상의 전 세대에 걸쳐 있던 모든 죄와 부정함으로부터 거룩하게 될 것이다.[76]

므두셀라와 에딘이 낳은 라멕

27 14번째 희년에[638] 므두셀라는 그의 아버지의 형제 아즈리엘עזריאל의 딸인 에딘עדין을 아내로 맞이했다. 셋째 주간의 첫 해에[652] 그는 아들을 낳고 그의 이름을 라멕이라고 불렀다.

라멕과 바테노쉬가 낳은 노아

28 15번째 희년의 셋째 주간에[701-707] 라멕은 아내를 맞이했고, 그녀의 이름은 그의 아버지 형제의 딸인 바라키엘ברכיאל의 딸 바테노쉬[77]בתאנוש였으며, 이 주간에 그녀는 그에게 아들을 낳았는데, 그는 그의 이름을 노아라 부르며 말했다. "여호와께서 저주하신 땅으로 인한 나의 고통과 나의 모든 수고에 대하여 이 아들이 나를 위로하리라."

헤브론의 무덤에 묻힌 첫 사람 아담의 죽음

29 19번째 희년이 끝날 무렵, 일곱째 주간의 여섯째 해에[930] 아담이 죽으니 그의 모든 아들들이 그를 그가 지음 받았던 그 땅에 묻었다. 그는 그 땅에 묻힌 첫 번째 사람이었다.[78]

30 그의 생애는 천년에서 칠십 년이 부족했다. 이는 하늘들의 증거에서는 천년이 하루와 같기 때문이다.[79] 이러한 이유로 지식의 나무에 관하여 기록되어 있다. "너가

76 에덴-동산, 동편의 산, 시내 산, 그리고 새 창조 안에서 거룩하게 될 시온산: 첫 아담은 에덴-동산으로부터 추방당하여 동편의 산에 있었고 그 후 A.M. 2410년 (49번의 희년과 한 주간과 2년(희 50:4)) 모세는 시내 산에서 이 모든 이야기를 듣고 있다. 그리고 다시 시내 산에서 출발하여 동편의 그 산지로, 동편의 그 산지에서 새 창조 안에서 거룩하게 될 시온 산인 과거의 에덴-동산으로 돌아간다.

77 노아를 낳은 라멕의 아내 이름 바테노쉬는 '에노쉬의 딸'이라는 뜻이다. 쿰란 동굴에서 발견된 창세기 외경 Genesis Apocraphon의 Column 2에서 이 이름이 세 번 언급되며, 그 내용은 라멕이 일인칭 서술자로 그의 아들 노아의 출생에 대한 이야기를 서술하는 내용이다. 에녹1서 106~107장에도 노아의 특별한 출생을 다루고 있다.

78 아담이 지음 받았던 그 땅이 또한 아담이 묻혔던 땅이다. 아담은 그가 지음 받았던 그 땅에 다시 묻혔다. 유대교에서는 그 땅을 헤브론의 막벨라 굴로 여긴다. 전승을 통해서 이러한 사실을 알고 있었던 아브라함은 그곳에 매장지를 구매해서 사라를 묻고 자신의 무덤을 준비하여 결국 아브라함과 이삭과 야곱이 그곳에 묻히게 되었으며, 야곱의 11 아들도 막벨라에 묻히게 된다.

79 하늘에서 보는 시간의 증언에 의하면 천년이 하루와 같다. 베드로가 벧후 3:8에서 "주께는 하루가 천 년 같고 천 년이 하루 같다는 이 한 가지를 잊지 말라"고 한 것은 희년서의 이러한 설명과 세계관이 유대인들에게 미쳤던 영향으로 나타난 것이다. 이러한 하늘의 시간 개념으로 보았을 때 아담은 지식 나무의 열매를 먹었기 때문에 결국 하루도 못 채우고 죽은 것이 된다. 【창 2:17】 "선악을 알게 하는 나무의 열매는 먹지 말라 네가 먹는 (그) 날에 반드시 죽으리라." (49년*(19-1)) + (7년*(7-1)) + 6 = 930년

그것을 먹는 그 날에 너는 죽으리라.” 그러므로 그는 이 하루의 해들을 다 채우지 못했다. 이는 그가 그 하루를 사는 동안 죽었기 때문이다.

가인의 죽음

31 이 희년이 끝날 무렵, 같은 그 해에 아담을 뒤따라 가인이 죽게 되었다. 그의 집이 그의 위로 무너져 내려 그는 그의 집 한가운데서 죽었고, 그 집의 돌들에 맞아 죽었다. 돌로 그는 아벨을 죽였고, 돌에 맞아 공의의 심판으로 그는 죽임을 당했다.

32 이런 이유로 이것은 하늘의 돌판들에 규정되어 있다. “사람이 자기 이웃을 죽이는 그 도구로 그가 죽임을 당할 것이요. 그가 남을 상하게 한 방식대로 그들이 그에게 그렇게 할 것이다.”

노아와 엠자라가 낳은 셈, 함, 야벳

33 25번째 희년의 다섯째 주간의 첫째 해에 1205 노아는 아내를 맞이했는데, 그녀의 이름은 엠자라אמצרה였고, 아버지의 형제인 라케엘רקיאל의 딸이었다. 그 주간의 셋째 해에1207 그녀는 셈을 낳았고, 다섯째 해에1209 함을 낳았고, 여섯째 주간의 첫 해에1212 야벳을 낳았다. [80]

타락한 천사들이 사람의 딸들과 섞이다

5 아담의 자손들이 지면 위에 번성하기 시작했고 그들에게서 딸들이 태어났을 때, 이 희년의 어느 해에 하나님의 천사들이 그 딸들을 보았으며, 그들은 보기에 아름다웠다. 그들은 자신이 택한 모든 여자들을 아내로 취했고, 사람의 딸들이 그들에게 아들을 낳아주었는데, 그들은 거인들이었다.

증가하는 무법과 부패

2 땅 위에 무법이 증가했으며 모든 육체가 그들이 행하는 방식에서 부패했다. 이와 같이 사람들과 가축들과 짐승들과 새들과 땅 위에 움직이는 모든 것, 즉 그들 모두가 그들의 길들과 그들의 질서들에서 부패했다. 그들은 서로를 삼키기 시작했고, 땅에 무법함이 증가했으며, 모든 사람의 생각과 상상과 욕망이 끊임없이 악해져 갔다.

3 하나님께서 땅을 보셨는데 땅이 부패했으며, 모든 육체가 자신의 질서들을 망가뜨렸고, 땅 위에 있던 모든 것들이 그분의 눈앞에서 온갖 악을 행하였다.

타락한 천사들과 그들의 자녀들에 대한 징벌, 그러나 은혜를 입은 노아

4 그분께서는 그분이 창조하셨던 지면 위의 사람과 모든 육체를 멸망시키겠다고 말씀하셨다.

5 그러나 노아는 여호와의 두 눈에서 은혜를 발견했다.

6 여호와께서 땅으로 보내신 그 천사들에 대해 그분께서는 극도로 진노하셨고, 그들을 그들의 모든 통치권으로부터 뿌리째 뽑으라고 명령하셨으며, 그들을 땅 깊은 곳들에 묶어 두라고 명령하셨다. 보라 그들은 땅 깊은 곳들 가운데 묶여 따로 갇혀 있다.

---

80 셈과 함은 두 살 차이, 함과 야벳은 세 살 차이였다. 셈이 98세 때 홍수가 시작되었고 그때 함은 96세 야벳은 93세였다.

7　그들의 자녀들에 관해서는, 그들을 칼로 쳐서 하늘 아래에서 제거하라는 명령이 그분의 면전에서 내려졌다.

8　그분께서는 "나의 영이 그들에게 영원히 머물지 아니하리니, 이는 그들이 육체이기 때문이다. 그들의 날은 120년이 되리라"라고 말씀하셨다.

9　그분께서는 각자가 자신의 이웃을 죽이도록 그분의 칼을 그들에게 보내셨고, 그들은 모두 칼에 쓰러져 땅에서 멸망될 때까지 서로를 죽이기 시작했다.

10　그들의 아비들은 그들의 멸망을 지켜보았으며, 그 후에 그들은 여호와 앞에서 그들의 길과 행위를 부패하게 한 모든 사람에게 심판이 집행되는 때인 큰 심판의 날까지 영원히 땅 깊은 곳에 갇혀 있게 되었다.

11　그분께서 그들 모두를 그들의 자리에서 제거하셨고, 그들의 모든 악행에 따라 심판받지 않은 자는 한 명도 없었다.

예정된 최후 심판을 엄격하게 집행하실 의로운 재판장

12　그분께서는 그분의 모든 피조물을 위해 새롭고 의로운 본성을 만드셨다. 그리하여 그들이 그들의 온전한 본성으로 영원히 죄를 짓지 않고 살아가도록, 항상 그분의 형상대로 모두가 각자 의인으로 살아가도록 하셨다.

13　그들 모두에 대한 심판이 제정되어 하늘의 돌판들에 기록되어 있으니 거기에는 어떠한 불공평도 없다. 그들이 걸어가도록 정해진 길에서 벗어나는 모든 자들에 대한 심판도 제정되어 기록되어 있으며, 그

들이 그 안에서 걸어가지 않으면 받게 될 심판도 모든 피조물과 모든 종(種)을 위해 기록되어 있다.

14　하늘에서든 땅에서든, 빛에서든 어둠에서든, 스올에서든 깊음에서든, 어떤 어둠의 장소에서든, 심판을 받지 않는 곳은 없다. 그들에 대한 모든 판결법들은 제정되어 있고, 기록되어 있으며, 새겨져 있다.

15　모든 자에 대하여 그분께서 큰 자는 큰 대로 작은 자는 작은 대로 각각 그들의 길에 따라 심판하실 것이다.

16　그분께서 각 사람에 대한 심판을 집행하실 것이라고 말씀하시면, 그분은 어떤 사람을 봐주시거나 뇌물을 받으실 분이 아니시다. 어떤 사람이 세상에 있는 모든 것을 드린다고 하더라도 그분께서는 의로운 재판장이시기 때문에 어떤 사람의 뇌물이나 어떤 것이라도 그의 손에서 받지 않으실 것이다.

대속죄일

17　그리고 이것은 이스라엘 자손에 관하여 기록되고 제정된 것이다. 만일 그들이 의로움으로 그분께 돌이킨다면 그분께서는 그들의 모든 범법들을 용서하시고 그들의 모든 죄를 용서하실 것이다.

18　그분께서 죄에서 돌이키는 모든 자들에게 해마다 한 번씩 자비를 베푸실 것이라고 기록되어 있고 제정되어 있다.[81]

노아의 방주

19　홍수 이전에 행위들과 생각들이 타락한 모든 자 중에서 노아 한 사람 외에는 아무도 구원받지 못하였다. 노아의 마음은 그분

께서 명령하신 대로 그의 모든 길에서 의로웠으며, 그에게 정해진 어떤 길에서도 벗어나지 않았기 때문에 하나님께서 노아를 그의 사람으로 받아주셨고, 그와 그의 아들들을 위하여 홍수에서 구하심으로 오직 노아에게는 은총을 베푸셨다.

20 여호와께서 말씀하셨다. "마른 땅 위의 모든 것, 곧 사람들과 가축들과 짐승들과 공중의 새들과 땅에서 움직이는 모든 것을 다 쓸어버리자."

21 그리고 그분께서는 노아에게 방주를 지어 홍수의 물들로부터 자신을 구하라고 명령하셨다.

22 노아는 27번째 희년의 다섯째 주간의 다섯째 해에[1307] 그분께서 그에게 명령하신 대로 모든 면에서 완벽하게 방주를 만들었다.[82]

23 노아는 여섯째 해의[1308] 둘째 달 월삭부터 그 달 16일까지 방주에 들어갔고, 그와 우리가 그에게 데려간 모든 것이 방주에 들어갔으며, 여호와께서 17일 저녁 밖에서 방주의 문을 닫으셨다.[83]

대홍수

24 그리고 여호와께서 하늘의 일곱 수문과 깊은 바다의 샘의 일곱 문을 여셨다.

25 이후 40일 낮과 밤으로 수문들이 물을 하늘로부터 아래로 쏟아내기 시작했고, 그 심해의 샘들 또한 온 세상이 물로 가득 찰 때까지 물들을 올려보냈다.

26 그리하여 물들이 땅 위에 불어났고 모든 높은 산들 위로 솟아올라 15 규빗[84]이나 되었으며, 방주는 땅 위로 들어 올려졌고, 물들의 표면 위로 올라왔다.

27 이후 그 물은 5개월, 즉 150일 동안 지면에 창일했고,

28 방주는 아라랏의 산들 중 하나인 루바르[85]

---

81 【레16:34】 "이는 너희가 영원히 지킬 규례라 이스라엘 자손의 모든 죄를 위하여 일 년에 한 번 속죄할 것이니라"

82 일부 사본에는 "첫째 달의 월삭에"가 추가되어 있다.

83 방주에 들어가서 문이 닫힌 날이 둘째 달 17일이다(희 5:23). 희 3:17에서는 에덴-동산에 뱀이 들어와 유혹했던 날이 둘째 달 17일, 즉 헤쉬반월 17일이라고 두 사건이 다른 해 같은 날에 발생했음을 알리고 있다.

84 규빗은 중지 끝부터 팔꿈치 아래까지의 길이를 단위로 하는 측량법이다. 지역과 시대와 인종에 따라 기준이 다를 수 있지만 히브리 규빗은 44.5cm에서 52cm 사이였던 것으로 간주된다.

85 루바르לוברラ는 이 단어는 희년서에서만 4회(희 5:28, 7:1, 7:17, 10:15) 등장하지만, 성경과 그 외 다른 유대 문헌에서는 언급되지 않는다. 그러나 단 한 번 '쎄페르 아삽 하로페א ספר אסף הרופא'의 서문에서 루바르לוברが 언급되고 있다. 약초를 통한 치료법을 집대성한 이 유대인 저자는 희년서의 정보를 알고 있었을 뿐만 아니라 노아가 기록하여 셈에게 전해주었던 '노아의 책'을 참고하여 '치료 모음집'을 편찬했다고 책의 서론에 밝히고 있다. 희 10:14-15의 각주를 참조하라.

　방주가 정착했던 곳은 아라랏 산들 중에서도 루바르 산의 정상이다. 루바르 산은 노아의 가족이 방주에서 나온 후 초기에 정착했던 지역이며, 홍수 후 첫 제단을 쌓고 첫 제사를 드렸던 장소이며, 이 산에서 무지개 언약을 받았으며 포도나무들을 심고 4년 후에 포도주 열매를 거두어 제5년 로쉬 하샤나 월삭에 포도주를 마셨다. 이 산에서부터 셈, 함, 야벳은 초기 정착을 하며 4대까지 자녀를 낳았으며 벨렉의 출생 시점에 세 대륙으로 흩어져 살기 시작했다. 희 10:15-16에 의하면 노아는 아라랏 땅의 루바르 산에 묻혔다.

산 정상에 정착했다.

29 넷째 달 월삭에 심해의 샘들이 닫히고, 하늘의 수문들이 막혔다. 일곱째 달 월삭에 땅의 심연의 모든 입구가 열리고, 물이 그 깊은 곳 밑으로 내려가기 시작했다.

30 열째 달 월삭에 산들의 봉우리들이 보였으며, 첫째 달 월삭에 땅이 보이게 되었다.

31 다섯째 주간의 일곱째 해에₁₃₀₉ 물들이 땅 위에서 사라졌고, 둘째 달 17일에는 땅이 말랐다.

32 27일에 노아가 방주를 열었고, 방주로부터 짐승들과 가축들과 새들과 움직이는 모든 것을 내보냈다.

방주에서 나와 속죄제를 드린 노아

6 셋째 달 월삭⁸⁶에 그는 방주에서 나갔고, 그 산에서 제단을 쌓았다.

2 그는 땅을 위해 속죄제를 드렸는데, 새끼 염소 한 마리를 취하여 땅의 모든 죄를 위해 그 피로 속죄했다. 이는 노아와 함께 방주에 있었던 사람들을 제외하고 땅 위에 있던 모든 것이 진멸되었기 때문이다.

3 그는 그 새끼 염소의 기름을 제단 위에 놓고 수소와 염소와 양과 새끼 염소들 그리고 소금과 산비둘기, 집비둘기 새끼를 취하여 제단 위에 번제로 올려드리고, 그 위에 기름으로 반죽한 소제물을 놓고, 포도주를 뿌리고, 모든 것 위에 유향을 흩뿌려 여호와 앞에 열납되는 아름다운 향기가 올라가게 하였다.

노아와 언약을 맺으시고 육식을 허락하시다

4 여호와께서 아름다운 향기를 맡으셨고, 노아와 한 언약을 세우셔서 땅을 멸망시키는 홍수가 다시는 있지 않을 것이라고 하셨으며, 땅의 모든 날 동안 파종과 추수가 결코 멈추지 않을 것이고, 추위와 더위와 여름과 겨울과 낮과 밤이 영원히 그들의 질서를 바꾸지 않을 것이며 멈추지도 않을 것이라고 하셨다.

5 "너희는 생육하고 번성하여 땅 위에서 충만하게 되고 땅 위에서 복이 되어라. 내가 땅과 바다의 모든 것들로 너희를 두려워하며 무서워하게 하리라.

6 보라 내가 모든 짐승과 날개 달린 모든 것과 땅에서 움직이는 모든 것과 물들에 있는 물고기와 모든 것을 음식으로 너희에게 주리니, 푸른 채소들처럼 모든 것을 먹을 수 있도록 너희에게 주리라.

노아의 자녀들에게 산 채로 먹는 것과 피를 먹는 것을 금하시다

7 그러나 너희는 고기를 그 생명이 되는 피

---

86 히브리력에는 첫 해가 시작하는 두 가지 달이 있다. 희년서에서는 아담부터 노아가 방주에서 나오기 전까지는 티쉬레이월을 한 해의 첫 달로, 방주에서 나온 후로는 아빕월을 첫날로 삼고 이야기가 전개되고 있다. 그러나 모세가 이스라엘 백성을 이집트에서 데리고 나온 그날부터 아빕월을 한 해의 첫 달로 삼으라고 모세와 이스라엘 백성에게 알려지게 된다. [출 12:2] "이 달을 너희에게 달의 시작 곧 해의 첫 달이 되게 하고." 희년서에서는 천사가 시내 산 위에서 모세에게 과거 역사를 설명하면서, 노아가 방주에서 나온 시점부터 아빕월을 첫째 달로 인식하며 이야기를 전개하고 있다. 대홍수 때 전지구적인 대격변이 있었고 그 후에 발생한 이 6개월의 차이는 지구의 자전축에 큰 변화가 있었을 가능성을 추정하게 한다.

와 함께 먹지 말라. 이는 모든 육체의 생명이 그 피에 있으니 너희 생명의 피가 요구되지 않게 하여라. 모든 사람의 손에서 모든 짐승의 손에서 내가 그 사람의 피를 요구하리라.

8 누구든지 사람이 사람의 피를 흘리면 그 사람도 자신의 피를 흘려야 할 것이니, 이는 하나님의 형상대로 그분께서 사람을 지으셨기 때문이다.

9 너희는 생육하고 땅에 번성하라.”

10 그리하여 노아와 그의 아들들은 어떤 육체에 있는 어떤 피도 먹지 않겠다고 맹세했고, 그는 이 달에 여호와 하나님 앞에서 영원히 땅의 모든 세대에 걸쳐 언약을 맺었다.

모세가 피를 먹는 것을 금하는 토라를 받다

11 이 일에 관하여 그분께서는 이 달에 산 위에서 네가 이스라엘 자손들과 맹세함으로 언약을 맺어야 할 것이며, 여호와께서 그들과 세우신 영원한 언약의 모든 말씀으로 인하여 네가 그들 위에 피를 뿌려야 한다고 말씀하셨다.

12 이 증거는 너희에 관하여 기록된 것이니 너희는 이것을 계속해서 지켜야 한다. 그러므로 너희는 땅에 사는 모든 날 동안 어떤 날에도 짐승들이나 새들이나 가축들의 어떤 피도 먹지 말아야 하며, 땅에 사는 모든 날 동안 짐승이나 가축이나 새들의 피를 먹는 사람은 그와 그의 씨가 땅에서 뿌리 뽑히게 될 것이다.

13 그러므로 너는 이스라엘 자손들에게 피를 먹지 말라고 명하여 그들의 이름과 그들의 씨가 여호와 우리 하나님 앞에 계속 있게 하여라.[87]

14 이 법은 시간의 한계가 없이 영원히 지속될 것이다. 그들은 대대로 이것을 준수해야 하며, 제단 앞에서 피를 가지고 너희를 대신하여 계속 간구해야 한다. 매일 아침과 저녁 시간에 그들은 끊임없이 여호와 앞에서 너희 대신 용서를 구해야 하며, 그들이 계속 이 법을 지켜서 뿌리 뽑히지 않도록 해야 한다.

언약의 표징으로 구름 속에 둔 무지개

15 그리고 그분께서는 노아와 그의 아들들에게 다시는 홍수가 땅에 일어나지 않을 것이라는 표징을 주셨다.

16 그분께서는 땅을 멸망시키는 홍수가 땅의 모든 날 동안 다시는 없을 것이라는 영원한 언약의 표징을 위해 구름 속에 무지개를 두셨다.

---

[87] 노아의 언약에서 피를 먹지 말아야 할 것이 강도 높게 강조되고 있다. 그 이유는 홍수 전에 인간과 각종 동물들의 피를 먹거나 피째 먹거나 피와 함께 먹는 행위들이 잔인하게 행해졌기 때문이며, 그러한 시대적 분위기 속에서 생명에 대한 존엄성이 심각하게 훼손되었기 때문이다. 이러한 이유로 홍수 이전 시대에 살던 모든 자들의 이름들과 그들의 후손들은 땅에서 이어지지 못하고 다 끊어져 멸절되었다. 사탄의 종들이 된 타락한 천사들이 이렇게 한 이유는 인간의 순수한 혈통을 남겨두지 못하게 해서 여자의 씨로 오실 메시아의 초림을 막으려 함이었으며, 우리를 모든 죄에서 깨끗케 할 그 아들 예수의 피로 세울 새 언약을 근원적으로 차단하려고 함이었다. 하나님은 여자의 씨로 태어날 예수님의 출생과 예수의 피로 세울 영원한 언약을 보호하기 위해 노아와 그 후손들에게 영원히 지속될 피에 대한 법을 알려주셨다.

노아와 아브라함이 지켜온 칠칠절을 모세에게 다시 가르치다

17 이러한 이유로 그들이 매년 이 언약을 갱신하기 위해 해마다 한 번 이 달에 칠칠절[88]을 기념해야 한다는 것이 규정되어 하늘의 돌판들에 새겨져 있다.

18 이 모든 절기가 창조의 날부터 노아의 날까지 하늘에서 26 희년과 5 주간1309년 동안 경축되었다. 그리고 노아와 그의 아들들은 노아가 죽는 날까지 7 희년과 1 주간350년 동안 이 날을 준수했으나, 그의 아들들은 노아가 죽은 날부터 아브라함의 날까지 절기를 멀리하고[89]피를 먹었다.

19 그러나 아브라함은 홀로 이 절기를 지켰고, 이삭과 야곱과 야곱의 아들들도 네가 태어나기 전까지 이 절기를 지켰으나, 네가 이 산 위에서 다시 새로이 절기를 경축하기 전까지 이스라엘 자손들은 이 날을 잊어버렸다.[90]

20 이제 너는 이스라엘 자손들에게 명령하여 그들의 모든 세대 동안 그들을 위한 계명으로 이 절기를 지키게 하라. 그들에게 주는 계명으로써 일 년 중 이 달의 한 날에 [91]절기를 경축해야 할 것이다.

---

88 칠칠절의 칠칠은 숫자 7의 복수형 명사인 샤부옽 שבעות이다. 이를 쉐부옽 שבעות이라고도 읽을 수 있는데, 그 뜻은 '맹세들'이란 의미가 된다. 희년서에서는 노아와 맺은 언약과 고기와 그 피를 함께 먹지 않을 것을 맹세하게 한 본문에서 שבעות을 쉐부옽, 곧 '맹세들의 절기'로 읽을 수도 있다. 모세 오경에서는 7일 주기를 일곱 번 카운팅하는 것과 연관시켜서 שבעות을 샤부옽으로 설명하고 있다.

89 창조의 날부터 모든 절기가 하늘에서 이미 제정되었고 하늘에서는 지켜져 왔으며 아담으로부터 시작한 소수의 경건한 후손들을 통해 일부 전달되고 지켜져 왔으나, 노아가 죽으면서 노아의 아들들은 아브라함이 약속의 땅으로 들어오기까지 절기를 잊어버리고 잃어버렸다.

90 '레위의 유언'과 '아람어 레위 문서'에서는 야곱의 아들들 70명이 이집트에 들어가서 이집트의 풍습에 점점 빠지는 과정에서 레위와 그의 아들 고핫 그리고 고핫의 아들 아므람은 제사장의 유업을 지켰으나, 아므람이 죽으면서 절기를 지키는 일이 끊어졌다고 설명한다.

91 칠칠절은 보리의 초실절을 첫 날로 삼아서 49일을 채운 후 그 다음 날에 지키는 절기이다. 무교절의 7일 중 보리의 초실절이 무교절의 첫 날이 될 수도 있고 무교절의 일곱 번째 날이 될 수도 있다. 보리의 초실절은 무교절 기간 중에 있게 되는 안식일 다음 날이어야 하기 때문에 해마다 다른 날짜에 떨어지지만, 항상 그 주의 첫날(일요일)이 보리의 초실절이 된다. 보리 초실절에 따라서 밀 초실절인 칠칠절(오순절)이 정해지기 때문에 시반월 초반에 어느 날이 될지 매년 달라지지만, 항상 주의 첫 날(일요일, 제8일)에 떨어지게 된다.

92 '두 겹'과 '이중 본질'로 되어 있는 칠칠절(오순절, 밀 초실절)에는 떡 두 개를 요제로 여호와께 드리는 날로 모세 오경에서 구체화된다. 두 본질과 두 겹과 떡 두 덩이의 한 부분은 혈통적 아브라함의 자손들, 다른 한 부분은 비혈통적 아브라함의 자손들(이방인 중에 예수 그리스도를 믿음으로 말미암아 아브라함의 family 안으로 들어 온 자들)을 말하는 것이다. 두 겹인 오순절은 이스라엘 백성이 시내 산에서 두 돌판에 새겨진 십계명을 받은 날이면서 동시에 예슈아의 제자들이 예루살렘 성전 산에서 성령으로 심비에 하나님의 언약이 새겨진 날이다. 먼저는 유대인 제자들의 심비에 새 언약이 새겨지고 후에 이방인 믿는 자들의 심비에 새 언약이 새겨진다. 둘은 본질적으로 서로 다름이 있지만 함께 여호와께 요제로 드려진다. 유대인과 이방인이 그리스도를 통해 성령 안에서 하나가 되어 '한 새 사람'을 이루어 아버지께 나아감을 얻게 하려는 하나님의 계획이 두 본질과 두 겹으로 된 칠칠절(오순절, 밀 초실절)에 떡 두 개를 아버지께 요제로 드리는 예식 안에 예표되어 있다. 첫 번째 본질은 혈통적 아브라함의 자손들로서, 첫 언약을 따라 계명들을 지키며 살아가는 유대인들이다. 이들은 아브라함의 혈통적 자손으로서, 조상들과

21 이 날은 칠칠절이면서 또한 (밀)초실절이다. 이 절기는 두 겹으로 되어 있으며 이 중 본질을 가지고 있으니, 기록된 대로, 새겨진 대로 이 날을 경축하라.[92]

22 내가 너를 위해 써 놓은 '첫 번째 토라의 책'[93]에 이 절기를 너희가 일 년 중 하루 그 시기에 경축하라고 기록해 놓았으며, 나는 이스라엘 자손들이 대대로 매년 이 달에 하루 이 절기를 기억하고 경축해야 할 것과 이 절기의 희생제물들에 대해 설명해 주었다.

4분기 월삭이 절기로 제정되다

23 첫째 달 월삭과 넷째 달 월삭과 일곱째 달 월삭과 열째 달 월삭은 기억할 날들로써 일 년을 4분기로 나눈 계절의 날들이다. 이 날들은 영원한 증거로 기록되고 규정되어 있다.

24 노아는 자신을 위해 그 날들을 영원히 대대로 지킬 절기들로 제정하였고 그렇게 함으로 그 날들이 그에게 기념일이 되도록 하였다.

25 첫째 달 월삭에 그는 자신을 위해 방주를

맺은 언약을 통해 하나님과의 관계를 유지해 오고 있다(롬11:28). 두 번째 본질은 비혈통적 아브라함의 자손들로서, 예수 그리스도를 믿음으로 말미암아 아브라함의 가족 안으로 들어온 이방인들이다(갈3:7-9). 이방인들에게 땅 끝까지 복음이 전파되는 계획이 오순절 성령 강림을 통해 시작되어 제자들을 통해서 확장되었다. 이는 그리스도의 십자가로 모든 민족에게 구원의 문을 열어 주셔서 유대인과 이방인이 그리스도 안에서 성령으로 하나 되어 연합되는 일이 인류 역사 안에 가능하게 한 사건이다. 창세 전부터 하늘의 돌판들에 이미 기록된 칠칠절(오순절, 밀 초실절)은 대홍수 이후 다시 시작하는 인류를 구원하시기 위하여 노아에게 '두 겹'과 '이중 본질'로 계시되어져서 땅에서도 지켜지기 시작한 하나됨의 절기이며 연합의 절기이며 '한 새 사람'의 절기이다.

93 모세를 위해서 기록해 준 '첫 번째 토라의 책'은 '절기들에 대한 토라'이다. 모세 오경에서 절기 토라(가르침)를 포함하고 있는 부분은 아래와 같다.

모세가 여호수아에게 안수하고 지도자로 위임한 후에(민 27:18-23) 모세는 모압 평지에서 상번제와 안식일 제사와 월삭 제사와 일곱 절기의 제사를 가르쳤으며(민 28-29장), 그 가르침에 칠칠절의 번제와 소제와 전제에 대한 지침도 포함되어 있다(민 28:26-31). 또한 그 이전인 신 16:1-16에서도 모세는 모압 평지에서 절기에 대한 토라를 가르쳤다. 민수기와 신명기의 절기 토라 부분은 40년 광야 생활 중에서 끝 무렵에 있었던 가르침(토라)이었다.

광야 40년의 초반에 시내 산에서 절기의 토라가 언급된 부분은 성막 완공 이전인 출 23:14-18, 출 34:18-27과 성막 완공 이후인 레 23장에 나타난다. 성막 완공 이후의 본문인 레 23:9-14에서는 칠칠절에 대한 세부 지침이 포함되어 있다(첫 이삭 한 단을 요제로 드릴 것과 숫양을 번제로 드릴 것과 소제와 전제에 대한 가르침).

성막 완공 이전인 출애굽기에 나오는 절기에 관한 토라의 두 본문에서는 삼대 절기를 지킬 것에 대한 명령과 함께 기록상으로는 짧게 언급되고 넘어간다. 희년서는 시내 산 정상에서 모세가 오순절부터 대속죄일까지 약 120일의 어느 기간 동안 보고 들은 내용을 기록한 책이다. 출 23장의 시점은 모세의 시내 산 등반 첫 번째 40일이 시작되기 바로 직전이다. 출 24:12에서 모세는 산에 올라오라는 명령을 받았고, 출 24:18-31:18에서는 산 정상에 40일 동안 머물며 성막과 제사장과 상번제와 안식일에 대한 토라(가르침)를 받아 기록하였다.

출 34:18-27의 삼대 절기 본문은 모세가 두 번째 두 돌판을 들고 올라간 3차 등반(세 번째 40일) 동안 있었던 일이다. 이 기간이 희년서 6:22의 '첫 번째 토라의 책'을 받은 시점이며, 엘룰월부터 욤키푸림까지 40일의 경외의 날들(야밈 노라임יmíם נוראים)과 겹치는 기간이다. 희년서는 야밈 노라임의 40일 기간 동안 시내 산 정상에서 모세가 천사를 통하여 보고 듣고 전해 받은 기록이다. 그러므로 희년서 6:22의 '첫 번째 토라의 책'은 넓은 의미로는 모세의 토라를 언급하고 있는 것이며, 좁은 의미로는 모세가 받은 '절기들에 대한 토라'를 지칭하는 것이다. '첫 번째 토라의 책'과 '희년서'는 모세의 토라가 오경의 모습으로 기록되어 다섯 권으로 정리될 때 참고되던 원자료들이다.

만들라는 명령을 받았으며, 그 첫째 달 월삭에 땅이 말랐고 그는 방주를 열어 땅을 보았다.

26 넷째 달 월삭에 그 심연 아래 깊은 곳들의 입구들이 닫혔다. 일곱째 달 월삭에 땅의 모든 심연의 입구들이 열렸으며 물들이 그 곳들 안으로 흘러 내려가기 시작했다.

27 열째 달 월삭에 산들의 꼭대기들이 보였고 노아는 기뻐했다.

28 이러한 이유로 그는 자신을 위해 그 날들을 영원히 기념할 절기들로 제정했고, 이와 같이 그 절기들이 제정되어졌다.[94]

일 년을 364일로 나누다

29 이 날들은 하늘의 돌판들에 새겨졌으며 각각 13주로 구성되어 첫째에서 둘째로, 둘째에서 셋째로, 셋째에서 넷째 순으로 그들의 기념일은 하나에서 다음으로 이어졌다.

30 그 계명의 모든 날은 52주로써 일 년 전체가 완성되고, 이와 같이 이것은 하늘의 돌판들에 새겨지고 규정되어 있으며,

31 한 해라도 혹은 해마다 이 계명을 소홀히 해서는 안 된다.

32 너는 이스라엘 자손들에게 명하여 그들이 이 계산에 따라 한 해를 364일로 지키게 하라. 364일로 완전한 한 해를 구성할 것이며, 그 해의 날들과 그 해의 절기들의 시간을 어긋나게 하지 말아야 한다. 모든 것이 그것들의 증거에 따라 그 날들에 맞아 떨어져야 하므로 그 날들에 어느 하루도

빠지지 않아야 하며, 어떤 절기도 어긋나지 않도록 해야 한다.

33 그러나 만일 그들이 그 날들을 소홀히 하며 그분의 계명에 따라 그 날들을 준수하지 않으면, 그들 모두는 그들의 시간을 어긋나게 할 것이고, 연도들은 이 질서에서 벗어나게 될 것이며, 그들은 시간의 규정된 규칙들을 위반할 것이다.

34 모든 이스라엘 자손들은 그 연도들의 경로를 잊어버리고, 찾지 못할 것이며, 월삭들과 절기들과 안식일들을 잊게 될 것이고, 그들은 연도들의 모든 질서에 있어서 어긋나갈 것이다.

35 내가 알고 있으므로 이제부터 내가 너에게 명백히 알려주리라. 이것은 나 스스로 지어낸 것이 아니요. 내 앞에 기록된 책과 시대의 구분이 제정된 하늘의 돌판들에 따른 것이다. 이는 그들이 언약의 절기들을 잊어버리고 그들의 과오와 무지로 인해 이방 나라들의 절기들을 따라 행하지 않게 하려 함이다.

36 달이 어떻게 계절들을 어긋나게 하고 해마다 열흘씩 앞당겨지는지 달을 정확히 관찰하는 자들이 있을 것이기 때문이다.

37 이러한 이유로 인해 그들이 질서를 어긋나게 하며 증거의 날을 가증한 날로, 절일을 부정한 날로, 거룩한 날을 부정한 날로, 부정한 날을 거룩한 날로 혼동케 할 시대가 그들에게 올 것이다. 이는 그들이 달과

---

94 각 사분기가 시작하는 첫 달의 월삭을 노아는 절기로 제정하고 기뻐하며 지켰는데 각 사분기(1, 4, 7, 10)의 월삭은 1년간 진행되었던 대홍수의 중요한 전환점들이었으며 노아는 그것을 기억하고 기록하였으며 그날을 기념하였다.

안식일과 절기와 희년에 대해서 과오를 범할 것이기 때문이다.

38 이런 이유로 나는 너에게 그들에게 증언하라고 명령하고 증언한다. 네가 죽은 후에 네 자녀들은 날들을 혼란케 하여 한 해를 364일로만 하지 않을 것이며, 그들은 월삭들과 절기들과 안식일들과 기념일들에 있어서 그릇되어 가며 그들은 온갖 종류의 피와 온갖 종류의 살을 먹을 것이다.[95]

노아가 포도주를 만들고 전제를 드리다

7 이 희년의[96] 일곱째 주간의 첫 해에[1317] 노아는 포도나무들을 심었는데 그곳은 방주가 머물렀던 아라랏 산들 중 하나인 루바르라 불리는 산이었고, 그 포도나무들은 4년 차에[1320] 열매를 맺었다. 이후 그는 그 나무들의 열매를 지켰고 그 해 일곱째 달에 열매를 거두었다.

2 그는 그 열매로 포도주를 만들어 용기에 담아 제5년[1321] 첫째 달 월삭의 첫 날까지[97] 보관했다.

3 노아는 이 절기의 날을 기쁨으로 경축하며 여호와께 어린 소 한 마리와 숫양 한 마리, 일 년 된 양 일곱 마리와 새끼 염소 한 마리를 번제로 드렸다. 이는 노아가 자신과 자신의 아들들이 속죄함을 받게 하기 위함이었다.

4 그는 먼저 새끼 염소를 잡고 그가 만들어 놓은 제단 위의 뿔들[98]에 그 피의 일부를

---

95 하나님의 시간 안에 살아가는 것을 놓치고 이방 우상 시스템의 시간 안에 살아가게 될 때, 거룩한 것과 속된 것이 뒤바뀌고 모든 영역에서 가치가 전도되는 혼란을 경험하게 된다. 첫 단추는 하나님의 시간에서부터 시작되었으니, 시대가 악하게 돌아가며 악인들과 악한 법이 흥왕할 때, 먼저 하나님의 시간을 회복함으로 다시 시작하는 것이 가장 우선되는 하나님의 통치함을 받는 시간으로 들어가는 첫 단추가 되어야 할 것이다.

96 여기서 '이 희년'은 27년째 희년을 말한다. 【희 5:22-23】 "노아는 27번째 희년의 다섯째 주간의 다섯째 해(첫째 달의 월삭)에[1307] 그분께서 그에게 명령하신 대로 모든 면에서 완벽하게 방주를 만들었다. 노아는 여섯째 해의[1308] 둘째 달 월삭부터 그 달 16일까지 방주에 들어갔고, 그와 우리가 그에게 데려간 모든 것이 방주에 들어갔으며, 여호와께서 17일 저녁에 밖에서 방주의 문을 닫으셨다."【희 5:31】 "다섯째 주간의 일곱째 해에[1309] 물들이 땅 위에서 사라졌고, 둘째 달 17일에는 땅이 말랐다."

97 월삭의 첫 날까지: 그믐에서 초승달이 뜨는 것을 관찰하고 그 달의 첫 날을 결정하던 고대 이스라엘은 월삭을 이틀간 지켰다. 완전한 그믐이 관찰된 후 초승달이 뜨는 날이 다음 날의 이틀 중에 이 날일지 저 날일지 알지 못하기 때문이다. 이러한 고대의 배경 속에서 '월삭의 첫 날'이라는 표현이 이곳에 나타난다.

98 모든 게에즈(에티오피아 고대어) 사본들에서 '그 피의 일부를 제단 위에 있는 희생 제물의 살코기에 발랐다'라고 번역되어 있다. 이것은 희생 제사 의식에서 어울리지 않는 행위이다. 희생제물의 피를 제단의 뿔들에 바르는 의식은 출 29:12; 레 4:7, 18, 25, 30, 34; 8:15; 9:9; 16:18에서 언급되고 있지만 피를 고기의 살에 바르는 행위는 어느 곳에서도 발견되지 않는다. 이는 헬라어에서 혼동하기 쉬운 비슷한 두 단어, 뿔들κερατα과 살들κρεατα 때문에 생긴 필사자의 실수였던 것으로 보인다. 이러한 혼동의 여지는 에티오피아어나 히브리어에 있지 않았으며(קרנות המזבח / בשר המזבח), 오직 칠십인역의 사본 중에서 종종 필사의 오류로 발견되는 두 단어 κερατα(뿔들)와 κρεατα(살들)에 있다(출 12:8, 출 29:14, 레 4:30, 레 8:17). 일부 게에즈 사본이 아니라 모든 고대 에티오피아 사본에서 이러한 오류가 나타난다는 사실은 고대 에티오피아어 희년서 사본이 히브리어 사본으로부터 번역되지 않았고 헬라어 사본으로부터 번역되었음을 짐작하게 해준다. William K. Gilders, "Where Did Noah Place the Blood? A Textual Note on Jubilees 7:4," *Journal of Biblical Literature 124.4* (2005): 745–49.

발랐으며 그 모든 기름을 번제단 위에 올려 드렸다. 그리고 소와 숫양과 양의 모든 고기를 제단 위에 올려놓았다.

5 그는 그 모든 제물에 기름을 섞어서 제단 위에 놓았고, 그 다음 그는 미리 제단 위에 지펴 놓은 불에 포도주를 뿌리고, 제단에 향을 피워서 여호와 그의 하나님 앞에 흠향 되는 감미로운 향기가 올라가도록 하였다.

술 취한 채 장막에서 자는 노아의 하체가 드러나다

6 그리고 그는 크게 기뻐하며 이 포도주를 마셨고 그와 그의 자녀들도 기뻐했다.

7 저녁이 되자 그는 자신의 장막에 들어가 술에 취한 채 누워 잠들었으며 그는 장막에서 자다가 벌거벗겨졌다.

8 함이 그의 아버지 노아가 벌거벗은 것을 보고 밖으로 나가서 그의 두 형제에게 말했다.

9 셈은 자기 겉옷을 가지고 일어나 야벳과 함께 그들 자신의 어깨에 겉옷을 얹고 뒷걸음으로 들어가 아버지의 수치를 덮어주었고 그들의 얼굴은 뒤쪽을 향하였다.

가나안의 저주와 셈과 야벳의 축복

10 노아는 잠에서 깨어 작은 아들이 그에게 행한 일을 모두 알고 그 아들을 저주하며 말했다. "가나안은 저주를 받아 그의 형제들에게 종속된 종이 될 것이다."

11 그리고 그는 셈을 축복하며 말했다. "셈의 하나님 여호와께서는 송축 받으소서. 가나안은 그의 종이 되게 하소서.

12 하나님께서 야벳을 크게 하시고, 그분께서 셈의 거처에 거하시며,[99] 가나안은 그의 종이 되게 하소서."

노아의 아들들과 손자들과 그들의 성읍들

13 함은 자기 아버지가 작은 아들을 저주했다는 것을 알고서 자기 아들을 저주한 것을 못마땅하게 여겼다. 그래서 함은 자신과 자기와 함께한 아들들, 구스와 미스라임과 붓과 가나안을 아버지로부터 갈라놓았다.

14 그리고 함은 자신을 위한 성읍을 세우고, 그 성읍을 그의 아내의 이름인 '나엘타마욱'이라 불렀다.

15 야벳은 그것을 보고 그의 형을 부러워하여 그도 자신을 위한 성읍을 세우고, 그의 아내의 이름인 '아다타네세스'라 그 성읍을 불렀다.

16 셈은 그의 아버지 노아와 함께 살았고, 그는 산 위에 계신 아버지 가까이에 성읍을 세웠으며, 그도 그의 아내의 이름인 '세데케텔레밥'이라 그 성읍을 불렀다.

---

[99] 병행 구절인 창 9:27에서 대부분의 번역본에서는 '그가 셈의 장막들에 거할 것'이라는 본문의 '그'를 야벳으로 읽도록 번역하여 '야벳이 셈의 장막에 거하게 하시고'로 번역한다. 이 본문 자체에서 '그'가 야벳인지 하나님인지 명확하게 드러나 있지 않다. '하나님이 셈의 장막들에 거할 것'이라고 이해하는 본문과 해석은 아래와 같다. 희년서, 필로, 타르굼 온켈로스, 타르굼 네오피티, 탈무드(Pesiqta Rabbati 35, 바벨론 탈무드 요마 10a, 창세기 랍바, 탄후마), 중세 유대 문헌(라쉬, 아브라함 이븐 에즈라, 다비드 킴히, 나흐마니데스 등). 하나님은 셈의 장막들인 장막과 회막과 성전에 거하셨다. 삼하 7:6; 왕상 2:28, 29, 30; 왕상 8:16; 대상 15:1~2, 17:5; 대하 1:4; 시 15:1, 27:5, 61:5, 78:60, 67:1

17 보라 이 세 성읍은 루바르 산 근처에 있
다. 세데케텔레밥은 그 산 앞 동편에 있고,
나엘타마욱은 남쪽에 있고, 아다타네세스
는 서쪽을 향해 있다.

18 셈의 아들들은 이러하니, 엘람과 앗수르
와 대홍수 2년 후에 태어난 아르박삿과 룻
과 아람이다.

19 야벳의 아들들은 고멜, 마곡, 마대, 야완,
두발, 메섹, 디라스로 이들은 노아의 자손
들이다.

홍수 후 첫 희년에 노아가 자녀들에게 가르친 계명

20 28번째 희년에1324 노아는 그의 아들들의
아들들에게 규례들과 계명들과 그가 알고
있는 모든 판결법을 지키도록 명하기 시
작했다. 그는 자기 아들들에게 공의를 실
천하고, 그들의 육체의 수치를 가리며, 그
들의 창조주를 송축하고, 아버지와 어머
니를 공경하며, 그들의 이웃을 사랑하고,
음란함과 불결함과 모든 불의로부터 자신
을 지킬 것을 권고했다. [100]

21 이 세 가지 일들로 이 땅 위에 홍수가 왔
다. 곧 감찰자들이 그들의 권세의 범위를
벗어나서 사람들의 딸들과 불법적인 교합
을 하며 그들이 택한 모든 자를 아내로 삼
은 음행 때문이다. 그들은 불결의 시작을
만들었다.

22 또한 그들이 그들의 아들들 즉 네필림을
낳았는데 그들은 모두 서로 달랐으며 그
들은 서로를 잡아먹었다. 거인들은 나필
들을 살해했고 나필들은 엘료드들을 살해
했고 엘료드들은 인간들을 살해했으며 사
람은 자기 이웃을 살해했다.

23 모든 자들이 자신을 팔아 불법을 저지르
고 무죄한 피를 흘렸을 때 땅은 불법으로
가득 찼다.

24 이후에 그들은 짐승들과 새들과 땅 위에
서 기고 걷는 모든 것에게 죄를 범했고, 땅
에 많은 피가 흘려졌으며, 사람들의 모든
상상과 욕망이 끊임없이 계속해서 헛된 것
과 악함을 상상했다.

25 여호와께서는 땅의 지면으로부터 모든 것
을 쓸어 완전히 멸하셨다. 그들의 행위들
의 악함과 그들이 땅에 흘렸던 피로 인해
그분께서는 모든 것을 멸망시키셨다.

26 "우리, 곧 나와 너, 나의 아들들과 우리와
함께 방주로 들어갔던 모든 것들은 남겨
졌다. 보라 나는 내 앞에서 의롭게 행하지
않고 있는 너희의 행실들을 본다. 너희는
멸망의 길로 걷기 시작했고, 서로 갈라지
고 시기 질투하고 있다. 내 아들들아, 너
희는 형제들과 서로 잘 어울리지 못하고

---

100 홍수 후 15년 노아의 손자들 즉, 셈, 함, 야벳의 자녀들이 청소년기로 접어드는 시점에, 노아는 홍수 후 맞이하는 첫 희년에 자녀들을 모아서 규례와 계명과 판결법을 지키도록 가르치기 시작했으며, 노아는 그가 알고 있는 모든 것을 가르쳤고, 이것은 홍수 후 새로 시작하는 인류에게 주어진 첫 입법의 장면이다. 이는 잘 알려진 '노아의 7계명'과 관련된 장면으로 보인다. **1.** 공의를 실천하라. **2.** 몸의 수치를 가리라. **3.** 창조주를 송축하라(샤밭을 기념하는 계명 안에는 창조주를 송축하는 것이 포함됨). **4.** 부모를 공경하라. **5.** 이웃을 사랑하라. **6.** 음행과 불결과 불의로부터 혼을 지켜라. 21절에서 노아는 홍수심판의 세가지 원인을 가르친다. **1.** 감찰자들의 음행(불결과 더러움의 시작) **2.** 거인, 네필림, 엘료드, 인간의 살육 **3.** 땅에 가득한 불법과 폭력과 피 흘림과 악한 생각과 계획.

있도다.

27 내가 보니, 보라 마귀들이 너와 너희의 자녀들을 유혹하기 시작하였으니, 내가 너희를 위하여 두려워하는 것은 내가 죽은 후에 너희가 사람들의 피를 땅 위에 흘리고 너희도 지면에서 멸망되는 것이다.

28 사람의 피를 흘리는 자나 어떤 육체의 피를 먹는 자는 다 땅에서 멸절될 것이다.

29 피를 먹거나 땅에 사람의 피를 흘리는 그 누구도 남겨지지 않을 것이며, 그에게는 하늘 아래 사는 어떤 씨나 후손들도 남겨지지 않을 것이다. 이는 그들이 스올로 들어갈 것이며, 심판의 자리로 내려갈 것이고, 깊은 곳의 어둠 속으로 들어가 모두 격렬한 죽음으로 제거될 것이기 때문이다.

30 너희가 짐승들이나 가축이나 땅 위를 날아다니는 무엇이든 잡는 날에는 그 어떤 피도 너희에게 보이지 않도록 하라. 또한 너희는 땅의 지면에 흘려진 피를 덮어 너희의 혼들을 위하여 선한 일을 행하여라.

31 그리고 너희는 피를 먹는 자와 같이 되지 말고, 아무도 너희 앞에서 피를 먹지 않도록 너희 자신을 지켜라. 피를 가리고 덮으라. 내가 너와 네 자녀들, 그리고 모든 인류에게 이렇게 증언하라고 명령받았음이라.

32 너희는 혼(생명)이 살과 함께 먹히지 않게 하여 땅에서 피를 흘린 어떤 육체의 손에서도 너희 생명인 너희 피가 요구되지 않게 하여라.

33 이는 땅 위에 흘려진 피로 인해 땅이 정결하지 않을 것이기 때문이다. 오직 그의 흘려진 피를 통해서만 땅이 대대로 정화될 것이기 때문이다.

농사와 7년 면제년에 대한 규례

34 이제 내 자녀들아, 귀를 기울여 들으라. 너희가 온 땅 지면 위에 의롭게 심겨지도록 너희는 공의와 정의를 행하라. 그러면 나를 대홍수의 물들에서 구해주신 나의 하나님 앞에서 너희의 명예가 높여지게 될 것이다.

35 보라 너희는 가서 너희 자신을 위한 성읍들을 세우고 땅 위에 있는 모든 식물과 더불어 열매 맺는 모든 나무들을 그 성읍들 안에 심을 것이다.

36 3년 동안은 먹을 수 있는 열매를 거두지 못할 것이고, 넷째 해에 그 열매는 거룩히 여겨져 하늘과 땅과 모든 만물을 창조하신 지극히 높으신 하나님 앞에 첫 열매들로 드려질 것이다. 그들이 처음 익은 포도주와 기름을 첫 열매들로 그것을 기쁘게 받으시는 여호와의 제단에 풍성하게 드리게 하여라. 그리고 남은 것은 여호와의 집의 종들이 그것을 받은 제단 앞에서 먹게 하여라.

37 다섯째 해에 너희는 그 땅을 올바른 방법으로 풀어주어라. 그러면 너희가 의로워지고 너희가 심는 모든 것이 번성할 것이다.[101]

---

[101] 【레 19:25】 "다섯째 해에는 그 열매를 먹을지니 그리하면 너희에게 그 소산이 풍성하리라 나는 너희의 하나님 여호와이니라"

38 그러므로 너희 아버지의 조상 에녹이 그의 아들 므두셀라와 므두셀라의 아들 라멕에게 명령했던 것과 같이 라멕은 그의 선조들이 그에게 명한 모든 것을 나에게 명령했다.

39 이제 내 자녀들아, 에녹이 제7대손으로 사는 동안 첫 희년에 그의 아들에게 명령한 것처럼 나 또한 너희에게 계명을 주노라. 그는 그가 세상을 떠나는 날까지 그의 아들들과 그의 손자들에게 명령하고 증거하였다.”

아르박삿의 아들 가이난이 천체 숭배의 비밀에 대한 비문을 발견하다

8 29번째 희년의 첫 주간의₁₃₇₃ 시작에 아르박삿은 아내를 맞이했으며 그녀의 이름은 라수에자였고 수산의 딸이며 엘람의 딸이었다. 그녀는 이 주간의 셋째 해에₁₃₇₅ 아들을 낳았으며 아르박삿은 그의 이름을 가이난이라 불렀다.

2 그 아이가 성장하자 그의 아버지는 가이난에게 글쓰기를 가르쳤다. [102] 가이난은 자기 자신을 위한 성읍을 세우려고 장소를 찾아 나섰다.

3 그는 이전 세대들이 바위에 새겨 놓았던 글을 발견했고, 그 위에 적혀 있는 것을 읽고 그는 그것을 베껴 적었으며 그로 인해 죄를 지었다. 이는 그것이 하늘의 모든 징조들을 통해 해와 달과 별들의 징후들을 관찰하여 길흉을 예언하던 감찰자들의 가르침[103]을 담고 있었기 때문이었다.

4 그는 그것을 기록해 두었으나 그것에 관하여 아무 말도 하지 않았다. 이는 노아가

---

102 【에녹1서 83:2】“처음 본 이상은 내가(에녹) 글을 쓰는 기술을 배우고 있을 때였고”【희년서 4:17】“그는 땅에서 태어난 사람들 중에서 글쓰기 기술과 지식과 지혜를 배운 자로서 사람들이 월별 순서에 따라 각 해의 절기들을 알 수 있도록 하늘의 징조들을 월별로 책에 기록한 사람들 중에서 첫 사람이었다.”【희년서 8:2】“그의 아버지(아르박삿)는 가이난에게 글쓰기를 가르쳤다.”【희년서 11:16】“그의 아버지(데라)는 그(아브람)에게 글쓰기를 가르쳤고”【희년서 47:9】“네 아버지 아므람이 너(모세)에게 글쓰기를 가르쳤고” 라틴어 아담의 책에 의하면 셋도 두 개의 석판에 부모의 생애를 기록하라는 명령을 받는다. 셋이 두 돌판에 부모의 이야기를 기록한 시기는 아담과 하와가 죽은 후였다. 【야살의 책 2:13】“그 시대에 게난이 앞으로 올 시대에 일어날 일들을 돌판 위에 기록하고 그것을 그의 보물창고에 넣어두었다.” 알파벳 문자를 배워 읽을 줄 알고 몇 문장을 기록하는 것과 많은 이야기와 사상을 책에 저술하는 것은 다른 문제이다. 에녹 이전 세대들에게도 히브리어 22개 알파벳 이미 알려져 있었다. 그러나 에녹은 사람들이 월별 순서에 따라 각 해의 절기들을 알 수 있도록 하늘의 징조들을 월별로 책에 받아 기록한 사람들 중에서 첫 사람이었다.

103 에녹1서 8:3에 의하면 홍수 전 시대에 타락한 감찰자들은 인간들에게 점성술과 관련된 것들을 가르쳐주었다. 홍수 멸망 이후에도 일월성신 숭배는 가이난을 통해서 계속 이어지게 되었다. 그 이후 광야 40년 동안에도 이스라엘 백성은 ‘그 하늘의 군대 섬기는 일’(행 7:42~43) 즉, 해달별들을 경배하는 일에 빠져 하나님이 그 세대를 외면하고 내버려두게 만들었다. 결국 남유다의 멸망 후에 포로들은 ‘자기들을 위해 만들어서 신으로 삼은 별 형상 우상’을 짊어지고 다메섹 저편 바벨론으로 사로잡혀 가게 되었다(암 5:26~27). 희년서 8:3에서 ‘해달별들의 징조들’은 히브리어로 해달별들의 ‘메르카바מרכבת השמש והירח והכוכבים’인데 메르카바는 이동수단을 의미한다. 영적인 면에서 메르카바는 하늘에서 땅으로, 땅에서 하늘로 이동하는 어떤 수단이나 작용하는 어떤 힘이나 소통하는 어떤 정보와 관련되어 사용되는 단어이다. 가이난은 홍수 이전 시대의 사람들이 감찰자들의 가르침을 기록해 놓은 정보들을 읽고 베끼고 연구하면서, 어두운 하늘과 소통하고, 어두운 하늘의 힘을 땅에 끌어내려 이용하고, 해달별들을 숭배함으로 점성술을 행하는 일들을 홍수 후에 다시 시작하게 되었다.

그 일로 인해 자기에게 화를 낼까봐 그 일에 관하여 노아에게 말하는 것을 두려워했기 때문이다.

가이난, 셀라, 에벨, 벨렉

5　30번째 희년의 둘째 주간의 첫 해에[1429] 가이난은 자신을 위해 아내를 맞이했으며 그녀의 이름은 멜카였고 야벳의 아들 마대의 딸이었다. 그리고 넷째 해에[1432] 그는 아들을 얻었고 그의 이름을 셀라라 불렀다. 이는 그가 "나는 완전히 내보내어졌다."[104]라고 말했기 때문이다.

6　넷째 해에 셀라가 태어난 후, 그는 자라서 31번째 희년의 다섯째 주간의 첫 해에[1499] 아내를 맞이했으며 그녀의 이름은 무악이었고 그의 아버지의 형제인 케세드의 딸이었다.

7　그녀는 다섯째 해에[1503] 셀라에게 아들을 낳아주었고, 그는 그의 이름을 에벨이라 불렀다. 그후 그는 32번째 희년의 일곱째 주간의 셋째 해에[1564] 아내를 맞이했으며 그녀의 이름은 아주라드였고 네브로드의 딸이었다.

8　여섯째 해에[1567] 그녀는 에벨에게 아들을 낳아주었고 그는 그의 이름을 벨렉이라 불렀다. 이는 그가 태어난 그 때에 노아의 자녀들이 서로 땅을 나누기 시작했기 때문이다. 이로 인해 그는 그의 이름을 벨렉[105]이라 불렀다.

땅을 세 부분으로 나누어 제비 뽑는 일에 천사가 개입하다

9　그들은 그들끼리 비밀리에 땅을 나누고 노아에게 말했다.

10　그리고 33번째 희년의 시작인 첫째 주간의 첫 해에[1569], '우리 중 하나'[106]가 보냄 받아 그들과 함께 있을 때, 그들은 각자의 상속에 따라 셈과 함과 야벳을 위해 땅을 세 지역으로 나누었다.

11　노아가 그의 아들들을 불러 모으니 그들과 그들의 자녀들이 노아에게 가까이 모였고, 노아는 그의 세 아들이 소유해야 할 땅을 분할하여 나누었으며, 그들은 손을 뻗어 그들의 아버지 노아의 품에서 그 문서를 취하였다.

---

104 "כי אמר שולח שולחתי" 가이난의 이 말은 그가 가족으로부터 쫓겨났으며 그 결과 그는 가계의 족보로부터 제명되었다는 것을 의미하고 있다.

105 희년서에서는 '나누다'라는 의미가 있는 벨렉(펠렉פלג)의 이름의 의미를, '노아의 자녀들이 땅을 제비뽑아 분배하여 나누기 시작했다'라는 의미로 해석한다. 벨렉의 이름의 또 다른 의미로는 벨렉이 죽던 해에 바벨탑이 무너지고 언어가 혼잡해져서 민족이 분산되었기 때문이라고도 본다.

106 우리 중 하나: 이때까지 아라랏 산지의 루바르 산 주변에 살고 있던 노아의 후손들은 인구가 늘어난 이 시점에 흩어져 살아야 할 필요를 보았고, 그들은 노아와 상의 없이 비밀리에 자기들끼리 땅을 나누고 노아에게 말했다. 후에 33번째 희년의 첫 시작에 천사가 노아에게 보냄을 받고 그들 중에 와서 셈과 함과 야벳이 땅을 세 지역으로 나눠 분배하는 일을 주관했다. 희 10:32에서 분배받은 땅으로 흩어지던 함과 함의 아들들이 희 8:10-11의 장면을 기억하며 땅을 나눌 때 "거룩한 재판관 앞에서와 우리 아버지 노아 앞에서 맹세한" 장면을 기억하며 말한다. 땅 분배를 위해서 '보냄 받은 우리 중 하나'(희 8:10)는 희 10:32의 '거룩한 재판관'과 같은 존재이다.

셈이 기업으로 받은 땅의 경계

12 거기에는 셈이 자신과 그의 아들들과 영원한 세대들을 위하여 유업으로 취할 땅의 중앙이 셈의 몫으로 기록되어 나왔다. 라파산맥의 중앙에서 티나 강의 하구로부터 그의 분깃은 강 사이를 가로질러 서쪽으로 나아가 심해의 물에 이르기까지 뻗어 나가는데, 이 강은 흘러 메알 바다로 쏟아지고 대해로 흘러 들어간다. 그리고 북쪽으로 향하는 것은 모두 야벳에게 속한 것이고, 남쪽으로 향하는 것은 모두 셈에게 속한 것이다.

13 또한 그것은 카라소까지 계속 이어진다. 이것은 남쪽을 바라보는 혓바닥 모양의 지형의 품[107]안에 있다.

14 셈의 분깃은 대해를 따라 뻗어 있고, 남쪽을 바라보는 혓바닥 모양의 지형 서쪽에 도달할 때까지 직선으로 뻗어 있다. 이 바다는 이집트 바다의 혀라 불린다.[108]

15 또한 그의 분깃은 여기에서부터 남쪽을 향하여 물들의 해안이 있는 대해의 어귀를 향해 돌아 오빌[109]의 서쪽까지 뻗어 기혼 강의 물들[110]까지 도달하며 이 강의 강둑들[111]을 따라 기혼의 물들의 남쪽까지 뻗어 있다.

16 그의 분깃은 에덴-동산에 이르기까지 앞으로 뻗어 그곳의 남측까지 이르며, 에덴의 온 땅의 동쪽으로부터 그 동방 전체에

---

107 '남쪽을 바라보는 혓바닥 모양의 지형'은 시내 반도를 표현하는 단어이며 '이집트 바다의 혀'라고도 불린다. 시내 반도의 동쪽에는 아카바만이 있고 서쪽에는 수에즈만이 있어 혓바닥 모양의 지형이다. 13절에서는 그 혓바닥 모양 지형의 품 즉, 내륙이 셈이 받은 땅에 포함된다고 설명하고 14절에서는 셈의 땅은 대해(지중해) 해안을 따라 북에서 남으로 뻗어 내려오다가 시내 반도의 서쪽에 도달할 때까지 뻗어 내려온다(희 8:15~16)고 설명한다.

108 셈이 분배받은 땅은 서쪽에 큰 바다(지중해)가 있고 남쪽으로 내려가면 이집트까지 연결되는 땅이었다.

109 오빌(오피르אוֹפִיר)은 벨렉의 동생인 욕단의 11번째 아들이며, 메사에서부터 스발로 가는 길의 동편 산에 거주하였다(창 10:29-30; 대상 1:23). 욥기 22:24, 28:16에서 가치가 높은 오빌의 금이 처음 언급되고 있다. 다윗은 그의 아들 솔로몬이 성전 건축을 할 때 사용할 수 있도록 많은 보석들을 준비해 놓았는데 그 중에는 오빌의 금 3천 달란트도 있었고 그 금으로 성전 벽을 입히도록 명했다(대상 29:1-5). 이스라엘의 왕궁에 살며 왕의 우편에 서는 왕후는 오빌의 금으로 꾸민다(시 45:9).
　솔로몬 왕은 에돔 땅 홍해 바닷가 엘롯 근처 에시온게벨에서 배들을 짓고 사람들을 오빌로 보내어 금 420달란트를 가져오게 하였다(왕상 9:26-28; 대하 8:18 금 450달란트). 스바 여왕도 오빌에서 가져온 금과 향품과 보석을 솔로몬에게 예물로 주었다(왕상 10:11; 대하 9:9:12). 그 후 여호사밧이 오빌로 금을 취하러 그 종들을 보내려고 하였지만 배가 에시온게벨에서 파선되어 이루지 못했다(왕상 22:48-49). 이사야 13:12에서는 오빌의 순금이 희귀하여 희소성이 있다고 이야기한다.

110 기혼 강에 대한 언급이 셈과 셈의 자손들이 분배받은 땅의 지형에 대한 설명 중에 언급되고 있다. 셈이 받은 땅은 땅의 중앙(8:12)이며 그의 땅에는 에덴-동산의 온 땅이 포함되고 에덴-동산의 동방 전체가 셈의 자손들에게 분배된 땅이라고 설명되고 있다.

111 '이 강의 강둑들'은 사해를 중심에 두고 동쪽에 있는 East Bank(현재 요르단 국가)와 West Bank(현재 이스라엘 산지)를 언급하고 있다. 희년서에서 그 얼굴(임재)의 천사가 모세에게 시내 산에서 지난 역사를 설명하는 것을 보면, 두 강둑 사이에 있는 사해 골짜기를 과거 기혼 강의 물줄기가 흐르던 강바닥(riverbed)으로 이해하고 있음을 알 수 있다. 사해 골짜기가 기혼 강의 강 바닥의 흔적인 것이다.

이르고, 라파라 불리는 산의 동쪽에 도달할 때까지 나아가 티나 강 하구의 강둑으로 내려간다. [112]

17 이 분깃은 제비뽑기로 셈과 그의 아들들이 그의 자손 대대로 영원히 소유하도록 그들을 위한 것으로 나왔다.

18 노아는 땅의 이 부분이 셈과 그의 아들들을 위해 나온 것으로 인하여 기뻐했으며, 그는 또한 전에 예언하며 그의 입으로 말했던 모든 것을 기억해 냈다. 그는 이렇게 말했었다. "셈의 하나님 여호와께서는 송축 받으소서. 여호와께서 셈의 거처에 거하시길 원하나이다."

19 그는 에덴-동산이 지성소이며 여호와의 처소이고, 시내 산은 광야의 중앙이며, 시온 산은 땅의 배꼽의 중앙이라는 것을 알고 있었다. 이 세 곳은 서로 마주 보고 있는 성소들로 창조되었다. [113]

20 노아는 여호와의 말씀을 그의 입 안에 넣어 주신 신들의 하나님을 송축했으며 영원하신 하나님을 송축했다.

21 노아는 복된 분깃과 축복이 셈과 그의 아들들, 그들의 모든 세대에게 영원히 할당되었음을 알았다. 셈이 받은 부분은 에덴의 온 땅과 홍해의 온 땅, 동편 온 땅과 인도, 홍해와 그 산들, 바산의 모든 땅, 레바논의 모든 땅과 갑돌의 섬들, 스닐과 아마나의 모든 산들, 북쪽의 앗수르 산들과 엘람, 앗수르, 바벨, 수산, 마대의 모든 땅과 아라랏의 모든 산들, 바다 너머의 모든 지

---

112 아라랏 산에서 셈의 몫으로 제비 뽑혀 정해진 땅의 범위는 에덴-동산의 서쪽의 지중해 바다와 남쪽의 시내 반도와 동쪽의 동방 전체가 포함되어 있다. 셈의 땅 북쪽으로는 야벳이 분배를 받았고 남쪽으로는 함이 분배를 받았다.

113 에덴-동산은 여호와의 처소가 거하는 땅이며, 셈이 분배받은 이스라엘 중앙 산지의 땅이고 창세기 2장에서 하늘과 땅이 만나 어우러진 지성소로써의 첫 장소이며 지금의 예루살렘이 위치해 있는 곳이다. 이 에덴-동산에서 인류의 역사가 시작되었다. 시내 산은 인류 역사 중에서 하늘이 땅으로 가장 강력하게 내려왔던 장소이며, 인류 구원 계획을 모세에게 계시해 주었던 가장 큰 계시들이 열렸던 장소이다. 시온 산은 눈에 보이는 만물을 창조하기 위해 먼저 만물의 기초로 두었던 Foundation Rock이 있는 장소이며, 보이는 모든 만물이 다 그 시온으로부터 나왔기 때문에 시온 산은 지구의 배꼽이라고 불린다. 에덴-동산에서 시작했던 인류는 얼마 후 에덴-동산에서 추방된다. 그리고 인류 역사의 마지막에 다시 에덴-동산으로 복귀하기 위해서 메시아가 앞장서서 부활한 인류를 데리고 들어갈 것이다. 인류를 다시 에덴-동산으로 복귀시키기 위해서 인류 구원을 위한 크고 중요한 계시들이 아라비아 광야에 있는 시내 산 정상에서 주어졌다. 이것은 시내 산 시대이다. 메시아가 회복된 에덴-동산으로의 복귀를 위해서 인류를 데리고 시온 산으로 돌아와 천년왕국을 시작할 때 유대인과 이방인이 온전하게 한 하나님을 섬기는 시대를 여실 것이다. 이것은 시온 산 시대이다. 그리고 그때 모두 선명하게 알게 될 것이다. 우리가 모두 시온 출신이었다는 사실을 그리고 시온에 다시 모였다는 사실을 모두 밝히 알게 될 것이다.
【시 87: 5-7】 "시온에 대하여 말하기를 이 사람, 저 사람이 거기서 났나니 지존자가 친히 시온을 세우리라 하리로다 6 여호와께서 민족들을 등록하실 때에는 그 수를 세시며 이 사람이 거기서 났다 하시리로다(셀라) 7 노래하는 자와 춤추는 자는 말하기를 나의 모든 근원이 네게 있다 하리로다"

114 셈이 받은 땅의 중앙은 에덴-동산의 온 땅이었다. 남쪽으로는 홍해와 동쪽으로는 동방의 땅과 인도까지, 홍해 쪽의 산들과 레바논과 바산의 산들, 북쪽의 앗수르 산들과 엘람의 모든 땅과 바벨과 수산과 마에다이와 아라랏의 모든 산들까지도 셈이 받은 넓은 범위의 에덴-동산 땅이지만 특별히 이스라엘 중앙 산지가 있는 땅은 셈이 받은 땅 중에서도 땅의 중앙에 있는 에덴-동산의 땅이다.

역인 북편의 앗수르 산들 너머에 있는 복되고 드넓은 땅이다. [114] 그리고 그 안에 있는 모든 것이 매우 좋았다.

함이 기업으로 받은 땅의 경계 [115]

22 함을 위해 나온 두 번째 분깃은 기혼을 넘어 그 동산의 오른편에서 남쪽으로 확장되어 모든 불의 산들까지 뻗어 있다. [116] 또한 서쪽으로는 아텔 바다까지 뻗어 있고, 파괴되지 않은 모든 것들이 내려가는 마욱 바다에 이를 때까지 서쪽으로 뻗어간다.

23 그리고 북쪽을 향해서는 가디르의 경계선들까지 나아가며, 기혼 강에 가까워질 때까지 대해의 물들의 해안으로 이어지며, 기혼 강을 따라 에덴-동산의 오른편에 도달할 때까지[117]나아간다.

24 이는 함을 위해 나온 분깃으로 그 자신과 그의 아들들이 대대로 영원히 차지할 땅이다.

야벳이 기업으로 받은 땅의 경계

25 야벳을 위해 나온 세 번째 분깃은 티나 강을 넘어 그 물들이 흐르는 북쪽이며, 북동쪽에서 곡의 전 지역으로 뻗어 나가 동쪽의 모든 나라까지 뻗어 간다.

26 그리고 그의 분깃은 북쪽에서 북쪽으로 뻗어 가고, 북쪽에 있는 켈트 산들과 마욱의 바다를 향해 뻗어 가며, 가디르의 동편으로 멀리 그 바다의 물들의 지역까지 나아간다.

27 그리고 그의 분깃은 파라의 서쪽에 도달할 때까지 뻗어가고 아페락 쪽으로 돌아서 메알 바다의 물들까지 동쪽으로 뻗어 간다.

28 이것은 라파 산 쪽으로 물의 경계에 이를 때까지 북동쪽의 티나 강 지역으로 뻗어 있고 북쪽을 향해 돌아 나간다.

29 이것은 야벳과 그의 아들들에게 나온 기

[115] 희년서 8:22에서 함이 받은 땅의 몫은 에덴-동산의 동편인 요르단 산지의 남쪽에서부터 시작해서 남쪽으로 아라비아 반도를 포함하는 땅이다. 여기서 '불의 산들'은 요르단 남쪽 와디림에서부터 시작한 붉은 빛의 모래 사막과 붉은 빛의 산맥들이 아카바만을 따라서 남쪽으로 아라비아 반도 남부까지 이어지는 것을 묘사하고 있는 것이다.

[116] 여기서 '기혼을 넘어'라는 표현은 약속의 땅의 입장에서 요르단 산지로 넘어가는 것을 말하며 이 표현을 통해서, 홍해의 아카바만까지 연결되어 있는 현재 사해의 갈라진 계곡(Dead Sea Rift)이 기혼 강으로 인식되고 있었다는 것을 알 수 있다.

희 8:22 에서 함의 땅의 경계가 '불의 산들'의 산맥을 타고 남쪽으로 내려와 크고 깊은 바다가 연결되는 것을 설명한다. 그 후에 8:23에서는 다시 북동 아프리카와 아라비아 반도를 양쪽에 두고 있는 아카바만의 남쪽에서부터 북쪽 방향의 경계까지 올라와 해안가를 타고 아카바해와 Dead Sea Rift가 만나는 에일랏에 이르러 그곳에서부터 다시 기혼 강(Dead Sea Rift)을 따라서 에덴-동산의 오른편에 도달하는 것으로 함의 땅을 설명한다.

[117] '기혼 강을 따라 에덴-동산의 오른편에 도달할 때까지'라는 표현을 통해서, 기혼 강이 에일랏에서부터 현재 사해 남단까지 이르는 약 160km의 홍해 길과 다시 사해 북단까지 이르는 약 90km를 더한 총 250km에 달하는 Dead Sea Rift Valley의 남부이며 아라바 남부 지역에 현재 물이 흐르지 않고 있지만 과거 한 때에는 물이 흘렀었고 그 물의 흐름이 기혼 강물이었음을 알 수 있다. 이 문장은 예루살렘에서 시작하는 기혼 샘이 구스 온 땅을 둘렀다던 에덴-동산의 두번째 강인 기혼과 동일한 것이고, 그 남은 흔적들이 기혼 샘, 사해로 흘러 내려가는 기드론 골짜기, Dead Sea Rift Valley의 남부이며, 아라바 남부 지역인 홍해 길 그리고 에티오피아에서 아프리카 대륙을 가로질러 가는 The Great Syria-African Rift라는 것을 확인시켜 주는 중요한 증거 구절이 된다.

업의 분깃으로 야벳 자신과 그의 아들들과 그들의 세대들을 위하여 영원히 소유해야 할 몫이다. 이는 다섯 개의 큰 섬과 북쪽의 큰 땅이다.

30 그러나 야벳의 땅은 춥고 함의 땅은 덥고 셈의 땅은 덥거나 춥지 않고 추위와 더위가 섞여 있다.

노아의 손자들 사이에 분배된 땅, 함의 자녀들에게 분배된 땅

9 함이 그의 아들들에게 그의 땅을 나누어 주었는데, 첫 번째 몫은 구스를 위해 동쪽이 나왔고, 미스라임을 위해 구스의 서쪽, 붓을 위해 미스라임의 서쪽, 그리고 가나안을 위해 구스의 서쪽이 나왔으며, 가나안의 서쪽에는 바다가 있었다.[118]

셈의 자녀들에게 분배된 땅

2 셈도 그의 아들들에게 그의 땅을 나누어 주었는데 첫 번째 몫이 엘람과 그의 아들들을 위해 나왔으니 이는 티그리스 강 동편에서 동쪽에 이를 때까지 인도 땅 전체와 홍해와 그 해안, 데단의 물들과 메브리와 엘라의 모든 산들과 수산의 모든 땅 그리고 파르낙 쪽의 홍해와 티나 강에 이르는 모든 땅이다.

3 두 번째 몫은 앗수르를 위해 나왔으니 이는 앗수르와 니느웨와 시날의 모든 땅과 인도의 경계까지로 그 지역은 그 강을 따라 거슬러 올라간다.

4 세 번째 몫은 아르박삿을 위해 나왔으니 이는 유브라데의 동편 갈데아 지역의 온 땅에서 홍해의 경계까지이며, 이집트를 향한 바다의 혀[119]에 가까운 광야의 모든 물과 레바논과 스닐과 아마나의 온 땅이다.

5 네 번째 몫은 아람을 위해 나왔으니 이는 티그리스와 유프라테스 사이에 있는 메소포타미아의 온 땅에서 갈데아의 북쪽으로 앗수르의 산들의 경계와 아라라의 땅까지이다.

6 다섯 번째 몫은 룻을 위해 나왔으니, 이는 앗수르의 산들과 그 산들에 속한 온 땅에서 대해까지 이르며, 그의 형 앗수르의 동편에 이르는 곳까지이다.

야벳의 자녀들에게 분배된 땅

7 야벳도 그가 유업으로 받은 땅을 자기 아들들에게 나누었다.

8 첫 번째 몫은 북편에서 동쪽으로 티나 강까지 고멜을 위해 나왔고, 북쪽에서는 북쪽의 모든 내부의 지역들이 메앝 바다에 이르기까지 마곡을 위해 나왔다.

9 마대를 위해서는 그의 두 형제의 서편에

---

118 세 대륙으로 나눠진 노아의 세 아들의 분깃은 9장에서 각 손자들에게 더 세부적으로 나눠진다. 먼저 함이 받은 아프리카 대륙이 그의 네 아들 구스, 미스라임(이집트의 히브리어 이름), 붓, 가나안에게 배정되는데, 구스에게는 나일강 상류 지역인 현 수단(누비아)과 에티오피아가, 미스라임에게는 나일강 하류 지역인 이집트가, 붓에게는 현 리비아가, 가나안에게는 현 알제리와 모로코 지역이 배당된다. 가나안은 원래 북대서양을 바라보는 서북아프리카 지역을 배정받았지만, 셈에게 배정된 에덴-동산의 산지를 탐내어 셈의 자손들을 몰아내고 그 땅을 차지함으로 그 땅이 가나안 땅이라 불리게 했다.

119 바다의 혀: 아카바만과 수에즈만의 V 형태의 시내 반도

서부터 그 섬들과 섬들의 해안까지 그가 소유해야 할 몫으로 나왔다.

10 야완을 위해서는 네 번째 몫이 나왔으니 이는 모든 섬과 룻의 경계에 이르는 섬들이다.

11 두발을 위해서는 다섯 번째 몫이 나왔으니 이는 혀 가운데 있는 룻의 몫의 경계에 가까운 두 번째 혀에 이르며, 두 번째 혀를 넘어 세 번째 혀까지의 지역이다.

12 메섹을 위해서는 여섯 번째 몫이 나왔으니 이는 세 번째 혀를 넘는 모든 지역에서 가디르의 동편에 이르는 곳까지이다.

13 디라스를 위해서는 일곱 번째 몫이 나왔으니 이는 바다 한 가운데 있는 네 개의 큰 섬으로 함의 분깃에 이르는 곳까지이다. 그리고 아르박삿의 유산으로 그의 아들들을 위하여 카마투리의 섬들이 제비 뽑혀 나왔다.

노아의 아들들의 맹세

14 이렇게 하여 노아의 아들들은 그들의 아버지 노아 앞에서 그들의 아들들에게 땅을 나누어 주었고, 노아는 맹세로 그들을 모두 묶어서 자신의 몫으로 할당되지 않은 땅을 차지하려는 모든 자에게 저주를 내렸다.

15 그리고 그들이 모두 말했다. "아멘, 그렇게 되게 하소서. 그들이 악과 부정과 음행과 죄로 땅을 가득 채운 그들의 과오의 모든 더러운 악 때문에 주 하나님께서 칼과 불로 그들을 벌하실 심판의 날까지 그들과 그들의 자손들에게 대대로 영원히 그렇게 되게 하소서."

노아의 손자들을 탈선하게 한 악한 귀신들

10 그리고 이 희년의 셋째 주간에 더러운 귀신들은 노아의 아들들의 자녀들이 탈선하도록 이끌고 실수를 저지르게 하여 그들을 멸망시키기 시작했다.

2 노아의 아들들이 그들의 아버지 노아에게 와서 그의 아들들의 아들들을 옳은 길에서 벗어나도록 이끌고 눈을 멀게 하며 죽이고 있는 귀신들에 대해 노아에게 말했다. [120]

노아의 기도로 9/10의 귀신들이 심판의 감옥으로 보내짐

3 노아는 여호와 그의 하나님 앞에서 기도하며 말하였다. "모든 육체의 영들의 하나님, 당신은 나에게 자비를 베푸셨으며 나와 내 아들들을 홍수의 물들에서 구원해 주셨고, 멸망의 아들들에게 하신 것처럼 나를 멸망시키지 아니하셨나이다. 이는 나

---

120 홍수 이전 시대와 홍수 이후 시대를 살아보았던 노아와 노아의 아들들과 홍수 이전 시대와 홍수 심판과 멸망을 직접 경험해 보지 못한 채 이야기로만 전해 들었던 홍수 이후에 태어난 세대들은 다르다. 귀신들은 다음 세대들을 유혹하여 다음 세대들이 정도를 벗어나도록 이끌고 방향을 잃도록 하여 다음 세대로 하여금 그들의 인생이 잘못된 푯대를 향해 나아가게 하고 결국은 눈을 멀게 하여 멸망하게 한다. 하늘에서 땅으로 내려보내 준 토라(가르침)와 방향성과 푯대를 잃게 하는 것이 귀신들의 첫 번째 일이다. 주님은 다시 인류에게 '토라'를 주신다. '토라'는 하늘에서 땅으로 내려보내 주신 가르침이다. 마귀의 일은 '토라'에서 벗어나게 하는 것이다. 성령의 일은 '토라'에 계속 튜닝해 가며 '토라'에 맞춰진 채 삶을 살아가게 하는 것이다. 또한 그러한 토라에 맞춰진 삶은 생명의 길이며 영생으로 이어진다. 우리와 다음 세대와 모든 세대를 위해서 하나님께서 우리에게 토라(하나님의 말씀)를 주셨다.

를 향한 당신의 은혜가 크셨으며, 내 혼 (생명)을 위한 당신의 긍휼이 크셨기 때문입니다. 당신의 은혜가 내 아들들에게 드높여지게 하셔서 악한 영들이 그들을 다스리지 못하게 하여 주소서. 악한 영들이 그들을 땅에서 멸망시키지 못하도록 하소서.

4 오히려 여호와께서 나와 내 아들들을 축복하사 우리가 생육하고 번성하여 땅에 충만하게 하소서.

5 이 영들의 아비들인 당신의 감찰자들[121]이 나의 시대에 어떻게 행했는지 당신께서 아십니다. 살아남아 활동하고 있는 이 영들에 대해서는 그들을 감옥에 가두시고 심판의 자리에 굳게 붙잡아 주소서. 그리고 그들로 하여금 당신의 종의 아들들에게 멸망을 불러오지 못하게 하여 주소서. 나의 하나님, 이는 이들의 본성이 악하며 파괴하기 위해 창조되었기 때문입니다.

6 악한 영들이 살아있는 자들의 영들을 다스리지 못하게 하소서. 오직 당신만이 그들에 대한 주권을 행사하실 수 있사오니, 지금부터 영원토록 그들이 의인의 아들들 위에 권세를 가지지 못하게 하여 주소서.”

1/10의 귀신들을 수하에 두도록 허락받은 마스테마

7 그리고 여호와 우리 하나님께서는 우리에게 그들을 모두 결박하라고 명령하셨다.

8 그 영들의 우두머리 마스테마[122]가 와서 말했다. “여호와, 창조주시여, 그들 중 일부는 내 앞에 남겨 두셔서 그들이 내 음성을 듣게 하시며, 내가 그들에게 말하는 모든 것을 행하게 해주십시오. 나에게 그들

---

121 이 영들의 아비들인 당신의 감찰자들: 사람을 미혹하는 불결하고 더러운 영들이 감찰자 천사들과 여자 사이에서 태어났던 존재들이 죽었을 때 그 몸에서 나온 영들이라는 개념이 희년서와 에녹서의 가르침이다. 에녹1서 15:8~12에 의하면 타락한 감찰자 천사들 때문에 땅에서 태어나게 된 거인들의 육체가 죽을 때 그 몸에서 나온 영이 악한 영들 곧 악하고 더러운 귀신의 영들이다. 하늘의 영들의 처소는 하늘이지만 그들은 땅에서 난 영들이기 때문에 그들의 처소는 땅이다.

122 마스테마משטמה는 강한 혐오를 의미하고 미움, 증오, 원한, 적대, 적의, 학대, 박해의 의미도 가지고 있다. 싸르 하마스테마שר־המשטמה는 미움, 혐오, 증오를 조장하는 역할을 맡고 있는 사탄으로서 땅에서 일하는 모든 악하고 더럽고 음란한 귀신들을 총괄하는 우두머리이다. 악한 영들이 지나치게 그들의 역할을 하는 것은 문제였지만 하나님의 섭리 안에서 그들의 역할을 남겨두신 것은 하나님의 인류 경영에 필요한 부분이었다. 그는 악한 영들을 통솔하여 미움과 증오를 조장하는 그들의 역할을 할 수 있게도 하며, 하나님이 허락하신 허용범위 안에서 그가 가진 본성으로 사람들을 유혹하여 그들의 믿음을 시험해 보기도 한다. 마스테마라는 단어는 구약 성경에서 두 번 호 9:7-8에 사용되지만, 이 존재 자체는 구약 본문에서 언급되지는 않는다. 그러나 사해 사본에서는 싸르 하마스테마 שר המשטמה 또는 말라아크 하마스테마מלאך המשטמה로써 여러 차례 언급되고 있다(CD 15:5, 1QM 13:11, 4Q225(6회), 4Q270, 4Q271, 4Q378, 4Q390, 4Q495, 11Q11, Mas1j).

희년서에서 8회 등장하는 마스테마의 활동은 다음과 같다. 1. 노아의 자녀들을 괴롭히는 귀신들에 대한 처리(희 10:7-11), 2. 갈대아 우르를 장악하고 전력을 다해 활동했던 마스테마(희 11:3-6), 3. 마스테마에 의해 궁핍을 겪은 데라의 시대(희 11:9-22), 4. 이삭을 번제로 바치도록 시험해 보라고 제안한 마스테마(희 17:15~18:13), 5. 마스테마의 영들이 야곱의 후손들을 다스리지 못하도록 기도하는 아브라함(희 19:28), 6. 이집트로 향하던 모세를 길에서 죽이려고 온 힘을 다했던 마스테마(희 48:1-3), 7. 모세를 대적하도록 이집트 술사들과 파라오의 군대를 도운 마스테마(희 48:9-18), 8. 아빕월 14일 저녁에 모든 장자를 다 죽이려던 마스테마(희 49: 1-5)

중 일부가 남겨지지 않는다면 나는 인간의 아들들에게 내 의지의 권한을 실행할 수 없을 것입니다. 이는 인간의 아들들의 악함이 큼으로 인하여 이들은 나의 판단 앞에서 그들을 부패케 하고 길을 벗어나도록 이끌기 위한 자들이기 때문입니다."

9 그러자 그분께서 말씀하셨다. "그들 중 10분의 1은 그 앞에 남겨두고 10분의 9는 심판의 자리로 내려가게 하라."

10 우리 중 하나에게 그분께서는 모든 양약을 노아에게 가르쳐야 한다고 명령하셨다. 이는 그분께서 인간의 아들들이 올바른 길로 걷지도 않을 것이며 의로움에 힘쓰지도 않을 것을 아셨기 때문이다.[123]

11 우리는 그분의 모든 말씀대로 행하였다. 우리는 모든 사악한 악한 영들을 심판의 자리에 결박하였으며, 우리는 그들 중 10분의 1은 남겨두어 땅에서 사탄에게 종속되도록 했다.[124]

병마들을 물리치기 위한 약초 사용법을 천사로부터 배운 노아

12 우리는 노아에게 그가 땅의 약초들로 질병들을 치료할 수 있도록 질병들에 대한 모든 약들을 오용될 수 있는 유혹의 위험성과 함께 설명해 주었다.

13 노아는 우리가 온갖 종류의 약에 관해 그에게 지시한 대로 모든 것을 다 한 책에 기록했다. 그리하여 악한 영들이 노아의 자녀들에게 해를 끼치는 일이 차단되었다.

14 노아는 그가 기록한 모든 것을 그의 장자 셈에게 주었다.[125] 이는 노아가 그의 모든 아들들보다 그를 더 지극히 사랑했기 때문이다.

노아의 죽음

15 노아는 그의 조상들과 함께 잠들었으며 아라랏 땅의 루바르 산에 묻혔다.

16 노아는 950년을 살았으며, 그의 생애 동안 19번의 희년과 두 번의 주간 그리고 5년을[1659] 지냈다.[126]

---

123 약초들을 치료할 수 있는 약으로 사용하는 방법을 천사들이 노아에게 가르쳐 주었고, 노아는 그 치료법들을 책에 기록하여 후대에 전해주었다(희 10:10; 10:12~13). '노아로부터 다시 시작한 자손들의 네 번째 세대가 시작되던 무렵, 인간들이 올바른 길로 걷지 않고 의로움에 힘쓰지도 않았기 때문에 인간들은 병마에 노출되었고, 이로 인해 약초의 성분으로 병을 차단하고 예방해야 할 필요가 생기게 되었다'라고 희년서는 말해주고 있다.

124 노아는 자녀들을 괴롭히며 유혹하여 정도에서 벗어나게 하는 악한 영들을 감옥에 가두어 달라고 묶는 권세를 사용해서 기도드렸다(희 10:3-7). 그 기도를 들으신 하나님은 천사들(우리)에게 명령하셔서 노아의 기도대로 집행하도록 하셨다.

125 중세에 편찬된 유대인의 치료법 모음집인 Sefer Assaf haRofeh는 조상들로부터 알려져 내려오던 치료법들과 그 외 다른 여러 치료의 방법들을 집대성해서 중세에 편찬된 책이다. 그 책의 서문에서 아래와 같이 밝히고 있다. "This is the book of remedies that the ancient sages copied from the Book of Shem, son of Noah. It was transmitted to Noah on Mount Lubar of the mountains of Ararat after the Flood. 이것은 옛적 지혜자들이 '셈의 책'을 보고 필사한 치료법에 대한 책이다. 그 내용은 홍수 후에 아라랏 산의 루바르 산에서 노아에게 전달된 것이다". 노아는 소중히 여기는 그 책을 그가 가장 사랑하던 아들인 셈에게 전달해 준다.

126 (19*49년) + (2*7년) + 5년 = 931+14+5 = 950년

17 그는 이 땅에 사는 동안 의로움에 있어서 에녹을 제외한 모든 사람의 자녀들보다 뛰어났으며 완전했다. 이는 에녹의 직무가 세상의 세대들을 위한 증언으로써 전 세대의 모든 행위를 심판의 그 날까지 상세히 진술하도록 예정되었기 때문이다.

바벨 건축과 언어 혼잡과 민족 분산

18 33번째 희년의 두 번째 주간의 첫 해에1576 벨렉은 시날의 딸 로므나를 아내로 맞이하여 이 주간의 넷째 해에 아들을 낳았다. 그는 그의 이름을 르우라 불렀다. 왜냐하면 그가 "보라 사람의 자녀들이 자신들을 위하여 시날 땅에 성읍과 탑을 건설하는 사악한 목적과 계획으로 인해 악해졌다"라고 말했기 때문이다.[127]

19 그들은 아라랏 땅에서 떠나 시날을 향해 동쪽으로 갔으며 그의 시대에 그들은 성읍과 탑을 건축하였고, "가서 하늘에 닿기까지 올라가자"라고 말했다.

20 그들이 건축하기 시작했고, 네 번째 주간에 불로 벽돌을 만들어 돌을 대신하였으며, 그것들을 굳게 한 진흙은 바다와 시날 땅의 물 샘들로부터 나온 역청(아스팔트)이었다.

21 그들은 43년 동안1645-1688 짓기를 계속하여 탑을 건축하였다. 그 폭은 203개의 벽돌이었고, 벽돌의 높이는 폭의 3분의 1이었다. 그 높이는 5,433규빗(2,444.85km)과 손바닥 2개(45cm)에 달했고,(한 벽의 범위는) 13 스타디온 (다른 벽은 30 스타디온)이었다.[128]

22 여호와 우리 하나님께서 우리에게 말씀하셨다. "보라 그들이 한 백성으로 이 일을 행하기 시작하였으니, 이제는 어떠한 것으로도 그들이 하고자 하는 일들을 막지 못할 것이다. 자, 우리가 내려가서 그들의 언어를 혼동케 하여 그들이 서로의 말을 알아듣지 못하게 하고, 그들이 성읍들과 나라들로 흩어지게 하자. 심판의 날이 이르기까지 한 가지 목적과 계획이 더 이상 그들에게 남아있지 않으리라.[129]

23 여호와께서 내려오셨고 우리도 그분과 함께 사람의 자녀들이 세운 그 성읍과 그 탑을 보기 위해 내려왔다.

24 그분께서 그들의 언어를 혼잡하게 하시니 그들이 더 이상 서로의 말을 이해하지 못

---

127 벨렉(펠렉)이 아들을 낳을 시점에 사람들은 시날 땅에 모여서 절대 군주였던 니므롯을 중심으로 도시를 형성하고 탑을 건설하였다. 그리고 펠렉이 죽던 해에 그 바벨탑은 무너졌고 언어는 혼잡하게 되었고 민족들은 흩어지게 되었다. '그의 시대에 땅이 나뉘었다'(대상 1:19)라는 뜻의 펠렉이 태어나던 때에 땅에 큰 지진이 있었다고 해석하기도 한다. 그때에 예루살렘 산지와 요르단 산지가 갈라져서 생긴 사해 지역에 있는 5,000km에 달하는 지구(地球)에서 가장 큰 대지구대(大地溝帶)인 Syria-African Rift가 생기게 한 대지진이 있었을 것으로 보기도 한다. 벨렉의 출생 때에도 벨렉이 죽을 때에도 벨렉의 이름의 뜻대로 큰 사건이 일어났다.

128 1 규빗은 약 45cm, 평균 손바닥 크기는 약 22.5cm지만 이 측량 기준은 시대와 지역과 인종에 따라 차이가 난다.

129 여호와께서는 그 날 그 시날 평지에서 한 가지 목적과 계획을 실행할 수 없도록 하셨고 여러 언어와 민족으로 다 흩으셨지만, 그들은 심판의 날이 이르기 직전에 즉 그리스도의 재림 직전에 다시 한 마음과 한 뜻으로 한 가지

하게 되었고, 그때 그들이 그 성읍과 그 탑 건설하기를 중단했다.

25 이런 이유로 시날의 온 땅을 바벨이라 불렀으니, 이는 그곳에서 여호와께서 인간의 언어를 뒤섞어 놓으셨으며, 그때로부터 그들은 각각 자기 언어와 민족에 따라 그들의 성읍으로 흩어졌기 때문이다.

26 여호와께서는 그 탑에 강한 바람을 보내셔서 탑을 땅에 뒤엎으셨다. 보라 그 탑은 앗수르와 바벨론 사이의 시날 땅에 있었는데 그들은 그 이름을 '전복'[130]이라 불렀다.

27 34번째 희년의 넷째 주간의 첫 해[1688] 그 시작에 그들은 시날 땅에서 흩어졌다.

셈의 땅인 이스라엘 산지를 불법으로 점령한 가나안

28 함과 그의 아들들은 그의 소유인 땅, 곧 그가 남쪽 땅에서 그의 몫으로 얻은 땅으로 들어갔다.

29 가나안이 레바논의 땅을 이집트의 강에 이르기까지 보니, 그 땅이 매우 좋아 보였다. 그는 바다 서쪽에 있는 그의 상속받은 땅으로 들어가지 않았고, 레바논의 땅과 요르단의 경계와 바다의 경계의 동편과 서편에 정착하였다.

30 그의 아버지 함과 그의 형제 구스와 미스라임(이집트)이 가나안에게 말했다. "네가 너의 소유가 아닌 땅, 곧 제비뽑기로 우리에게 주어지지 아니한 땅에 정착하였으니 그렇게 하지 말아라. 만일 네가 그렇게 한다면 너와 네 아들들이 그 땅에서 몰락하고 폭동[131]으로 인해 저주를 받게 될 것이다. 이는 네가 폭동을 일으켜 정착했으니 폭동으로 너의 자녀들이 몰락할 것이며 너

목적과 계획을 실행하려고 할 것이다. 그들은 다시 한번 마지막으로 큰 성 바벨론을 세우고 절대 군주의 권세 아래에서 온 세상을 다스리려 할 것이며 높이 쌓아 올려 하늘을 대적하려는 '바벨탑'을 세우려 할 것이다.
【사 46:11】 "내가 동방에서 독수리를 부르며 먼 나라에서 나의(그의) 모략을 이룰 사람을 부를 것이라."

130 전복: 비슷한 표현이 소돔과 고모라의 멸망에서도 나타난다. 【창 19:29】 "하나님이… 롯이 거하던 성읍들을 엎으시는 그 엎음 중에" 엎음(전복): הפכה하페카는 '뒤엎어 멸망케 함'이라는 뜻이다. 하라볼חרבות도 칼, 폐허됨, 멸망을 표현하는 단어이지만 '뒤엎음, 전복'이라는 개념은 없다.

131 게에즈어의 HAKAK는 동사로는 'quarrel 논쟁과 갈등을 일으켜 싸우다, cause insurrection 폭동, 봉기, 반란을 일으키다, agitate 휘저어 소란을 일으키며 선동하다, trouble 문제를 일으키다,' 명사로는 'tumult 폭동, sedition 난동, riot 혼란케 하는 소동, revolt 반란, trouble 괴롭힘, turmoil 대소동, terror 테러, 큰 공포, alarm 협박, uproar 소란, quarrel 다툼과 시비, discord 불화, dissension 분쟁'을 의미한다. James C. VanderKam, *Jubilees: A Commentary on the Book of Jubilees Chapters 1-21*, ed. Sidnie White Crawford, Hermeneia: A Critical and Historical Commentary on the Bible (Minneapolis: Fortress Press, 2018), 419.
이 단어들은 가나안의 영 spirit이 어떠한지 대변해 준다. 하나님은 에덴-동산의 중앙 땅을 셈에게 주었지만, 가나안은 셈의 자손들에게 테러를 일으키고 그들을 몰아내어 그 땅을 강탈하였으며 그 후 이 땅은 가나안 땅이라 불리게 되었다. 그 후 약속의 땅으로 들어와 가나안 땅을 차지한 여호수아의 군대들은 이 땅을 이스라엘이라 불렀다. 그 후 로마에 의해 이스라엘은 역사에서 한동안 사라지고 후에 로마의 하드리안 황제에 의해 이 땅은 '블레셋의 땅' 즉, '팔레스티나'라 명명되어 불리게 되었다. 1948년에 다시 이 땅에 이스라엘이 재건되어 이스라엘이라 불리게 되었지만, 팔레스타인이라는 명칭이 국제 정치적 입장에서는 여전히 사용되고 있다.

는 영원히 뿌리 뽑히게 될 것이기 때문이다.

31 셈의 거처에 거하지 말라. 그 땅은 셈과 그의 아들들에게 그들의 몫으로 주어졌기 때문이다.

32 너는 저주를 받고 노아의 모든 아들들보다 더욱 저주를 받을 것이다. 우리가 거룩한 재판관[132] 앞에서 그리고 우리 아버지 노아 앞에서 한 맹세에 의해 우리 자신들이 묶이게 된 저주로 너는 저주를 받게 될 것이다."

33 그러나 그는 그들의 말에 귀를 기울이지 않았고, 하맛에서부터 이집트의 입구까지 레바논의 땅에 거주하였으며 그와 그의 아들들은 오늘날까지 거주하고 있다.[133]

34 이러한 이유로 그 땅은 가나안이라고 불리게 되었다.[134]

야벳과 마대의 땅

35 야벳과 그의 아들들은 바다 쪽으로 가서 그들의 몫의 땅에 살았고, 마대는 바다의 땅을 보았지만 그가 그 땅에 만족하지 못하여 그는 함과 앗수르와 그의 아내의 형제인 아르박삿에게 한 몫을 간청했고, 그리하여 그가 메디아 땅에 살게 되었고 오늘날까지 그의 아내의 형제와 가까이 살고 있다.

36 그리고 그는 그의 거처와 그의 아들들의 거처를 그들의 아버지 마대의 이름을 따라 메디아라고 불렀다.

르우와 스룩(세로흐)

11 35번째 희년의 셋째 주간의 첫 해에[1681] 르우는 자신을 위해 아내를 맞이했는데, 그녀의 이름은 오라였고 케세드의 아들 우르의 딸이었다. 이 희년의 이 주간의 일곱째 해에[1687] 그녀는 아들을 낳았고, 그는 그의 이름을 세로흐라 불렀다.

전쟁과 유혈 사태, 피와 우상 숭배

2 이 희년 동안 노아의 자손들은 서로 싸우기 시작했으며, 서로를 포로로 잡고 죽이며 땅에 인간의 피를 흘리고 피를 마셨으며, 성벽과 탑이 있는 견고한 성읍들을 세우기 시작했다. 사람들은 다른 민족 위에 자신을 높이며, 왕국들을 세우기 시작했다. 사람들은 전쟁을 일으키며 민족이 민

---

132 거룩한 재판관: 함이 그의 막내 아들 가나안에게 땅을 나누던 장면을 이야기하면서, "거룩한 재판관 앞에서 땅을 나누며 맹세했다(희 10:32)"라고 이야기하고 있다. 희 8:10에서 "우리(천사들) 중 하나"가 33번째 희년에 보냄 받아 땅을 세 지역으로 나누고 분배하는 일을 주관했다고 이야기하는데, 이 천사가 함이 언급하고 있는 거룩한 재판관이다.

133 가나안 문명의 중심지는 레바논 해상무역 도시였던 페니키아였다. 12세기에 페니키아가 갑자기 멸망하기 전까지 페니키아는 가나안 땅에서 가장 강력한 도시 문명을 가졌던 도시로 발굴된다. 그들의 화려했던 도시 문명으로 인해 남겨진 자료들이 발굴되었고 고고학적 발굴로 Proto-가나안어가 서부 셈어의 모계어로 학자들 사이에서 인식되기 시작했으며, 그로 인해 히브리어 문자도 페니키아어 문자의 줄기에서 발생하게 되었다고 학자들이 추론하게 되는 오류가 생기게 되었다.

134 여호수아 시대에 이스라엘이 가나안을 몰아내고 그 땅에 들어가기 약 492년 전에 가나안이 셈의 자손을 그 땅에서 테러로 몰아내었기 때문에 그 땅이 그때로부터 가나안 땅이라고 불리게 되었던 것이다.

족을, 나라가 나라를, 성읍이 성읍을 대적 하여 싸웠다. 모두가 악을 행하며, 무기를 만들고, 아들들에게 전쟁을 가르쳤다. 그들은 성읍들을 점령하기 시작했고, 남자와 여자를 노예로 팔기 시작했다.

3 케세드의 아들 우르는 갈대아의 우르라는 성읍을 세우고 그 성읍의 이름을 자기 이름과 아버지의 이름으로 불렀다.[135]

4 그들은 자신들을 위해 형상들을 부어 만들고, 각 우상과 그들이 자신들을 위해 부어 만든 형상을 숭배했으며, 새긴 형상들과 불결한 모조품들을 만들기 시작했다. 그리고 포악한 영들은 그들을 돕고 성적으로 유혹하여 범법과 부정함을 저지르게 했다.

5 이때 군주 마스테마는 이 모든 일을 이루기 위해 전력을 다했다. 그는 자기 수하에 있는 다른 영들을 보내어 온갖 종류의 잘못과 죄와 온갖 종류의 범법을 행하게 하며 부패케 하고 멸망케 하며 땅에 피를 흘리게 하였다.

6 이러한 이유로 그는 세로흐의 이름을 스룩[136]이라 불렀는데, 이는 모든 사람이 온갖 종류의 죄와 범법을 행하기 위하여 돌아섰기 때문이다.

7 그는 자라서 갈대아의 우르에서 장모의 아버지 근처에 거주했고 그는 우상 숭배를 했다. 그는 36번째 희년의 다섯째 주간의 첫 해에1744 자신을 위해 아내를 맞이했다. 그녀의 이름은 멜카였고 그의 아버지 형제의 딸인 카베르의 딸이었다.

8 그녀는 이 주간의 첫 해에 나홀을 낳았고 그는 갈대아의 우르에서 자랐으며, 그의 아버지는 그에게 하늘의 징조들에 따른 복술과 점성술에 대한 갈대아인들의 연구를 가르쳤다.

나홀과 데라의 시대
마스테마에 의한 땅의 저주와 농작물의 약탈

9 37번째 희년의 여섯째 주간의 첫 해에1800 나홀은 아내를 맞이했다. 그녀의 이름은 이자스카였고 갈대아의 네스타그의 딸이었다.

---

135 갈대아 우르는 히브리어 성경에서 우르 카쎄딤אוּר כַּשְׂדִּים으로 불린다. 케세드의 자손을 갈대아 사람이라 부른 것인데 이 사람들은 고대 중동 지역에서 점성술과 복술로 유명했던 자들이다. 르우의 아내 이름은 오라였고 오라는 우르의 딸이었고 케세드의 손녀였으며 스룩의 어머니, 나홀의 할머니였다. 홍수 이후에 가이난으로부터 다시 시작한 천체 숭배를 케세드와 우르가 이어받아 점성술과 복술과 우상숭배 문화로 그들의 세대에 가득하게 하였고, 르우, 스룩, 나홀, 데라 4세대는 갈대아 우르의 그러한 문화의 영향력 아래 살았으며, 스룩은 그의 아들 나홀에게 하늘의 징조들에 따른 복술과 점성술을 연구하며 가르쳤고, 데라는 니므롯 아래서 우상제조업자가 되었다.

136 세로흐שֶׂרוֹג는 '묶인'이란 뜻이며, 스룩שְׂרוּג의 의미는 '얽히고섥힌, 꼬이고 엮인'이란 뜻이다. 즉 세로흐שֶׂרוֹג의 상태보다 더 심각해진 그 시대의 영적 상태를 스룩שְׂרוּג이란 이름으로 표현하고 있다. 그는 하늘의 징조들에 따른 복술과 점성술에 대한 갈대아인들의 연구에 깊이 몰두하여 빠져있었으며, 이는 그의 이름이 세로흐에서 스룩으로, 악한 영에 '묶인' 상태에서 더 심화되어 악한 영에 '얽히고섥히고 꼬인' 상태로 변화된 이유를 알게 해준다. 그는 자기 아들 데라에게도 어릴 때부터 하늘 징조와 복술과 점성술을 가르친다(희 11:8). 스룩의 7대 조상 가이난은 홍수 이전 시대에 홍수로 세상이 멸망하게 만든 원인이 된 감찰자들의 가르침을 바위에 새겨진 글에서 발견한 후 '하늘의 모든 징조들을 통해 해와 달과 별들의 징후들을 관찰하여 길흉을 예언하던 감찰자들의 가르침'을 다시 퍼뜨린 자이다(희 8:3).

10 이후 그녀는 이 주간의 일곱째 해에[1806] 데라를 낳았다.

11 군주 마스테마는 까마귀들과 새들을 보내 땅에 뿌려진 씨를 삼키고, 땅을 황폐하게 하고, 사람들의 자녀들이 노동한 수고를 약탈하게 했다. 그들이 쟁기질을 통해 씨앗을 흙으로 덮기도 전에 까마귀들은 그것을 지면에서 집어삼켰다.

12 이런 이유로 그의 아버지는 그의 이름을 데라라고 불렀다. 이는 까마귀들과 새들이 그들을 궁핍하게 하고, 그들의 씨를 집어삼켜 버렸기 때문이다.[137]

13 새들이 나무들의 모든 열매를 먹어 치웠고, 수년 동안 그 새들 때문에 땅이 열매 맺지 못하기 시작했다. 그들의 시대에는 큰 노력을 들여야만 땅의 열매를 조금이나마 얻을 수 있었다.

14 이 39번째 희년의 둘째 주간의 첫 해에[1870] 데라가 아내를 맞이했다. 그녀의 이름은 에드나였고 아브람의 딸, 곧 그의 아버지의 누이의 딸이었다. 그리고 이 주간의 일곱째 해에[1876] 그녀는 아들을 낳았고, 데라는 그의 어머니의 아버지의 이름을 따라 그의 이름을 아브람이라 불렀다.

15 이는 그가 그의 딸(에드나)이 아들(아브람)을 임신하기 전에 죽었기 때문이었다.

어린 아브람의 결단과 기도

16 그 아이는 모든 자들이 새긴 형상들과 부정함을 따르며 타락해 버린 세상의 오류들을 이해하기 시작했고, 그의 아버지는 그에게 글쓰기를 가르쳤다. 그리고 그가 14세가 되었을 때[1890] 그는 아버지와 함께 우상들을 숭배하지 않으려고 아버지로부터 스스로를 분리했다.

17 아브람은 만물을 지으신 창조주께서 사람의 자녀들의 오류들에서 자신을 구원해 주시도록 그의 분깃이 부정함과 사악함을 따라 잘못에 빠지지 않도록 기도하기 시작했다.

마스테마가 보낸 까마귀 떼를 몰아낸 어린 아브람

18 땅에 씨를 뿌리는 파종의 때가 왔을 때, 그들 모두가 그 까마귀들로부터 그들의 씨를 보호하기 위해 다 함께 나갔고, 아브람도 그들과 함께 나갔다. 그 아이는 14세 소년이었다.

19 이때 구름 떼 같은 까마귀들이 씨를 삼키러 왔고, 아브람은 그들이 땅에 내려앉기 전에 달려 나가 그들이 씨를 삼키려고 땅에 자리 잡기 전 그들을 향해 소리를 지르며 "내려앉지 마! 너희가 왔던 곳으로 되돌아가!"라고 말하자 그들은 되돌아갔다.

20 그는 그 날 까마귀 구름 떼를 70번이나 돌

---

137 창세기 본문에는 데라의 이름 뜻이 나오지는 않는다. Strong 사전은 출처가 불분명하다고, BDB 사전에서는 아마 'delay, 지연, 연기, 미룸'으로 추정된다고 제시하였다. HALOT 사전에서는 데라תֶּרַח의 뜻을 '황폐하게 된'으로 제시한다. 희년서에서는 나홀이 자기 시대의 땅이 황폐하게 되고 농작물이 약탈당하는 궁핍을 그의 아들 데라의 이름에 반영해 놓았다고 명시하고 있다. 민수기 33:27-28에는 이스라엘의 광야 여정 중에 한때 '데라'라는 지역에 진을 쳤음을 언급하고 있다. 제롬은 희년서, 즉 '작은 창세기'를 참고하여 지명 데라와 인명 데라의 뜻을 연결시키고 있다. William John Deane, *Pseudepigrapha: An Account Of Certain Apocryphal Sacred Writings Of The Jews And Early Christians*, 1891.

려보냈으며, 아브람이 있던 온 땅에서는 까마귀가 한 마리도 그곳에 발붙이지 못했다.

21 온 땅에서 아브람과 함께 있던 모든 사람이 그가 외칠 때 모든 까마귀들이 되돌아가는 것을 보았고, 그의 이름은 온 갈대아 땅에서 위대해졌다.

22 그 해 씨를 뿌리고자 하는 모든 사람들이 그에게 왔고, 파종하는 시간이 끝날 때까지 아브람은 그들과 함께 갔다. 그들은 그들의 땅에 씨를 뿌렸고, 그 해 그들은 풍성한 곡식을 집으로 가져와서 먹고 만족하였다.

농기구를 발명한 어린 아브람

23 다섯째 주간의 첫 해에1891 아브람은 황소를 위한 농기구를 만드는 목공 기술자들을 가르쳤고, 그들은 땅 위에 농기구를 만들어서 쟁기의 틀을 마주하게 하고 그곳에 씨를 넣었다. 씨를 쟁기의 날에 떨어뜨려 땅에 숨길 수 있어 그들은 더 이상 까마귀들을 두려워하지 않게 되었다.

24 이 방법으로 그들은 쟁기들의 모든 틀에 농기구를 만들었으며, 아브람이 그들에게 알려준 대로 온 땅에 씨를 뿌리고 경작했다. 그래서 그들은 더 이상 새들을 두려워하지 않게 되었다.

우상에 대한 문제로 아브람이 데라에게 직언하다

12 여섯째 주간의 일곱째 해에1904 아브람이 그의 아버지 데라에게 "아버지!" 하며 불렀다.

2 데라가 말했다. "보아라, 내가 여기 있다. 내 아들아." 아브람이 말했다. "아버지가 숭배하며 엎드려 절하는 우상에게서 우리가 어떤 도움과 유익을 얻고 있습니까?

3 그것들 안에는 어떤 영도 없습니다. 그 형상들은 말 못하는 벙어리며 마음을 잘못되게 이끄는 것입니다. 그것들을 숭배하지 마십시오.

4 비와 이슬을 땅에 내리게 하시고 땅 위에 모든 것을 행하시며 말씀으로 만물을 지으시고 모든 생명이 그분의 면전에서 나오게 하신 하늘의 하나님을 경배하십시오.

5 왜 아버지는 영이 없는 것들을 숭배하십니까? 그것들은 사람들의 손으로 만든 것입니다. 아버지의 어깨에 그것들을 메고 있지만, 아버지는 그것들로부터 아무 도움을 얻을 수 없습니다. 그러나 그것들을 만드는 자들에게 그것들은 큰 수치의 원인이며, 그것들을 숭배하는 자들의 마음을 미혹합니다. 그것들을 숭배하지 마십시오."

6 아브람의 아버지 데라가 그에게 말했다. "내 아들아, 나도 그것을 알고 있지만, 나로 우상들 앞에서 섬기게 한 이 백성을 내가 어찌해야 할까?

7 내가 그들에게 진실을 말하면 그들은 나를 죽일 것이다. 이는 그들의 혼이 우상들에게 달라붙어서 우상들을 숭배하고 공경하기 때문이다.

8 조용히 하고 있거라. 내 아들아, 그렇지 않으면 그들이 너를 죽일 것이다." 아버지가 이 일을 그의 두 형제에게 전하니 그들은 아브람에게 화를 냈지만 그들은 침묵을 지켰다.

사래와 결혼하다

9　40번째 희년의 둘째 주간의 일곱째 해에 1925 아브람은 아내를 맞이했다. 그녀의 이름은 사래였고 그녀는 아브람의 아버지의 딸로서 아브람의 아내가 되었다.[138]

하란과 나홀

10　아브람의 형제 하란은 셋째 주간의 셋째 해에 1928 아내를 맞이하여 이 주간의 일곱째 해에 1932 아들을 낳았으며, 그는 그의 이름을 롯이라 불렀다.

11　그의 형제 나홀은 자신을 위해 아내를 맞이했다.

아브람이 우상들을 불태우다

12　아브람이 60세가 되던 해의 넷째 주간의 넷째 해에 1936 아브람이 밤에 일어나 우상들의 집을 불태웠으며, 그는 그 집에 있는 모든 것을 불태웠으나 아무도 그것을 알지 못했다.

13　그들이 그 밤에 일어나서 불 가운데서 그들의 신들을 구하려 애를 썼다.

하란의 죽음

14　하란이 서둘러 그 우상들을 구하려 했으나 불이 그를 덮쳤고, 그는 불에 타 죽었다. 그는 자기 아버지 데라보다 먼저 갈대아 우르에서 죽었고 그들은 그를 갈대아 우르에 묻었다.

하란으로 이주한 데라와 그의 가족

15　데라와 그의 아들들은 레바논 땅으로, 그리고 가나안 땅으로 들어가기 위하여 갈대아 우르를 떠났다. 데라는 하란 땅에 거하였고 아브람은 그의 아버지 데라와 함께 하란에서 두 주간(14년) 동안 머물렀다.

별을 관찰하던 중 회개와 결단의 기도를 드리는 아브람

16　여섯째 주간의 다섯째 해에 1951 아브람이 일곱째 달의 월삭[139]에 밤새도록 올라 앉아 저녁부터 아침까지 별들을 관찰하면서 우기에 관한 그 해의 특징이 어떠할지 살펴보았으며, 그가 앉아서 관찰할 때 그는 혼자 있었다.

17　한 마디 말이 그의 마음속으로 들어왔고, 그는 말했다. "별들의 모든 징조와 달과 해의 징조들은 다 여호와의 손에 달려 있다. 그런데 왜 내가 이것들을 살펴보고 있는가?

18　그분께서 원하시면 그분은 아침이든 저녁이든 비를 오게 하실 것이고, 그분께서 원하시면 비를 내리지 않게도 하신다. 모든 것이 그분의 손안에 있다."

19　그 날 밤 아브람은 기도하며 말했다. "나의 하나님, 지극히 높으신 하나님, 당신만이 나의 하나님이십니다. 당신과 당신의 주권을 저는 선택해 왔습니다. 당신께서

---

138 창 12:12~19 '나의 누이라 하라'

139 일곱째 달 월삭은 나팔절, 로쉬 하샤나이며 이스라엘 고대 시대뿐만 아니라 고대 근동 전 지역에서 새로운 한 해의 시작으로 여기던 날이다. 희년서에서 아브라함에 대한 이야기부터는 아빕월을 첫째 달로 삼아서 천사가 모세에게 이야기하고 있다. 그러므로 여기 희년서 12:16에서 일곱째 달은 티쉬레이월이다. 그러나 노아의 방주 이야기에서는 티쉬레이월이 첫째 달인 것으로 설명하고 있다.

만물을 창조하셨으며, 만물은 다 당신의 손으로 지으신 작품입니다.

20 사람들의 마음의 생각들을 주관하는 악한 영들의 손에서 나를 건져 주소서. 그들이 나를 당신에게서 벗어나도록 이끌지 못하게 하소서. 오 나의 하나님, 나와 나의 씨(후손)를 영원히 굳건하게 세워주셔서 우리가 지금부터 영원토록 옳은 길에서 벗어나지 않도록 하소서.”

21 아브람이 말했다. “내가 돌아오기를 기다리며 내 얼굴을 찾고 있는 그들이 있는 갈대아 우르로 내가 돌아가야 할까? 여기 이 곳에 머물러 있어야 할까? 당신 앞에 있는 길이 당신의 종을 통해 형통하게 하셔서 종이 당신을 섬길 수 있게 하소서. 내 마음의 그릇됨으로 행하지 않게 하소서, 오 나의 하나님!”

모리아 땅으로 가라는 명령과 함께 복을 받는 아브람

22 아브람이 말하기를 마치고 기도를 끝내니, 보라 여호와의 말씀이 나를 통하여 그에게 보내졌다. “너는 너의 민족과 너의 친척과 네 아버지의 집에서 떠나 내가 너에게 보여줄 땅으로 가라. 내가 너로 크고 많은 민족을 이루게 하리라.

23 내가 네게 복을 주고 네 이름을 창대케 할 것이며, 너는 땅에서 복을 받을 것이며 땅의 모든 족속들이 너로 말미암아 복을 받을 것이다. 너를 축복하는 자들을 내가 축복할 것이고 너를 저주하는 자들을 내가 저주할 것이다.

24 나는 네게 그리고 네 아들과 네 아들의 아들과 너의 모든 씨에게 하나님이 되리라. 두려워하지 말라. 이제부터 땅의 모든 세대에 이르기까지 나는 너의 하나님이니라.”

아브람에게 창조의 언어 히브리어가 회복되다

25 그리고 여호와 하나님께서 말씀하셨다. “그의 입과 그의 두 귀를 열어 주어라. 그래서 계시되었던 그 언어를 그가 듣고 입으로 말할 수 있게 하여라.” 이는 바벨탑이 뒤엎어진 그 날로부터 인간의 모든 자녀들의 입에서 그 언어가 멈춰졌었기 때문이다.[140]

---

140 바벨탑이 무너지고 언어가 혼잡하게 되었으며, 그 결과 70민족으로 분산되게 된 이 사건을 ‘뒤엎어진 그 날’이라고 표현하고 있다. 노아의 홍수 이후부터 한동안 히브리어가 유일한 언어였지만 바벨탑 사건 때 히브리어는 사라지고 70개의 언어들로 분산되어서 언어별로 종족별로 민족들이 분산되게 되었다. 아브람이 갈대아 우르를 떠나기 12년 전에 바벨탑이 뒤엎어진 사건이 있었다. 아브람은 바벨탑 사건 후 12년을 더 그곳에서 살다가 하란으로 이주하였고 하란에서 14년을 머물다가 약속의 땅을 향하여 출발했다. 갈대아 우르를 떠나 하란에 도착한 지 14년이 지난 후에, 하나님의 명령으로 천사가 아브람에게 히브리어를 듣고 말하게 하는 능력을 다시 주었다. 26년 만에 히브리어가 듣고 말하는 언어로 다시 부활하였다. 바벨탑 언어 분산 사건은 아브람이 48세가 되던 때에 일어난 일이다. 아브람이 75세였을 때 하란에서 가나안 땅으로 출발한다. 약 26년 만에 히브리어가 부활했다.

히브리어는 인류 역사 속에서 비슷한 경우를 한 번 더 경험한다. 주후 70년 로마에 의해 성전과 이스라엘 나라가 멸망하여 유대인들이 나라를 잃고 디아스포라의 삶을 시작하게 되면서 점차 히브리어는 일상생활에서 사용되지 않는 사어(死語)가 되었다. 1881년 엘리에젤 벤예후다가 이스라엘 땅으로 귀환하여 히브리어를 실생활 언어로 부활시키고자 노력하였고 1900년대 초에 히브리어는 다시 실생활에서 소통의 언어로 사용되어 결국 이스라엘 국가의 공식 언어로 부활하게 되었다.

26 나는 그의 입과 그의 귀와 그의 입술을 열어주었고 나는 창조의 언어인 히브리어[141]로 그와 말하기 시작했다.

에녹의 책과 노아의 책을 연구하며 필사하는 아브람

27 그는 히브리어로 기록된 그의 조상들의 책들을 꺼내어 그 책들을 필사하였으며[142] 그때부터 그는 그 책들을 연구하기 시작했다. 나는 그가 이해할 수 없었던 것을 그에게 알게 하였으며 그는 우기 6개월 동안[143] 그 책들을 연구하였다.

하란을 떠나 가나안으로 가다

28 여섯째 주간의 일곱째 해가₁₉₅₃ 되었을 때, 아브람은 그의 아버지에게 말하여 그가 하란을 떠나 가나안 땅으로 가서 그곳을 보고 그에게 돌아오겠다고 알렸다.

29 그의 아버지 데라는 그에게 말했다. "평안히 가거라. 영원하신 하나님께서 네 길을 곧게 하시며, 여호와께서 너와 함께 하셔서 모든 악에서 너를 보호하시고, 너를 만나는 자들 앞에서 네게 은혜와 자비와 은총을 베푸시길 원하노라. 사람의 자녀들 중 어느 누구도 너를 해칠 권세를 갖지 못하리니, 평안히 가거라.

30 만일 네 눈에 보기에 거주하기 좋은 땅을 네가 보거든 일어나 나를 네게로 데리고 가거라. 그리고 네 형제 하란의 아들 롯을 네 아들로 삼고 데리고 가라. 여호와께서 너와 함께 하시리라.

31 네 형제 나홀은 네가 평안히 돌아올 때까지 나와 함께 있게 하라. 네가 돌아오면 우리가 다 너와 함께 가리라."

아브람이 하란에서 세겜으로, 헤브론으로, 이집트로 이동하다

13 아브람이 하란을 떠나 아내 사래와 그의 형 하란의 아들 롯을 데리고 가나안 땅으로 갔고, 아술[144]에 이른 후 세겜으로 나아가 높은 상수리나무 근처에 거주하였다.

2 아브람이 주목하여 보니, 그 땅은 하맛의 입구부터 높은 상수리나무까지 매우 비옥

---

141 창조의 언어인 히브리어: 희년서 2장에서는 창조의 6일이 진행되는 과정에서 히브리어 22개 알파벳도 창조의 작품에 포함되었으며 창조의 과정에 히브리어 문자가 함께 역사했다고 설명한다. 히브리어는 에덴-동산에서 아담과 하와가 사용하기 시작했던 언어이며, 창세기 11장에서 온 땅에 구음이 하나요 언어 체계(드바림 아하딤דְּבָרִים אֲחָדִים)가 하나였다라고 할 때 히브리어 구음(口音)과 히브리어 문자 체계가 있었음을 이야기하고 있는 것이다. 우리는 홍수 이전에 다른 방언들도 존재했음을 충분히 예측할 수 있다. 언어는 시간과 지역에 따라 변화 발전 퇴보하기 때문이다. 그러나 홍수 이후부터 바벨탑 사건까지는 바벨탑 지역의 언어가 히브리어 하나였던 것으로 보인다.

142 아브람이 히브리어 원본을 아람어 사본으로 필사했다! 바벨탑 사건 이후 아람어를 사용하게 되었던 아브라함에게 비록 이 시점에 히브리어가 회복되었지만, 히브리어로 기록된 조상들의 책들(에녹의 책들, 라멕과 노아의 책들…)을 본인에게 더 익숙했던 아람어로 필사한 것으로 보인다. 그래서 아브라함 이후 에녹의 문헌들의 히브리어 원본들과 아람어 사본들이 공존하며 보존되었지만, 시간이 지나면서 아람어 사본들이 우세하게 사용되었던 것으로 보인다. 쿰란 동굴에서 발견된 사해 사본의 에녹 문헌들은 아람어로 기록된 사본들이다.

143 나팔절(로쉬 하샤나, 에타님(티쉬레이)월 월삭)부터 유월절(아빕월 월삭)까지 우기 약 6개월 동안.

144 아술: 사울의 아들 이스보셋이 북쪽 지역에서 다스린 부족 중 하나이다(삼하 2:9). 하아슈리הָאֲשׁוּרִי는 삼하 2:9 외에 다른 곳에서는 알려지지 않았지만, 희년서에서 세겜 지역으로 진입하기 직전의 장소로 소개되고 있다.

한 땅이었다.

3 여호와께서 그에게 말씀하셨다. "내가 이 땅을 너와 네 씨(후손)에게 주리라."

4 그는 그곳에 제단을 쌓고 그에게 나타나신 여호와께 번제를 드렸다.

5 그는 그곳에서 그 산으로 이동하더니 서쪽에는 벧엘, 동쪽에는 아이가 있는 곳에 장막을 쳤다.

6 그가 주목하여 바라보니 그 땅은 매우 넓고 좋았으며, 포도나무와 무화과나무와 석류나무와 참나무와 상수리나무와 테레빈나무와 감람나무와 백향목과 편백나무와 대추야자 나무와 들의 각종 나무와 모든 것이 그곳에 번성했으며, 그 산들에는 물이 있었다.

7 아브람은 갈대아 우르에서 자신을 이끌어 내셔서 이 땅으로 인도하신 여호와를 송축하였다.

8 일곱째 주간의 첫 해, 첫째 달 월삭에1954 그가 이 산에 제단을 쌓고, "당신은 영원하신 하나님, 나의 하나님이십니다"라고 여호와의 이름을 불렀다.

9 아브람은 제단에서 번제를 드리며, 그가 사는 모든 날 동안 여호와께서 그와 함께 해주시며 그를 버리지 않으시기를 기도하였다.

10 아브람이 그곳을 떠나 남쪽으로 이동하다가 헤브론에 이르렀는데, 헤브론은 그 당시 이미 건설되어 있었다. 그곳에서 그는 2년을 거주했다. 그 후 그는 남쪽 땅, 베알롯으로 이동했으며, 그때 그 땅에는 기근이 있었다.

11 아브람은 그 주간의 셋째 해에 이집트로 들어갔으며, 아내를 빼앗기기 전까지 이집트에서 5년을 거주했다.

12 당시 이집트의 타나이스는 헤브론보다 7년 후에 건설되었다.

13 파라오가 아브람의 아내 사래를 빼앗았을 때, 여호와께서 아브람의 아내 사래로 인해 파라오와 그의 집에 큰 전염병을 일으켜 괴롭게 하셨다.

14 아브람은 양 떼와 소 떼와 나귀들과 말들과 낙타들과 남종들과 여종들과 은과 금의 소유로 인해 매우 부유하게 되었으며, 그의 조카 롯도 부유하게 되었다.

15 파라오는 아브람의 아내 사래를 돌려주었고, 그는 이집트 땅에서 아브람을 내보냈다.

벧엘로 돌아온 아브람

아브람은 처음 장막을 쳤던 곳, 동편에는 아이가 있고 서편에는 벧엘이 있는 그 제단의 장소로 이동했다. 그는 자신을 평안히 돌아오게 하신 여호와 그의 하나님을 송축했다.

16 41번째 희년의 첫째 주간의 셋째 해에1963 그는 이곳으로 돌아와 번제를 드렸고, 여호와의 이름을 부르며 말했다. "지극히 높으신 하나님, 당신은 영원 영원히 나의 하나님이십니다."

롯이 아브람과 헤어지다

17 이 주간의 넷째 해에1964 롯은 아브람에게서 떠나 소돔에서 살았는데, 소돔 사람들은 극심한 죄인들이었다.

18 그의 조카가 자신을 떠났다는 것이 그의 마음을 슬프게 했다. 이는 그에게 자녀가

없었기 때문이다.

땅과 씨에 대한 약속을 받고 헤브론으로 이동

19 롯이 포로로 잡혀가던 그 해, 여호와께서 아브람에게 말씀하셨다. 이는 그 주간의 넷째 해에 롯이 그를 떠난 후였다. "너의 눈을 들어 네가 거주하는 곳에서 북쪽과 남쪽, 서쪽과 동쪽을 보아라.

20 네가 보는 모든 땅을 내가 너와 네 씨에게 영원히 주고 너의 씨를 바다의 모래같이 많게 하리니, 사람이 땅의 티끌은 셀 수 있을지라도 네 씨는 세지 못할 것이니라.

21 일어나 그 땅을 종과 횡으로 걸으며 모든 것을 보아라. 내가 그것을 네 씨에게 주리라." 이후 아브람은 헤브론으로 가서 그곳에 거주하였다.

롯이 포로로 잡히다

22 이 해에 엘람 왕 그돌라오멜과 시날 왕 아므라벨과 엘라살 왕 아리옥과 여러 나라의 왕 디달이 와서 고모라 왕을 죽였고, 소돔 왕은 도망쳤다. 많은 사람들이 염해 옆 싯딤 골짜기에서 부상을 입고 쓰러졌다.

23 그들은 소돔과 아드마와 스보임을 포로로 잡았고, 또한 아브람의 형의 아들 롯과 그의 모든 소유물도 사로잡아 단으로 갔다.

24 도망한 자가 와서 아브람에게 그의 조카가 포로로 잡혀갔음을 알렸다. 아브람은 그의 집안 종들을 무장시켜 올라가서 그 돌라오멜을 죽였다.

십일조의 제정[145]

그는 돌아오자마자 모든 것의 십일조를 떼어 멜기세덱에게 드렸다. [146]

25 아브람과 그의 씨를 위하여 첫 열매의 10분의 1을 여호와께 드리는 것을 여호와께서 영원한 규례로 제정하셔서 그들이 그분 앞에서 섬기는 제사장들에게 그것을 주어 그들이 영원히 그것을 소유하게 하셨다.

26 이 토라에는 시간의 제한이 없다. 이는 그분께서 그들이 모든 것 즉, 씨와 포도주와 기름과 소 떼와 양 떼의 10분의 1을 여호와께 드리도록 영원히 대대로 제정하셨기 때문이다.

27 그분께서는 그분의 제사장들에게 그것을 주셔서 그들이 그분 앞에서 기쁨으로 먹고 마시도록 하셨다.

재물에 대한 시험을 통과한 아브람

28 소돔 왕이 그에게 와서 그 앞에 절하며 말했다. "우리 주 아브람이여, 당신이 구한 혼(생명)들은 우리에게 주시고 전리품은 당신의 것이 되게 하십시오."

29 아브람이 그에게 말했다. "내가 지극히 높으신 하나님께 두 손을 들어 맹세하나니, 실 오라기 하나든 신발 끈 한 가닥이라도 당신에게 속한 것은 내가 취하지 아니하리다. 이는 당신으로 하여금 '내가 아브람을 부유하게 했다'라고 말하지 않게 하려

---

145 참조 구절: 창 12:4-10, 15-17, 19-20, 13:11-18, 14:8-14, 21-24

146 사본 38을 제외하고 에티오피아 게에즈 모든 사본에서는 24절과 25절 사이에 멜기세덱에게 십일조를 드린 문장이 빠져있다. 필사자가 오류로 문장을 건너뛴 것 같다.

함이오. 다만 젊은이들이 먹은 것과 나와 동행한 아넬, 에스골, 마므레의 몫은 남겨 두어 이들은 그들의 몫을 취하게 하시오.”

무수한 자손들을 약속받는 아브람

14 이 일 후에 이 주간의 넷째 해1963 셋째 달 월삭에 여호와의 말씀이 꿈에 아브람에게 임했다. “두려워 말라. 아브람, 나는 너의 방패이며 네가 받을 상급은 지극히 클 것이다.”

2 그가 답했다. “여호와여, 여호와여, 내게는 자식이 없는데 내게 무엇을 주려 하시나이까? 나에게는 자식이 없사오니 내 몸종의 아들, 곧 마섹의 아들 다메섹 엘리에셀, 그가 나의 상속자가 될 것입니다. 여호와께서 내게 씨를 주지 않으셨나이다.”

3 그분께서 그에게 말씀하셨다. “이 사람이 네 상속자가 아니라 네 허리에서 나올 자, 그가 네 상속자가 될 것이다.”

4 그분께서 그를 밖으로 데리고 가셨으며 그에게 말씀하셨다. “하늘을 바라보아라. 네가 능히 셀 수 있거든 별들을 세어 보아라.”

5 아브람은 하늘을 바라보았고, 별들을 주목하여 보았다. 그분이 그에게 말씀하셨다. “네 씨(후손)도 이와 같이 될 것이다.”

6 아브람이 여호와를 믿었고, 그것이 그에게 의로 여겨졌다.

7 그분께서 그에게 말씀하셨다. “나는 가나안 족속의 땅을 네게 주어 영원히 소유하게 하려고 너를 갈대아 우르에서 이끌어 낸 여호와라. 나는 너와 네 뒤의 네 씨(후손)에게 하나님이 되리라.”

횃불 언약

8 그리고 그가 말했다. “여호와여, 여호와여, 제가 그것을 기업으로 받을 줄을 어찌 알겠나이까?”

9 그분께서 그에게 말씀하셨다. “나에게 삼 년 된 암소와 삼 년 된 염소와 삼 년 된 양과 산비둘기와 집비둘기를 가져오라.”

10 그는 이 모든 것을 그 달 중순에 취하였으며, 그는 헤브론 근처 마므레 상수리나무 곁에 거주하고 있었다. [147]

11 그는 그곳에 제단을 쌓고 이 모든 것을 희생 제사로 드렸다. 그는 그것들의 피를 제단 위에 쏟고, 그것들의 중간을 쪼개어 그 쪼갠 것을 마주 대하게 놓았다. 그러나 새들은 그가 쪼개지 않았다.

12 새들이 그 조각들 위로 내려왔으나 아브람이 새들을 쫓아내어 새들이 그 제물들을 건드리지 못하도록 하였다.

13 해 질 무렵 아브람에게 깊은 잠이 떨어졌고 큰 어둠의 공포가 그에게 임하더니 아브람에게 음성이 들렸다. “네 씨(후손)가 이방 땅에서 객이 될 것을 확실히 알라. 그들이 네 후손을 속박할 것이며, 400년 동안 괴롭히리라.

14 그들을 속박하는 나라를 또한 내가 심판할 것이며, 그 후에 그들이 많은 재물을 가

---

147 창세기 15장에서는 횃불 언약이 일어난 장소에 대한 언급이 없지만 희년서에는 횃불 언약이 아브라함이 헤브론에 살고 있었을 때 일어난 일이라고 알려주고 있다.

지고 그곳에서 나오리라.

15 너는 네 조상들에게 평안히 돌아갈 것이며, 장수하다가 묻힐 것이다.

16 그러나 4대 만에 그들은 이곳으로 돌아 오리니 이는 아모리 족속의 죄악이 아직 가득 차지 않았기 때문이다.”

17 아브람이 잠에서 깨어 일어나니 해가 저물어 있었다. 그곳엔 횃불이 있었고, 보라! 화로에 연기가 나며 타오르는 횃불이 쪼갠 고기 사이로 지나갔다.

18 그 날에 여호와께서 아브람과 언약을 세우시며 말씀하셨다. “네 씨에게 내가 이 땅을 이집트 강에서 유브라데스 강에 이르기까지 주리라, 이는 겐 족속, 그니스 족속, 갓몬 족속, 브리스 족속, 르바 족속, 파코리 족속, 히위 족속, 아모리 족속, 가나안 족속, 기르가스 족속, 여부스 족속의 땅이라.”[148]

19 그리고 그것이 지나갔으며, 아브람이 펼쳐놓은 제물들과 새들과 소제물들과 전제를 드리니 그 불이 그것들을 삼켜 버렸다.

20 우리가 이 달에 노아와 언약을 맺은 것처럼 그 날 우리는 아브람과 언약을 맺었다. 이에 아브람은 그 절기[149]와 규례를 영원히 자신을 위하여 다시 새롭게 하였다.

하갈을 통해 태어난 이스마엘

21 아브람은 기뻐하며 이 모든 일을 그의 아내 사래에게 알렸다. 그는 그가 씨를 가질 것이라고 믿었으나, 그녀는 잉태하지 못했다.

22 사래가 남편 아브람에게 권하며 그에게 말했다. “내 이집트 여종 하갈에게 들어가세요. 그녀를 통해 내가 당신의 씨(후손)를 세워야 할 수도 있으니까요.”

23 아브람은 그의 아내 사래의 말에 귀를 기울이며 그녀에게 말했다. “그렇게 하세요.” 사래는 그녀의 여종 이집트 사람 하갈을 데려와 남편 아브람에게 첩으로 주었다.

24 아브람이 하갈에게 들어갔고 그녀가 임신하여 그에게 아들을 낳아주니, 그는 그의 이름을 이스마엘이라 불렀다. 이는 그 주간의 다섯째 해[1965] 였으며 이때 아브람의 나이는 86세였다.

아브람이 칠칠절을 기념하다(밀 초실절, 오순절)

15 이 희년의 넷째 주간의 다섯째 해[1979] 셋째 달 중순에 아브람은 곡물 수확의 첫 열매들의 절기(밀 초실절)를 기념했다.

2 그는 제단 위에 새 제물들 곧, 소산물의 첫 열매들을 여호와께 드렸으며, 어린 암소 한 마리와 염소 한 마리와 양 한 마리를

---

148 창 15:18-19에는 10족속의 이름이 나오지만, 희년서에서는 헷 족속이 빠져있고, 히위 족속과 파코리 족속 Phakorites이 추가되어 총 11족속의 명단이 나온다.

149 시반월(셋째 달)에 노아에게 아라랏 산에서 무지개 언약이 맺어졌고(칠칠절) 아브라함에게 헤브론에서 횃불 언약이 맺어졌으며(중순) 모세에게 시내 산 언약이 맺어졌다(칠칠절). 사도행전 2장에서 오순절의 언약이 예루살렘에서 갱신되며 성령께서 강림하셔서서 사람 성전 시대가 본격적으로 시작되었다. 오순절은 에녹이 태어난 날이며 승천한 날이고, 다윗이 태어난 날이며 소천한 날이고, 이삭이 출생한 날이다. 이스라엘 전역에 흩어졌던 에녹 전승을 이어오던 경건한 유대인들(하시딤 하리쇼님)은 일 년에 한 번 이 날 오순절에 쿰란 지역에 다 모여서, 그들이 보유하고 있었던 토라들을 다 읽고 언약을 재갱신하는 성회를 개최했었다.

여호와께 드리는 번제물로 제단 위에 바쳤다. 그는 그들의 소제들과 전제들을 향유와 함께 제단 위에 드렸다.

아브라함으로 개명됨과 영원한 언약의 표징 할례

3 여호와께서 아브람에게 나타나셔서 그에게 말씀하셨다. "나는 전능한 하나님이라. 너는 내 앞에서 기뻐하고 완전하여라.[150]

4 내가 내 언약을 나와 너 사이에 만들고 너를 심히 번성하게 하리라."

5 아브람이 얼굴을 땅에 대고 엎드렸고 하나님은 그와 대화하시며 말씀하셨다.

6 "보라 나의 규례가 너와 함께 있으니, 너는 많은 민족들의 아버지가 될 것이다.

7 네 이름이 더 이상 아브람이라 불리지 않고 이제부터 아브라함이라 영원토록 불리리라. 이는 내가 너를 여러 민족의 아버지로 삼았기 때문이다.

8 내가 너를 매우 위대하게 하리니, 내가 너를 여러 나라들이 되게 할 것이며 왕들이 네게로부터 나오리라.

9 내가 내 언약을 나와 너와 네 뒤의 씨(후손) 사이에 대대로 영원한 언약으로 세우리라. 이는 내가 너와 네 뒤의 네 씨(후손)의 하나님이 되려 함이니라.

10 내가 너와 네 뒤의 네 씨(후손)에게 네가 나그네로 있었던 땅, 곧 가나안 땅을 주리니, 너는 그 땅을 영원히 소유할 것이며, 나는 그들의 하나님이 되리라."

11 여호와께서 아브라함에게 말씀하셨다. "그런즉 너와 네 뒤의 네 씨(후손)는 내 언약을 지키라. 너희 중 남자는 다 할례를 행하고, 너희 포피의 살을 할례 하여라. 그것이 나와 너희 사이에 맺는 영원한 언약의 표징이 되리라.

12 너희 대대로 모든 남자는 집에서 난 자나 네 씨에서 난 자가 아닌 이방인에게서 돈으로 산 자라도 사내아이는 난 지 여덟째 날에 할례를 행하여야 한다.

13 네 집에서 난 남자는 반드시 할례를 받을 것이며 네가 돈으로 산 자도 할례를 받을 것이다. 내 언약이 너희 살에 있어 영원한 규례가 되리라.

14 여덟째 날에 할례를 받지 않은 남자 곧 그의 포피를 베지 아니한 그 혼(생명)은 백성 중에서 끊어질 것이다. 이는 그가 내 언약을 어겼기 때문이다."

사라로 개명되고 이삭을 약속받다

15 하나님께서 아브라함에게 말씀하셨다. "네 아내 사래의 이름을 더 이상 사래라 부르지 말고, 그녀의 이름을 사라라 하라.

---

150 창 17:1의 병행 본문인 '내 앞에서 기뻐하고 완전하라'는 맛소라 사본의 개역개정에서는 '내 앞에서 행하여 (히트할레크תְהַלֵּךְ 동행하다) 완전하라(תָּמִים)'로 읽지만, 칠십인역에서는 '내 앞에서 기뻐하고(또는 기뻐하게 하고 εὐαρεστέω) 무흠하여라'로 번역되었다. 유아레스테오εὐαρεστέω는 신약성경에서 세 번 사용되는데 두 번은 히 11:5-6에서 에녹과 관련된 본문으로 '(하나님을) 기쁘시게 하다'로, 한 번은 히 13:16에서 '(하나님이) 기뻐하시다'로 번역되었다. '동행하다'의 히트할레크 תְהַלֵּךְ 내가 걸을 때 하나님이 걷는 것이고 하나님이 걸을 때 내가 걷는 것이다. 칠십인역의 번역자들은 히트할레크 תְהַלֵּךְ를 유아레스테오εὐαρεστέω로, 즉 '하나님을 기쁘시게 하는 동시에 하나님을 기뻐하다'라는 의미로 이해하도록 번역을 해주었고, 후에 히브리서 저자는 에녹이 하나님과 동행한 것이 곧 하나님을 기쁘시게 한 것이며 또한 하나님을 기뻐한 것이라고 이해하도록 했다.

16 내가 그녀에게 복을 주며, 그녀를 통해 너에게 아들을 줄 것이다. 내가 그에게 복을 주리니 그가 한 민족이 되고 민족들의 왕들이 그로부터 나오리라."[151]

17 아브라함이 얼굴을 땅에 대고 엎드려 즐거워하며[152] 마음속으로 말했다. '100세 된 자에게 아들이 태어날 것이라니! 90세 된 사라가 아이를 낳을 것이라니!'

18 아브라함이 하나님께 말했다. "오 이스마엘이 당신 앞에서 살게 해주십시오."

19 하나님께서 말씀하셨다. "알겠다. 그러나 사라 또한 너에게 아들을 낳아 주리니 그의 이름을 이삭이라 하라. 내가 그와 내 언약을 세우리니 이는 그의 후손을 위한 영원한 언약이다.

20 이스마엘에 대한 너의 말도 내가 들었으니, 보라 내가 그에게 복을 주어 그를 창대하게 하고 심히 번성하게 하리라. 그가 열 두 족장을 낳으리니, 내가 그로 큰 민족을 이루게 할 것이다.

21 그러나 나의 언약은 내년 이 절한 때에 사라가 네게 낳아줄 이삭과 세울 것이다."

22 그리고 그분께서는 그와 말씀을 마치셨고, 하나님께서는 아브라함을 떠나 올라가셨다.

아브라함과 이스마엘과 그의 온 집안이 할례를 받다

23 아브라함은 하나님께서 그에게 말씀하신 대로 행하였다. 그는 자기 아들 이스마엘과 자기 집에서 태어난 모든 자와 그가 자기 돈으로 산 자들, 자기 집에 거하는 모든 남자를 데려다가 그들의 포피의 살에 할례를 행하였다.

24 그리고 바로 그 날 아브라함도 할례를 받았다. 그리고 그의 집의 모든 남자 즉, 집에서 태어난 모든 자와 이방인의 자손에게서 돈으로 산 모든 자들이 그와 함께 할례를 받았다.

할례: 영원한 언약

25 이 토라는 모든 세대를 위한 영원한 것이며, 여드레 중 하루가 모자라거나 빠지는 일이 없어야 한다. 이는 영원한 규례로 제정되어 하늘의 돌판들에 기록되어 있기 때문이다.

26 난 지 여덟째 날에 포피의 살에 할례 받지 않은 모든 자는 여호와께서 아브라함과 맺은 언약의 자녀들에 속하지 않고, 도리어 멸망의 자녀들에 속하며 그는 여호와의 소유라는 어떠한 증표도 없이 땅에서 멸망되고 죽임당할 운명으로 정해질 것이다. 그가 우리 주 하나님과의 언약을 깨뜨렸기 때문에 땅에서 뿌리 뽑힐 것이다.

하나님과 높은 천사들과 영원히 함께할 언약의 증표를 받은 이스라엘

27 모든 얼굴(임재)의 천사들과 모든 거룩의 천사들은 그들이 창조되던 그 날부터 그렇게 창조 되었다. 그분께서는 얼굴(임재)의 천사들과 거룩의 천사들 앞에서 이스라엘을 거룩히 구별해 놓으시고, 이스라엘이 그분과 함께 또한 그분의 거룩한 천사들과 함께 있어야 한다고 하셨다.[153]

28 너는 이스라엘 자손들에게 명령하여 그들이 이 언약의 증표를 그들 대대로 영원한 규례로써 준수하게 하여라. 그러면 그들이 그 땅에서 뿌리 뽑히지 않으리라.

29 이 계명은 모든 이스라엘 자손이 영원히 준수하게 하려고 언약으로 제정된 것이다.

모든 민족을 구원하기 위해 먼저 이스라엘을 택하신 하나님

30 여호와께서는 이스마엘과 그의 아들들과 그의 형제들과 에서가 그분께 가까이 다가오게 하지 않으셨다. 그들이 아브라함의 자녀들이라도 그들을 아셨기에 그들을 선택하지 않으셨다. 그러나 그분께서는 이스라엘을 그분의 백성으로 선택하셨다. 31 그분께서는 그들을 성별(聖別)하셨으며, 온 인류로부터 그들을 모으신다. [154] 많은

151 희년서 15:16의 두 문장에서 앞 문장은 사라에 대한 복과 약속이며 뒷 문장은 이삭에 대한 복과 약속이다. 그러나 창 17:16에서는 뒷 문장도 사라에 대한 복과 약속으로 나온다. "내가 그녀에게 복을 주어 그를 여러 민족(의 어머니)이 되게 하리니 민족의 여러 왕이 그녀에게서 나리라." 히브리어 본문에는 없는 '의 어머니'가 번역자들에 의해서 추가되었다. 영어 및 다른 언어의 번역본에도 마찬가지이다. 칠십인역과 사마리아 오경, 시리아어 사본들은 희년서 15:16b와 동일하게 두 번째 문장의 목적어가 사라가 아니라 이삭으로 나타나고 있다.

152 이삭의 출생 소식에 아브라함도(창 17:17) 사라도(창 18:12) 웃음으로 반응하였다. 맛소라 사본에서는 두 사람이 각각 어떤 뉘앙스로 웃었는지 명시하고 있지 않지만, 희년서 본문에서는 사라의 경우와는 다르게 아브라함이 즐거운 마음으로 반응을 하였다라고 알려준다.

153 가장 높은 계급의 천사들의 두 부류인 얼굴(임재)의 천사들과 거룩의 천사들은 그들이 창조되던 그 처음부터 그러한 존재들로 창조되어졌으나, 이스라엘의 경우는 다르다. 하나님께서는 이스라엘이 장래에 결국은 그 두 부류의 천사들처럼 될 것을 예정해 놓으셨다. 이것은 미래에 완성될 일이지만, 이 일이 이뤄지기 위해서 하나님께서는 그 두 부류의 천사들 앞에서 이스라엘이 결국은 '우리'와 함께 있게 될 것을 알리시며, 이스라엘을 처음부터 그렇게 성별(聖別)해 놓으셨다. 이 '인간 영화'의 단계가 반드시 이루어지게 하기 위해서 할례가 명령되었고, 이 할례의 표는 '인간 영화'를 하나님께서 반드시 이루실 것임을 나타내는 증표로써 하나님께서 이스라엘에게 약속하신 언약의 증표이다. '인간 영화'를 이루시겠다는 하나님의 뜻을 확증하시면서 이스라엘에게 엄중하게 명하신 두 가지가 있는데, 그것은 샤밭과 할례이다. 샤밭과 할례의 중요성을 모세 오경에서는 강도 높게 강조하면서도 깊은 내용을 감춰 놓았는데, 희년서에서는 샤밭과 할례의 주제를 얼굴(임재)의 천사들과 거룩의 천사들과 연계시키면서 '인간 영화'의 주제로 다루고 있다. 희년서 1:27-29; 2:1-2; 2:28; 15:27; 31:14 참고

154 온 인류로부터 이스라엘을(그분의 백성을) 모으신다: 이는 원래 이스라엘이 아닌 이방 백성들 가운데서도 그들을 이스라엘로 불러 모으시며 그분의 백성으로 불러 모으신다는 의미이다. 이는 접붙임을 생각나게 한다. 【갈 3:7】"그런즉 믿음으로 말미암은 자들은 아브라함의 자손인 줄 알지어다"【롬 11:17】"돌감람나무인 네가 그들 중에 접붙임이 되어 참감람나무 뿌리의 진액을 함께 받는 자가 되었은즉"【갈 3:7】"그런즉 믿음으로 말미암은 자들은 아브라함의 자손인 줄 알지어다" 교회는 예수 그리스도를 믿음으로 말미암아 아브라함의 의의 나무에 접붙임 받았다. 아브라함의 의의 나무는 이삭으로, 야곱으로 자라서 12아들(지파)로 뻗어나갔으며, 이스라엘 민족과 나라를 이루게 되었다. 예수님을 통해서 우리는 이 의의 나무에 접붙임 되었다. 【갈 3:13-14】"그리스도께서 우리를 위하여 저주를 받은 바 되사 율법의 저주에서 우리를 속량하셨으니 기록된 바 나무에 달린 자마다 저주 아래에 있는 자라 하였음이라 14 이는 그리스도 예수 안에서 아브라함의 복이 이방인에게 미치게 하고 또 우리로 하여금 믿음으로 말미암아 성령의 약속을 받게 하려 함이라"【갈 3:9】"그러므로 믿음으로 말미암은 자는 믿음이 있는 아브라함과 함께 복을 받느니라" 이 '의의 나무'의 이름은 '한 새 사람 나무'이다. 【창 12:3b】"땅의 모든 족속이(모든 가족들이) 너로 말미암아 복을 얻을 것이라 하신지라"
'온 인류로부터 이스라엘을 모으신다' 이 구절은 그들을 유배지에서 돌아오게 하는 것을 언급하는 것이 아니다. 희 1:12-15의 경우는 하나님께서 이스라엘 백성을 여러 나라로 흩어 버리신 오랜 후에 이방 나라들 중에서 그들을 다시 모으실 것에 대해서 언급하고 있지만, 희 15:31에서는 온 인류로부터 그분의 백성을 모으셔서 그들이 이스라엘과 연합되게 하심으로 그들을 이스라엘로 모으신다는 의미이다. VanderKam, Jubilees: A Commentary on the Book of Jubilees Chapters 1-21, 523.

민족들과 수많은 백성들이 있고 그들 모두 다 그분의 소유일지라도, 그분은 그들 모두를 다스리는 영들을 그들 위에 두어 그들이 그분(을 따르는 것)으로부터 벗어나게 하셨다.[155]

32 그러나 이스라엘 위에는 그분께서 어떤 천사나 영을 두어 다스리도록 하지 않으셨으니, 이는 오직 그분만이 이스라엘의 통치자이기 때문이며, 그분께서는 그들을 보존하시며, 그분의 천사들과 그분의 영들과 그분의 모든 권능의 손에 그들이 맡겨지게 하셔서 그분께서 그들을 지켜 주시고, 그들을 축복하시며, 이후로도 영원히 그들이 그분의 것이 되며, 그분은 그들의 것이 되도록 하셨다.

장래 이스라엘 자손들의 할례에 대한 불순종

33 이제 내가 너에게 알려준다. 이스라엘 자손들이 이 규례를 진실하게 지키지 아니하며, 이 모든 토라에 따라 그들의 아들들에게 할례를 행하지 않을 것이다. 그들은 할례를 받은 몸이라도 그들의 아들들이 받아야 할 할례를 생략할 것이며, 벨리알의 아들들인 그들 모두는 그들의 아들들이 태어날 때 할례를 받지 않은 채로 남겨 둘 것이다.

34 여호와께로부터 큰 진노가 이스라엘 자손들에게 임할 것이다. 왜냐하면 그들은 그분의 언약을 저버리고, 그분의 말씀으로부터 돌아섰으며, 이 토라의 규례를 지키지 않음으로 그분을 격노케 하고, 신성모독을 했기 때문이다. 그들은 자기 지체들을 이방 사람들처럼 대하였기에 그들은 그 땅에서 쫓겨나 뿌리 뽑히게 될 것이다. 이 영원한 과오의 모든 죄에서 용서와 사면을 받아야 할 그들을 위한 용서나 사면은 없을 것이다.

하늘의 돌판에 이름이 기록되어 있는 이삭의 출생

16 넷째 달 월삭에 우리는 아브라함에게 나타나 마므레의 상수리나무에서 그와 이

---

155 모든 민족과 백성이 다 주님께 속한 것이다(출 19:5-6). 그러나 먼저 주님은 이스라엘에게 집중하셨다. 이스라엘이 번성하고 어떤 단계에 이르기까지 이스라엘에 집중하시는 동안 주님은 이방 민족들을 보류해 두셨다. 열방의 빛이신 예수님께서 오셔서 이방인들을 본격적으로 구원 안으로 불러 모으시면서 이방인들에게 집중하시는 동안 '이방인의 충만'이 차기까지 주님은 유대인들을 보류해 두셨다. 【롬 11:32-33】"하나님이 모든 사람을 순종하지 아니하는 가운데 가두어 두심은 모든 사람에게 긍휼을 베풀려 하심이로다. 깊도다 하나님의 지혜와 지식의 풍성함이여…". 하나님의 인류 구원의 섭리를 이루어가시기 위해서 하나님은 각 민족을 담당하는 '브네이 엘로힘(70목자들)'을 각 민족 위에 두셨다(신 32:8-9). 맛소라 사본에서 신 32:8의 '이스라엘 자손의 수효대로'를 칠십인역 번역자는 '하나님의 천사들(앙겔론 떼우 ἀγγέλων θεοῦ)의 수효대로'로 번역했고, 사해 사본 4Q37 12 column에서는 엘로힘의 아들들(브네이 엘로힘 בני אלוהים)로 되어 있다. 브네이 엘로힘은 일반 천사들보다는 훨씬 높은 계급의 천사들이며 히브리어 성경에서는 브네이 엘로힘이 엘로힘으로 불리기도 한다. 여호와께서는 그들 중에서 70명을 임명하여 각 민족을 담당하도록 하셨다. 노아의 자손들이 땅을 분배받아 대륙으로 흩어질 때 분배받은 70명의 명단이 나오며, 이 70명이 흩어진 모든 민족들의 초기 조상들의 수가 되었다(창 10장). 이스라엘 백성들이 이집트로 들어갈 때 그들의 숫자가 70명으로 맞춰진다(창 46:27). 예수님께서 모든 민족의 수를 상징하는 70명의 제자들을 파송하셔서 뱀과 전갈을 밟게 하시고 원수의 모든 능력을 제어하도록 하셨다. 장막절 7일 동안 모든 민족의 수를 상징하는 70마리의 수송아지를 속죄와 중재의 의미를 담아 번제물로 드리며 모든 민족이 천년왕국 때 하나님께 나아와 하나님의 통치에 참여하게 될 것을 기념하도록 하셨다(민 29:12-34, 슥 14:16-19).

야기를 나누었다. 그때 우리는 아브라함에게 그의 아내 사라가 아들을 낳을 것을 알려주었다.

2 그때 우리가 아브라함에게 전하는 말을 들은 사라가 웃자 우리는 그녀를 꾸짖었다. 그러자 그녀는 두려워하며 그 말로 인해 웃었다는 사실을 부인했다.

3 우리는 그녀에게 아들의 이름을 알려주며, 그의 이름이 정해져 있고, 하늘의 돌판들에 기록되어 있으며,

4 정한 시간에 우리가 그녀에게 돌아올 때, 그녀가 아들을 임신할 것이라고 말해주었다. [156]

소돔의 멸망과 롯의 구원

5 이 달에 여호와께서 소돔과 고모라와 스보임과 요단 강 온 지역에 심판을 집행하셔서 불과 유황으로 그들을 불사르셨으며, "보라, 잔인하고 큰 죄인들이며 스스로 더럽히고 육체로 음행하여 땅에 오염을 일으키고 있는 그들의 모든 행위를 내가 너희에게 알렸노라"라고 말씀하신 대로 오늘까지 그들을 전멸시키셨다.

6 여호와께서는 소돔에 내리신 심판과 같은 방식으로 사람들이 소돔과 같은 종류의 불순한 행동을 저지르는 장소들 위에도 똑같은 방식으로 심판을 내리실 것이다.

7 그러나 우리는 롯을 구했다. 하나님은 아브라함을 기억하시고 그곳을 뒤엎으시는 가운데 그를 내보내셨다.

8 롯과 그의 딸들은 아담 시대부터 그의 시대까지 땅에 없었던 죄를 땅에서 범했다. 이는 남자가 그의 딸들과 동침하는 것이었다.

9 보라 그의 모든 씨(후손)에 관한 명령이 내려졌고, 하늘의 돌판들에 새겨졌다. 이는 그들을 제거하고 뿌리 뽑아 소돔의 심판과 같은 심판을 그들 위에 집행하며, 심판의 날에 그 사람의 씨(후손)를 땅에 남기지 않도록 하기 위함이다.

---

156 쿰란 공동체가 보유하고 있던 희년서에서는 사라가 이삭을 잉태하고 출산하는 과정이 어떤 달에 있었는지 상세하게 기록하고 있다. 바리새파가 살아남아 발전된 랍비 유대교에서는 창 17장의 개명과 할례와 사라가 낳을 이삭과 맺을 영원한 언약에 대한 본문을 로쉬 하샤나 직전에 일어난 사건으로 맞추었으며, 창 18장의 여호와의 방문과 소돔의 심판 (봐예라) 본문은 로쉬 하샤나에 일어난 사건으로 맞추었다. 그러나 희년서 15장에서는 창 17장의 사건들이 셋째 달 중순(칠칠절, 오순절, 밀 초실절)에 있었던 것으로 설명한다. 창 17:21의 '내년 이 절기 때'는 곧 모세 시대에 칠칠절, 오순절로 알려질 밀 초실절을 지칭하는 것이다.

아브라함에게 속한 모든 남자들에게 할례가 다 행해진 후에, 창 18장에서 사람의 모습으로 나타나신 여호와께서 아브라함에게 다시 이삭의 출생을 알리셨으며, 듣고 있던 사라가 웃으니 생명의 때를 따라(כָּעֵת חַיָּה) 여호와께서 다시 사라에게 찾아오시는 그때 사라가 임신할 것이라고 알리신다. 이는 넷째 달 탐무즈월 초하루에 있었던 사건으로 희년서 16:1에서는 명시해주고 있다. 셋째 달 중순(창 17장)에서 넷째 달 월삭(창 18장)까지 약 2주 사이에 아브라함에게 속한 모든 남자들에게 할례가 실행되었으며, 할례받은 남자들은 그 기간 동안 그들의 상처가 아물며 회복되는 시간을 지내고 있었다.

넷째 달 탐무즈월 초에 소돔과 고모라 지역이 뒤엎어지는 심판이 있었고, 그 후에 아브라함은 헤브론에서 브엘세바로 정착지를 옮긴다(희 16:10-11). 그후 여섯째 달 중순에 여호와께서 사라를 다시 방문하셨으며, 그때가 브엘세바에 있던 사라가 임신했던 때이다(희 16:12). 약 9개월이 지난 후 셋째 달 중순에 이삭이 태어났고 그때는 추수의 첫 열매들의 절기인 칠칠절(오순절)이었다(희 16:13).

헤브론에서 브엘세바로 정착지를 옮기다

10 이 달에 아브라함은 헤브론을 떠나 이동했고, 그랄 산지의 가데스와 수르 사이에 거주했다.

11 다섯째 달 중순에 아브라함은 그곳에서 이동하여 맹세의 우물에 머물렀다.

사라가 엘룰월에 임신하고 칠칠절에 이삭을 출산하다

12 여섯째 달 중순에 여호와께서 사라를 방문하여, 그분이 말씀하신 대로 그녀에게 행하셨고, 그녀는 임신을 했다.

13 이후 그녀는 셋째 달에 아들을 낳았고, 그 달 중순에 여호와께서 아브라함에게 말씀하셨던 그 때, 즉 추수의 첫 열매들의 절기[157]에 이삭이 태어났다.

14 아브라함은 여덟째 날에 아들에게 할례를 행했다. 그는 영원히 제정된 언약에 따라 할례를 받은 첫 번째 사람[158]이었다.

이삭 출생 약 백일 후 티쉬레이(에타님)월에 방문한 천사의 가르침

15 넷째 주간의 여섯째 해에[1987] 우리가 사라에게 돌아올 것과 그녀가 잉태하여 아들을 낳을 것이라 말했던 대로 우리는 아브라함이 있는 맹세의 우물로 가서 그에게 나타났다.

16 우리는 일곱째 달에 돌아가서 우리 앞에 아기와 함께 있는 사라를 발견했다. 우리는 아브라함을 축복했으며 그에 대해 결정된 모든 것을 그에게 알려 주었다. 이는 그가 여섯 아들을 더 낳을 때까지 죽지 않을 것과 죽기 전에 그들을 보게 될 것, 그러나 이삭을 통해서 그의 이름과 씨가 불려지게 되리라는 것이었다.

17 그리고 그의 아들들의 모든 후손(씨)은 이방인들이 되며 이방인들로 여겨지리라는 것이었다. 그러나 이삭의 아들 중 한 사람은 거룩한 씨가 될 것이며 이방인 중에 있는 것으로 간주되지 않으리라는 것이었다.

18 이는 그가 지극히 높으신 분의 몫이 될 것이기 때문이며, 그의 모든 후손(씨)은 여호와께 속한 백성, 모든 민족 중에 특별한 소유가 되고, 제사장의 왕국과 거룩한 백성이 되도록 하나님께서 소유하신 자들로 택정되었기 때문이다.

19 우리는 길을 떠나며 우리가 아브라함에게 말한 모든 것을 사라에게 전하였고 두 사람은 심히 기뻐하며 즐거워하였다.

아브라함이 장막절을 지키기 시작하다

20 아브라함은 자신을 건져주셨으며 나그네 된 땅에서 그를 기뻐하게 하신 여호와께 제단을 쌓았고, 그는 이 달 7일 동안 맹세의 우물에 그가 쌓은 제단 근처에서 기쁨의 절기를 경축했다.

21 그는 이 절기에 자신과 자신의 종들을 위한 초막들을 지었으며, 그는 이 땅에서 초막절(장막절)을 경축한 첫 사람이었다.

22 이 7일 동안 그는 수소 두 마리와 숫양 두 마리와 암양 일곱 마리와 숫염소 한 마리를 속죄 제물로 매일 그 제단으로 가져와 여호와께 번제를 드림으로써 자신과 그의 씨(후손)를 위해 속죄하였다.

23 또한 감사의 제물로 숫양 일곱 마리와 어린양 일곱 마리와 암양 일곱 마리와 그리고 숫염소 일곱 마리와 그들의 소제들과 그들의 전제들을 드렸다. 그는 모든 제물의 기름을 제단에서 태워 감미로운 향으

로 선별된 제사를 여호와께 올려 드렸다.

24 아침과 저녁에 아브라함은 향품들 즉, 유향과 풍자향과 소합향과 감송향(나드)과 몰약과 향신료와 향내나는 식물로 분향했다. 그가 드린 이 일곱 향료는 찧어지고 빻아져서 동일한 분량으로 섞여졌으며 순수했다.

25 아브라함은 7일 동안 이 절기를 경축했고 그와 그의 집에 있는 모든 사람은 온 마음과 혼을 다하여 기뻐하였다. 거기에는 그와 함께한 낯선 자도 없었고 할례받지 않은 자도 없었다.

'지극히 높으신 하나님께 받아들여지는 희락'의 절기

26 아브라함은 그의 세대[159]에 자신을 창조하신 창조주를 송축하였다. 이는 그분께서 그분의 기쁘신 뜻대로[160] 그를 창조하셨기 때문이며, 그분께서는 아브라함으로부터 영원한 세대들을 위한 의의 나무가 일어나며, 그로부터 거룩한 씨(후손)가 나와 만물을 지으신 그분과 같이 될 것을 아셨고 꿰뚫어 보셨기 때문이다.[161]

27 그는 송축하고 기뻐했으며, 이 절기를 '여호와의 절기' 즉, '지극히 높으신 하나님께 받아들여지는 희락'이라 불렀다.

28 그리고 우리는 아브라함과 땅의 모든 세대를 거쳐 그의 뒤를 이을 모든 씨(후손)를 영원히 축복했다. 왜냐하면 그가 하늘의 돌판들의 증거에 따라 그 시기에 이 절기

---

157 희년서는 시반월 중순 곧, 밀 초실절(오순절)에 이삭이 태어났다고 말하고 있다.

158 이삭은 난지 8일 만에 할례를 받은 첫 사람으로서 영원한 삶에 대한 확증으로 육체의 일부를 잘라내어 표증을 남긴 첫 사람이었다. 물론 아브라함과 그의 모든 식구들과 종들도 그 날 할례를 받았지만, 그들은 나이 들어서 할례를 받았다.

159 아브라함이 살던 시대의 그 세대는 죄악과 음란과 우상숭배의 세대이며 참 하나님을 모르는 하나님을 떠난 세대였다. 그러한 세상 가운데서 하나님은 아브라함을 택하셨고 부르셨다.

160 '기쁘신 뜻' 라쫀רצון에 대해서는 2장 22절의 각주 참고

161 이 구절은 인간영화론을 설명해 주고 있다. 하나님이 그분의 형상으로 인간을 창조한 이유와 목적은 종국적으로는 인간이 하나님의 모양으로 나타나게 될 것을 기대하셨기 때문이다. 이 인간영화론에 안팎으로 장애와 방해가 많지만, 하나님은 아브라함을 '의의 나무'의 묘목으로 심어 그 나무가 자라게도 하시고, 그 나무에 이방 가지들이 접목되게도 하시면서 아브라함의 자손들을 모으고 그 '의의 나무'를 크게 자라게 하고 계신다. 그리고 이것의 결국은 아브라함의 자손들이 그들을 창조하신 그분처럼 될 것이라고 하나님은 확신하시며 미래를 꿰뚫어 보셨다. 아브라함은 이러한 하나님의 확신을 이해했고 하나님의 그 비전에 믿음으로 동의했으며 이 일을 위해서 하나님께서 자신을 택정하시고 창조하셨다는 사실로 인해 기뻐하며 하나님을 송축했다. 이것이 아브라함의 초막절에 대한 이해이며 초막절을 큰 축제로써 기쁘게 지키기 시작한 이유이다. 이것은 하나님이 가지고 계신 믿음이며 하나님이 사용하고 계신 믿음이다. 우리도 '하나님의 이 믿음'을 가지면 내가 소유한 이 하나님의 믿음으로 인해 우리는 반드시 하나님의 라쫀רצון에 따라서 하나님보다 조금 못한(시편 8:5) 단계까지 영화롭게 될 것이다. 이것이 하나님이 우리를 '기쁘게 받아들여 주시기로 스스로 뜻을 정하고 그것을 간절히 갈망하심'이다. 에녹도, 노아도, 아브라함도, 이삭도, 야곱도, 레위와 요셉도, 모세도, 사사들도 사무엘과 다윗과 선지자들도 다 인간영화론을 알고 있었고 인간영화론이 그들이 바라는 믿음의 실상과 증거였다.

　【요일 3:2-3】"사랑하는 자들아 우리가 지금은 하나님의 자녀라 장래에 어떻게 될지는 아직 나타나지 아니하였으나 그가 나타나시면 우리가 그와 같을 줄을 아는 것은 그의 참모습 그대로 볼 것이기 때문이니 주를 향하여 이 소망을 가진 자마다 그의 깨끗하심과 같이 자기를 깨끗하게 하느니라"

를 경축했기 때문이다.

29 이러한 이유로 그들이 일곱째 달에 7일 동안 여호와께 열납되도록 초막절(장막절)을 기쁨으로 경축해야 한다는 것이 이스라엘에 관한 하늘의 돌판들에 제정되어 있다. 이는 그들의 세대들에 걸쳐 해마다 지킬 영원한 법령이다.

30 이 절기에는 시대의 한계가 없다. 이는 이스라엘이 초막절을 기념하여 초막에서 거하며, 머리에 화환을 쓰고, 시냇가에서 잎이 무성한 가지와 버드나무를 취해야 한다는 것이 이스라엘에 관하여 영원히 제정되어 있기 때문이다.

31 이에 아브라함은 종려나무들의 가지들과 좋은 나무들의 열매을 취하여 매일 아침 그 가지들을 들고 제단을 일곱 번 돌며, 모든 것으로 인해 그의 하나님께 기쁨으로 찬양하며 감사를 드렸다.

내보내진 하갈과 이스마엘, 그들과 함께하시는 하나님

17 이 희년의 다섯째 주간의 첫 해에₁₉₈₂ 이삭은 젖을 뗐고, 아브라함은 그의 아들 이삭이 젖을 뗀 셋째 달의 그 날에 큰 연회를 열었다.

2 이집트 사람 하갈의 아들 이스마엘은 그의 아버지 아브라함 면전에 있는 그의 처소에 있었으며 아브라함은 자기 아들들을 보며 자식 없이 죽지 않게 되었음을 인하여 기뻐했고 여호와를 송축했다.

3 아브라함은 롯이 그에게서 떠나던 날 그분께서 그에게 하신 그 말씀을 기억했고, 그는 여호와께서 그 땅을 상속받을 씨(후손)를 주신 것으로 인해 기뻐했으며, 그의

입술의 모든 말로 만물의 창조주를 송축했다.

4 사라가 이스마엘이 놀며 춤추는 것과 아브라함이 큰 기쁨으로 즐거워하는 것을 보고, 이스마엘을 시기하며 아브라함에게 말했다. "이 여종과 그녀의 아들을 쫓아내십시오. 이 여인의 아들은 내 아들 이삭과 함께 상속자가 되지 못할 것입니다."

5 아브라함의 눈에 이 일은 고통스러웠다. 왜냐하면 그가 그의 여종과 그의 아들을 자신에게서 쫓아내야 했기 때문이다.

6 하나님께서 아브라함에게 말씀하셨다."그 아이와 여종의 문제를 네 시각으로 바라보며 근심하지 말아라.¹⁶² 사라가 너에게 말한 모든 것대로 그녀의 말을 듣고 행하여라. 이는 이삭으로부터 난 자라야 너의 이름과 씨로 불릴 것이기 때문이다.

7 그러나 이 여종의 아들도 너의 씨이기 때문에 내가 그를 큰 민족이 되게 할 것이다."

8 아브라함은 아침 일찍 일어나 빵과 물 한 병을 가져다가 하갈과 그 아이의 어깨에 얹어주고 그녀를 떠나보냈다.

9 그녀는 떠나 브엘세바의 광야에서 방황했으며, 병에 담긴 물을 다 써버리자 아이는 목이 말라 더 이상 갈 수가 없어서 쓰러졌다.

10 그의 어머니는 아들을 데리고 올리브 나무 아래에 내려놓고 나아가서 화살 한바탕 거리만큼 떨어져 마주 앉았다. 그녀는 "내가 내 아이의 죽음을 보지 않게 하소서"라고 말하며 주저앉아 울었다.

11 거룩한 자들 중 하나인 하나님의 천사가

그녀에게 말했다. "하갈아, 네가 왜 우느냐? 일어나 그 아이를 데리고 네 손으로 그를 붙들어라. 하나님께서 너의 음성을 들으셨고 그 아이를 보셨다."

12 그녀가 눈을 뜨고 한 우물을 보았으며, 그녀는 가서 자신의 병에 물을 채우고, 아이가 마시도록 주었고, 이후 그녀는 일어나 바란 광야를 향해 떠났다.

13 그 아이는 자라서 활 쏘는 자가 되었고, 하나님께서 그와 함께하셨다. 그의 어머니는 이집트의 딸들 가운데서 아내를 데려와 그에게 주었다.

14 그녀가 그에게 아들을 낳아주었고, 그는 아들의 이름을 느바욧[163]이라 불렀는데, 이는 그녀가 "내가 여호와께 부르짖을 때, 여호와께서 내게 가까이 계셨다"라고 말했기 때문이다.

마스테마가 아브라함의 신실함을 시험해 보라고 하나님께 제안하다

15 이 희년의 일곱째 주간의 첫째 해2003 첫째 달 12일에, 하늘에서 아브라함에 관한 음성이 들리니, 이는 아브라함이 그분께서 그에게 하신 모든 말씀에 실실했고, 그가

여호와를 사랑했으며, 어떤 환난 속에서도 신실했다는 것이었다.

16 악한 영들의 우두머리 마스테마가 하나님 앞에 와서 말하였다. "보십시오, 아브라함은 그의 아들 이삭을 사랑하고 그는 그 무엇보다도 그 아들을 기뻐합니다. 그에게 그 아들을 제단 위의 번제물로 바치라고 명령해 보십시오. 그러면 그가 이 명령을 수행할 것인지 보실 것이며, 당신께서 시험하시는 모든 일에 그가 신실한지 알게 되실 것입니다."

17 여호와께서는 아브라함이 그의 모든 고난 가운데 신실하다는 것을 아셨다. 이는 그분께서 그를 그의 본향 땅을 통해서도, 기근으로도, 왕들의 부유함으로도 시험하셨고, 두 번 그의 아내가 강제로 끌려갔을 때와 할례를 통해서도 그를 시험해 보셨으며, 이스마엘과 그의 여종 하갈을 통해서도 그가 그들을 떠나보낼 때 그를 시험해 보셨다.

18 그분께서 그를 시험하신 모든 곳에서 그가 신실하다는 것이 증명되었고, 그의 혼은 조급하지 않았으며, 그는 더디게 행하

---

162 "그 아이와 여종의 문제를 네 시각으로 바라보며 근심하지 말아라" 사라가 하갈과 이스마엘을 쫓아내겠다는 이 일은 장자 이스마엘에 대한 사랑과 하갈에 대한 긍휼로 인해 아브라함에게 심히 괴로운 일이었고 아브라함의 눈에 이 일은 고통스러운 문제였지만, "이 문제를 네 시각으로 바라보며 근심하지 말아라"라는 주님의 음성을 듣고, 아브라함은 주님의 음성에 순종하여 하갈과 이스마엘의 문제를 하나님께 맡겨 드렸기 때문에 빵과 물 한 병만 주고 둘을 떠나보낼 수 있었다. 이것은 아브라함의 인생 중에 있었던 10가지 시험 중 하나였으며, 그는 이 시험을 통과했다.

【희 17: 17b-18】 "이스마엘과 그의 여종 하갈을 통해서도 그가 그들을 떠나보낼 때 그를 시험해 보셨다. 18 그분께서 그를 시험하신 모든 곳에서, 그는 신실함을 증명했고, 그의 혼은 조급하지 않았으며, 그는 더디게 행하지 않았다. 이는 그가 충실하고 주님을 사랑하는 사람이었기 때문이다."

163 창세기 본문에 설명되어 있지 않은 이스마엘의 아들 느바욧의 이름의 의미가 여기에 소개되고 있다. 구약에서 5회 사용된 이 이름이 처음 언급된 창 25:13에서는 נְבָיֹת으로 쓰이고 나머지 4회는 נְבָיוֹת이라 쓰였다.

지 않았다. 이는 그가 신실하고 주님을 사랑하는 자였기 때문이다. [164]

모리아 산에서 이삭의 번제와 여호와 이레

18 하나님은 그를 부르셨다. "아브라함, 아브라함." 그리고 그가 대답했다. "여기, 제가 있습니다."

2 그분께서 말씀하셨다. "네가 사랑하는 아들, 네가 가장 사랑하는 아들 이삭을 데리고, 산지로 올라가서 내가 너에게 지시해 줄 산 중 한 곳에서 그를 번제로 바치라."

3 아브라함은 아침 일찍 일어나 나귀에 안장을 얹고, 그의 두 종과 그의 아들 이삭을 데리고 가서, 번제에 쓸 나무를 깎았다. 그리고 셋째 날에 그는 그 장소에 이르렀고 멀리서 그 장소를 바라보았다.

4 그는 우물에 이르러 그의 종들에게 말했다. "너희는 나귀와 함께 여기 머물러 있어라. 나와 아이는 저쪽으로 가서 우리가 예배를 드린 후에 다시 너희에게 돌아오리라."

5 그는 번제에 쓸 나무를 가져다 그의 아들 이삭에게 얹고 불과 칼을 손에 들고, 둘이 함께 그 장소로 갔다.

6 이삭이 그의 아버지에게 말했다. "아버지"

그러자 "내가 여기 있다. 내 아들아"라고 그가 대답했다. 그리고 이삭이 그에게 말했다. "불과 칼과 나무는 여기 있는데 번제를 위한 양은 어디에 있습니까, 아버지?"

7 아브라함은 대답했다. "하나님께서 번제를 위한 양을 친히 예비해 주실 것이다. 내 아들아."그리고 그는 여호와의 산의 그 장소로 가까이 다가갔다.

8 그리고 아브라함은 제단을 쌓고, 그 나무를 제단 위에 놓고, 그의 아들 이삭을 묶어 제단 위에 있는 나무에 올려 놓고, 손을 뻗어 그의 아들 이삭을 죽이기 위해 칼을 치켜들었다.

9 그때 나는 아브라함과 군주 마스테마 앞에 서있었는데 여호와께서 말씀하셨다. "그 아이에게 손을 대지 말고, 그에게 아무것도 하지 말라고 아브라함에게 명하라. 이는 아브라함이 여호와를 경외하는 것을 내가 보았기 때문이라."

10 나는 하늘에서 그를 부르며 그에게 말했다. "아브라함, 아브라함." 그는 두려워하며 말했다. "여기, 제가 있습니다."

11 내가 그에게 말했다. "그 아이에게 손을

---

[164] 아브라함은 그의 인생에서 열 가지 시험을 받았고 모두 잘 통과하여 그의 신실함을 증명하였다. 미쉬나 피르케이 아보트 פרקי אבות와 바벨론 탈무드 Sanhedrin 89b에서도 아브라함의 열 가지 시험을 다루고 있다. 희 17:17에서 7번의 시험 목록이 나온다. 모리아 산에서 이삭을 번제로 바치는 것은 8째 시험이다. 희 19:8에서는 사라의 장례 과정에서 아브라함의 반응에 대한 시험이 10번째 시험이다. 하나의 시험 목록이 무엇이고 언제 있었는지 희년서에서는 알려지지 않았다. 아브라함은 그의 인생에서 10번의 모든 시험에서 신실하다고 증명받았다. 아브라함에 대해서 신실하다는 단어가 반복되어 표현되고 있다. 히브리어 네에만 נאמן은 '믿을 만하다, 신뢰할 만하다, 믿고 맡길 수 있는'이라는 의미이다. 욥과 비슷하게, 아브라함의 신실함은 하늘에서 알려졌으며, 마스테마가 시험해 보시라고 여호와께 요청했고, 아브라함이 신실함을 증명해 보였을 때 마스테마는 수치를 받았다. 아브라함이 10번째 시험을 다 통과하고 나서 그는 하나님의 친구라 하늘의 돌판에 새겨지게 되었다(희 19:3-9).

대지 말고 그에게 아무것도 하지 말라. 이제 나는 네가 여호와를 지극히 경외하여 네 맏아들인 네 아들까지도 내게 아끼지 아니함을 보여주었다.”

12 군주 마스테마는 수치를 당했다. 아브라함이 눈을 들어 보니, 보라 숫양 한 마리의 두 뿔이 걸려있었다. 아브라함이 가서 그 숫양을 잡아 그의 아들 대신 번제물로 바쳤다.

13 아브라함은 그 곳을 ‘여호와께서 보셨다’라고 불렀는데, ‘그 산에서 여호와께서 보셨다’라고 불리는 그 곳은 곧 시온 산이다.

신실함을 증명한 아브라함

14 여호와께서 우리를 아브라함에게 나타나게 하셔서 우리가 여호와의 이름으로 그에게 말하게 하셨던 것처럼 다시 여호와께서 두 번째로 하늘에서 아브라함의 이름을 부르셨다.[165]

15 “여호와가 말하노라. 네가 이 일을 행하고 네 아들, 네 사랑하는 아들을 내게 아끼지 아니하였으므로 내가 나 스스로 맹세하나니 내가 너에게 복을 주어 네 씨를 하늘의 별들과 같이, 바닷가의 모래와 같이 번성하게 하리라. 너의 씨가 원수들의 성읍들을 차지하여 유업으로 받을 것이다.

16 네가 나의 음성에 순종했기 때문에 땅의 모든 민족이 네 씨(후손)로 인해 복을 받을 것이다. 내가 너에게 말한 모든 것에서 네가 나에게 신실하다는 것을 나는 모든 자들에게 알게 하였다. 평안히 가거라.”

아케다를 기념하기 위해 7일을 무교절로 지키기 시작한 아브라함

17 아브라함은 그의 종들에게 돌아갔고, 그들은 일어나 함께 브엘세바로 갔으며, 아브라함은 맹세의 우물가에 거주했다.

18 아브라함은 이 절기를 매년 7일 동안 기쁨으로 경축했다. 그는 갔다가 평안히 돌아온 그 7일을 여호와의 절기라고 불렀다.[166]

---

[165] 이 경우 여호와께서 아브라함에게 말씀하셨지만, 여호와께서는 여전히 하늘에 계시면서도 천사들을 아브라함에게 나타나게 하시는 방법으로 아브라함에게 말씀하셨다.

[166] 아브라함이 이삭을 번제로 드리라고 명받은 이 사건은 첫째 달 12일에 시작되었다(희 17:15). 12일 해가 진 후 아브라함이 명받았다면 그 다음 날 아침 일찍 일어나 3일의 여정을 시작한 날도 12일 아침이다. 제 3일에 모리아 산에 도착했으니, 그 날은 14일 오후였다. 아케다(Binding of Isaac) 사건 후 저녁 즈음에 숫양으로 번제를 드리고 그 날 밤 모리아 산에서 지내고 다음 날 15일 아침에 밤새도록 태운 번제를 마무리한 후에, 죽지 않고 살아 있는 이삭으로 인해 기뻐하며 다시 브엘세바로 평안히 돌아왔다. 아브라함은 다시 살아난 이삭으로 인해 기뻐하며 15일부터 총 7일을 ‘여호와의 절기’로 기쁘게 지냈다(희 18:18). 이 ‘여호와의 절기’는 후대에 출이집트 할 때 무교절 7일에 해당한다. 하지만 아브라함 때는 ‘무교절’이라는 이름으로 불리지는 않았다. 희년서 49:22에서는 무교절을 ‘기쁨의 7일’이라고 표현한다. 초막절은 아브라함 때부터 텐트를 치며 지키는 7일 절기로 지켜졌다(히 16:21, 29). 희 16:27에서는 초막절도 ‘여호와의 절기’로 불린다.

쿰란 공동체의 문헌은 이삭의 번제 사건을 유월절에 맞추고 있다. 그러나 후대 랍비 유대교의 문헌에서는 이삭의 번제 사건을 나팔절에 맞추려는 경향이 나타난다. 기독교 입장에서는 아케다(이삭의 번제 사건)가 유월절에 있었다는 것은 모리아 산에서의 이삭의 번제 사건과 출애굽의 유월절 사건과 모리아 산에서의 십자가 사건을 연결해 주는 중요한 의미를 부여해 준다. 랍비 유대교와는 달리 고대 초경건 영성가들이었던 쿰란 공동체는 아케다 사건을 아빕월 14일에 일어난 사건으로 알고 있었다.

19 이와 같이 이스라엘과 그 씨(후손)이 7일 동안 축제의 기쁨으로 이 절기를 지켜야 한다는 것이 하늘의 돌판들에 제정되고 기록되어 있다.

사라의 장례 과정에서 신실함을 드러낸 아브라함이 하늘의 돌판에 '하나님의 친구'라 기록되다

19 42번째 희년의 첫째 주간의 첫 해에2010 아브라함이 헤브론의 맞은편 곧, 기럇 아르바로 돌아와 두 주간(14년) 동안 거주했다.

2 이 희년의 셋째 주간의 첫 해에2024 사라의 인생이 다하였으며, 그녀는 헤브론에서 죽었다. [167]

3 아브라함이 그녀를 위해 애도하며 장례를 치르러 갔을 때, 우리는 그의 영이 인내하며 그가 자제력을 발휘하는지, 그가 그의 입의 말로 짜증내며 실수하지 않는지 보기 위해 시험해 보았다. 아브라함은 이 부분에서도 인내심을 가지고 동요되지 않는 것으로 증명되었다. [168]

4 그는 자기의 죽은 자를 매장할 곳을 헷 자손들이 그에게 내어줄 때까지 영의 인내심과 자제력[169]을 가지고 그들과 대화하였다.

5 여호와께서는 아브라함을 만나는 모든 자들 앞에서 그에게 은총을 베풀어 주셨다. 아브라함은 헷 족속의 아들들에게 정중하게 구했으며, 그들은 아브라함에게 마므레, 곧 헤브론 맞은편의 이중 동굴[170]의 땅을 은 400 세겔에 주었다.

6 헷 족속의 아들들이 아브라함에게 간청하며 말했다. "우리는 그 땅을 당신에게 아

---

167 희년서에서는 127세를 산 사라의 죽음이 아케다 사건 후 브엘세바에서 헤브론으로 이사한지 14년째 되던 해에 있었던 것으로 설명하고 있다. 이것은 사라의 죽음이 아케다 사건 직후에 있었다고 설명하는 랍비 유대교 전통과 충돌되는 부분이다. 희년서의 정보에 따라 정리하면 다음과 같다. 사라가 90세에 이삭을 낳고 127세에 죽었으므로, 이삭이 37세 때 사라가 죽었다. 아케다 사건 직후 브엘세바로 돌아와서 7년을 산 후에(희 17:15 A.M.2003년 ~ 희 19:1 A.M.2010년) 헤브론으로 거주지를 옮긴다. 헤브론에서 거주한 지 14년 후에 사라가 죽는다(희 19:2 A.M.2024년). 아케다 사건은 사라가 죽기 21년 전의 사건이므로 이삭의 나이 16세에 모리아 산에서 아케다 사건이 있었다. 그러나 랍비 유대교에서는 이삭이 37세 때 아케다 사건이 있었고 그 날의 충격으로 사라가 죽은 것으로 설명한다. 하지만 희년서에서는 이삭의 나이 16세에 모리아 산의 번제 사건이 있었다고 증언해 주고 있다.

168 인생의 중요한 고비에 그가 말과 행위에 있어서 어떻게 반응하는지 알아보려고 하는 중요한 인생의 순간들이 있다. 【롬 4:20-22】 20."믿음이 없어 하나님의 약속을 의심치 않고 믿음에 견고하여져서 하나님께 영광을 돌리며 21. 약속하신 그것을 또한 능히 이루실 줄을 확신하였으니 22. 그러므로 이것을 그에게 의로 여기셨느니라"

169 그의 영의 인내심과 자제력: 출 6:9에서 이스라엘 자손의 '마음의 상함'은 코쩨르 루아흐קֹצֶר רוּחַ로 문자적으로는 '영의 짧음, 영의 부족, 영의 결핍'을 의미하며 마음이 쉽게 상하고 인내해 내지 못하며 불평 불만 짜증을 표출해 내는 여유 없는 영적인 상태를 표현하고 있다. 민 21:4에서는 '백성의 네페쉬נֶפֶשׁ(혼)가 카짜르קָצַר(짧고 부족하고 결핍)했다'(백성의 마음이 상하니라)라고도 표현하고 있다. 영적인 상태가 어떠하냐에 따라서 말과 행동과 태도가 표출된다. 아브라함은 그의 인생에서 열 번 시험을 받고 그 점수가 어떠한지 검증받았을(19:8) 때 그의 '신실함'과 '충성'과 '그의 영의 인내심과 자제력'이 어떤지 보여졌고 인정받았다. 하나님에 대한 믿음을 테스트 받았고, 사람들 앞에서와 스스로와 천사들 앞에서 영의 인내력과 자제력이 어떠한지 테스트 받았다. 아브라함은 자기 속사람의 영이 코쩨르 루아흐קֹצֶר רוּחַ하지 않고 오레흐 루아흐אֹרֶךְ רוּחַ(길고 넓고 여유 있는 영)하고 멜로 루아흐מְלֹא רוּחַ(영의 충만)하게 스스로 영적인 상태를 잘 관리했다.

무 댓가 없이 드리겠습니다.” 그러나 아브라함은 그들의 손에서 그 땅을 거저 받지 않고, 그 땅의 값을 모두 지불하였으며, 그들 앞에 엎드려 두 번 절한 후 그의 죽은 자를 막벨라 동굴에 묻었다.

7 사라의 생애의 모든 날은 127년, 즉 두 번의 희년과 네 번의 주간과 일 년이었다. 이것이 사라의 생애의 연수이다.

8 이것이 아브라함이 받았던 열 번째 시험이다. 그는 신실하고 영적인 인내심과 자제력이 있는 것으로 판명되었고 인정받았다.

9 아브라함은 하나님께서 그 땅을 그와 그 씨(후손)에게 주시겠다고 말씀하신 그 땅의 약속에 대해서는 한마디도 하지 않았으며, 그는 자기의 죽은 자를 묻기 위한 장소를 간청했다. 그는 신실함을 인정받아 하늘의 돌판들에 하나님의 친구라 기록되었다.

이삭의 결혼, 아브라함의 재혼

10 그 주간의 넷째 해에2020 아브라함은 그의 아들 이삭에게 아내를 얻어주었고, 그녀의 이름은 리브가며 그녀는 아브라함의 형제 나홀의 아들인 브두엘의 딸이자 라반의 누이였다. 브두엘은 아브라함의 형제인 나홀의 아내 밀가의 아들이었다.

11 그리고 아브라함은 그의 집 종들의 딸 중에서 세 번째 아내를 맞아들였는데, 그녀의 이름은 그두라였다. 이는 하갈이 사라보다 먼저 죽었기 때문이었다. 그녀는 두 주간(14년) 동안 6명의 아들, 시므란과 욕산과 므단과 미디안과 이스박과 수아를 낳았다.

에서와 야곱

12 여섯째 주간의 둘째 해에2046 리브가는 이삭에게서 야곱과 에서, 두 아들을 낳았다.

13 야곱은 부드럽고 올곧은 사람이었고, 에서는 사납고 털이 많은 들사람이었으며, 야곱은 장막에서 살았다.

14 그 아이들은 성장했고, 야곱은 글쓰기를 배웠으나 에서는 배우지 않았다. 왜냐하면 그는 들사람이며 사냥꾼이었기 때문이다. 그는 전쟁을 배웠으며 그의 모든 행위

---

170 70인역에서와 같이 희년서도 막벨라를 음역하지 않고 뜻으로 번역하였다. 막벨라(막펠라מכפלה)는 ‘이중 또는 두 겹’이란 뜻이다. 아담과 하와의 생애 31:3에서 아담이 죽기 전에 하와에게 아담이 죽어 묻히는 그 자리에 하와도 뉘이게 될 것이라고 유언한다. 아담이 뉘인 그 자리에 하와도 뉘이게 된 이유로 그 무덤을 ‘막벨라’라 불리게 된 것으로 이해된다. 【아담과 하와의 생애 42:4-8】“당신이 내 뒤를 늦게 따라오는 것이 아니라 우리 둘이 함께 죽게 될 것이니, 이를 염려하지 마세요”, “그녀는 내 자리에 뉘여야 하리라” 그리고 하와는 자기가 죽는 순간에 남편 아담이 있는 곳에 묻히게 해달라고 기도했다. 기도를 마친 후 그녀는 이렇게 말했다. “여호와, 주님! 모든 통치의 하나님이시여, 당신의 여종인 저를 아담의 몸에서 멀리 떨어뜨려 놓지 말아 주세요. 이는 당신께서 저를 그의 지체로부터 만드셨기 때문입니다. 주께서 합당치 아니한 죄인인 저를 그의 장막에 들어가기에 합당하게 여겨주세요. 제가 낙원(樂園 에덴-동산)에서 그와 함께 있었던 때와 같이, 우리 둘이 서로 분리되지 않게 하시고, 우리가 범죄하여 주님의 명령을 어겼음에도 우리 둘이 분리되지 아니하였으니, 주님, 이제 저희를 갈라놓지 마소서.” 그녀는 기도를 마치고 하늘을 응시하며 큰 소리로 탄식하고 가슴을 치며 “만유의 하나님이여, 내 영을 받아 주세요”라고 말했고, 곧바로 자신의 영을 하나님께 올려 드렸다.

가 사나웠다.

인류 구원과 신천신지를 위해 공헌할 야곱을 리브가에게 당부하는 아브라함

15 아브라함은 야곱을 사랑하였으나, 이삭은 에서를 사랑하였다.

16 아브라함은 에서의 행위를 관찰하면서 야곱을 통해 집안의 명성과 후손을 얻게 될 것을 깨달았다. 아브라함은 리브가를 불러 야곱에 관한 계명을 주었는데 이는 그녀도 에서보다 야곱을 훨씬 더 사랑한다는 것을 그가 알고 있었기 때문이다.

17 아브라함이 리브가에게 말했다. "내 딸아, 내 아들 야곱을 잘 보살펴 주거라. 이는 그가 인간의 자손들 가운데 복이 되기 위하여 또한 셈의 모든 자손들의 영광을 위하여[171]이 땅에서 나를 대신하여 존재할 것이기 때문이다.

18 또한 여호와께서 땅에 있는 모든 민족 중에 그를 택하셔서 자신의 소유가 될 백성으로 삼으실 것을 내가 알기 때문이다.

19 보라 내 아들 이삭은 야곱보다 에서를 더 사랑하지만 나는 네가 진정 야곱을 가장 사랑한다는 것을 알고 있다.

20 야곱에게 더욱 잘해주고 너의 눈이 사랑으로 야곱 위에 머물게 하여라. 이는 그가 이제부터 땅의 모든 세대에 이르기까지 땅 위에 있는 우리에게 복이 될 것이기 때문이다.

21 너의 손을 강하게 하고 네 마음으로 네 아들 야곱을 기뻐하여라. 이는 내가 그를 내 모든 아들보다 훨씬 더 사랑하였기 때문이다. 그는 영원히 복 받을 것이며 그의 씨(후손)가 온 땅을 가득 채우리라.

22 사람이 땅의 모래를 셀 수 있다면 그의 씨(후손)도 셀 수 있을 것이다.

23 여호와께서 나와 내 씨(후손)에게 주신 모든 축복은 항상 야곱과 그의 씨(후손)에게 속하리라.

24 그의 씨(후손)를 통해서 내 이름과 내 조상들 곧, 셈과 노아와 에녹과 마할랄렐과 에노스와 셋과 아담의 이름이 복을 받을 것이다.[172]

---

171 "인간의 자손들 가운데 복이 되기 위하여, 또한 셈의 모든 자손의 영광을 위하여" ① 전 인류를 향한 하나님의 복의 계획과 ② 셈의 혈통 중에서 택한 민족의 영광을 위한 계획이 항상 두 개의 철로를 가지고 있는 기차 레일처럼 비행기의 두 날개처럼 공존하고 있음을 믿음의 선진들은 처음부터 이해하고 있었다. 아브라함의 야곱에 대한 축복은 이삭에 대한 축복보다 기록된 분량에 있어서 더 많으며, 축복한 내용의 공간적인 범위가 넓고 크며 우주적이다.

　【창 18:18-19】 "②아브라함은 강대한 나라가 되고 ①천하 만민은 그를 인하여 복을 받게 될 것이 아니냐 내가 그로 ②그 아들들בָּנָיו과 ①그의 집안 식구תוֹ‎בֵּי에게 명하여 여호와의 도를 지켜 의와 공도를 행하게 하려고 그를 택하였나니" 창 12:2-3 "내가 너로 ②큰 민족גּוֹי גָּדוֹל을 이루고 … ①땅의 모든 족속이 너로 말미암아 복을 얻을 것이라" 눅 2: 31-32 ①"이 구원은 만민 앞에 예비하신 것이요 이방을 비추는 빛이요 ② 주의 백성 이스라엘의 영광이니이다" 엡 2:18 "이는 그리스도로 말미암아 우리 둘(유대인과 이방인)이 한 성령 안에서 아버지께 나아감을 얻게 하려 하심이라" 엡 2:15 "이 둘(유대인과 이방인)을 자기 안에서 한 새 사람으로 만들어 샬롬을 이루게 하시고"

172 아브라함은 자신 뿐 아니라 셈부터 아담까지 홍수 이전 시대를 살았던 족장들의 이름을 언급하면서 그 선조

25 이들은 하늘의 기초를 놓기 위해서, 땅을 견고히 하기 위해서, 궁창 위에 있는 모든 광명체들을 새롭게 하기 위해서 공헌할 것이다."[173]

아브라함이 야곱을 축복하다

26 아브라함은 야곱의 어머니 리브가가 보는 앞에서 야곱을 불러 입 맞추고 축복하며 말했다.

27 "내 혼이 사랑하는 나의 사랑하는 아들, 야곱아! 하나님께서 궁창 위에서부터 너에게 복 주시길 원하며, 그분께서 아담과 에녹과 노아와 셈에게 복주셨던 모든 복을 너에게 주시길 원하며, 내게 말씀하신 모든 것과 내게 주시겠다고 약속하신 모든 것을 하늘이 땅 위에 있는 동안 너와 네 씨(후손)에게 영원히 베풀어 주시길 원하노라.

28 마스테마의 영들이 너와 너의 씨(후손)를 다스리지 못하리니, 이제부터 영원토록 네 하나님이신 여호와로부터 네가 돌아서게 하지 못하게 하시리라.

29 여호와 하나님께서 항상 너와 너의 맏아들과 그 백성에게 아버지가 되시기를 원하노라.

30 평안히 가거라, 내 아들아." 그리고 그 둘은 함께 아브라함에게서 떠나 나갔다.

31 리브가는 온 마음과 온 혼을 다해 에서보다 훨씬 더 야곱을 사랑했다. 그러나 이삭은 야곱보다 에서를 훨씬 더 사랑했다.

들까지도 야곱의 후손을 통해서 복을 받게 될 것을 기원하고 있다. 이를 통해 아브라함은 야곱을 통한 씨(후손)의 정통성을 강조하고 있다. 여기서 아담부터 셈까지 11세대 중에서 7세대가 족보의 역순으로 나열되어 있지만(셈-노아-에녹-마할랄렐-에노스-셋-아담), 게에즈 사본 63에는 나머지 4세대인 라멕, 므두셀라, 야렛, 게난의 명단이 모두 포함되어 있다. 라틴어 사본과 게에즈어의 다수의 사본을 기준 삼아서 7세대의 명단으로 번역했다.

인류사의 초반에 각종 우상숭배를 끌어들인 '우상 숭배의 아버지'였던 에노스가 7세대 명단에 포함되어 있다. 이는 므낫세와 같은 경우처럼 그가 후에 회개하고 돌이켰을 것이라고 추정할 수 있게 해준다.

173 아브라함이 리브가에게 야곱을 부탁하며 당부하는 긴 문단(희 19:17-25)의 마지막 문장은 새 하늘과 새 땅과 새롭게 될 광명체들에 대한 전 우주적인 주제로 장엄하게 마무리가 된다. 첫 창조와 새 창조를 구분하여 생각하는 개념이 이 구절의 배경에 깔려 있다. 희년서 1:29에서 임재의 천사가 하늘의 돌판들에 기록된 내용을 모세에게 전달하면서 희년서의 계시 내용의 범위를 아래와 같이 설명한다.

"첫 창조의 때로부터 시작하여 하늘들과 땅과 그 안의 모든 피조물이 하늘의 권능에 따라, 그리고 땅의 모든 본성에 따라 각각 새롭게 될 새 창조의 때까지, 또한 여호와의 성소가 시온 산 위의 예루살렘에 완성될 때까지, 그리고 이스라엘의 택함 받은 모든 자들을 위해 모든 광명체가 치유와 샬롬과 축복이 되도록 다시 새롭게 되는 그 날로부터 땅의 모든 시대에 이를 때까지"

인류역사 7천년이 마무리되면 첫 창조에 속한 하늘과 땅과 만물은 지나가고 새 창조에 속한 새 하늘과 새 땅과 새 예루살렘이 시작되어 영존하게 될 것인데, 야곱의 후손들이 이 영원한 새 창조의 과업과 만물을 새롭게 하는 위대한 일에 중추적인 역할을 하며 공헌하게 될 것을 아브라함은 내다보고 있으며, 리브가에게 야곱에 대한 당부를 이와 같이 장엄하게 마무리하고 있다.

【계 21:12】 "크고 높은 성곽이 있고 열두 문이 있는데 문에 열두 천사가 있고 그 문들 위에 이름을 썼으니 이스라엘 자손 열두 지파의 이름들이라"

아들들과 서자들과 손자들을 모아놓고 토라를 가르치는 아브라함 [174]

20 42번째 희년의 일곱째 주간의 첫 해에 2052 아브라함은 이스마엘과 그의 12명의 아들과 이삭과 그의 2명의 아들과 그두라의 6명의 아들 그리고 그들의 자녀들을 불렀다.

2 아브라함은 그들에게 여호와의 도를 지키며 의를 행하고 각기 이웃을 사랑하며 모든 사람 가운데서 이와 같이 행하여 이 땅에서 그들 각자 공의와 의를 행할 것을 명령했다. [175]

3 이는 그들이 하나님께서 그들과 맺으신 언약에 따라 그들의 아들들에게 할례를 행해야 하고, 여호와께서 그들에게 명하신 모든 길에서 좌로나 우로나 치우치지 말아야 하며, 그들 자신을 모든 음행과 더러움으로부터 지켜야 하고, 그들 가운데 모든 음행과 부정함을 버려야 한다는 것이었다.

4 만일 어떤 여인이나 여종이 너희 가운데서 음행을 저지르면 그녀를 불로 태워서 그들이 그들의 눈과 마음을 따라 그녀와 음행하지 못하게 하여라. [176] 또한 그들이 가나안의 딸 중에서 아내를 택하지 못하게 하여라. 가나안의 씨는 땅에서 뿌리 뽑힐 것이기 때문이다.

5 아브라함은 거인들의 심판과 소돔 사람들의 심판을 말해주며, 어떻게 그들이 그들

---

174 아브라함은 이스마엘과 그의 열두 아들, 그리고 그두라의 여섯 아들과 그들의 자녀들을 멀리 떠나보내기 전에 그들을 다 모아 놓고 도덕적 가르침과 하나님과의 언약의 표로 할례를 명령하였다. 이후 이들은 주로 아라비아 반도에 흩어져 정착하며 서로 섞여 아랍인이 되기도 했으나, 섞이지 않고 독립적으로 아라비아 반도에 남은 이스마엘 자손도 있었다(희 20:13).

아브라함이 그들을 떠나 보내기 전에 그들에게 가르친 토라(가르침)는 1) 이웃 사랑 실천 2) 할례 3) 음란과 음행을 멀리함 4) 우상 숭배 금지이다.

아브라함의 이러한 가르침은 이스마엘 자손들의 문화와 사회 규범에서 이어져 왔으며, 할례의 전통과 기본적인 윤리적 가르침은 아라비아 전통 안에서 현재까지 유지되어 내려오고 있다. 아라비아 문화의 나그네에 대한 환대와 이웃과의 연대, 꾸란에는 명시되지 않은 오랜 할례 전통, 성 윤리에 관한 엄격한 관습, 그리고 우상숭배를 철저하게 금지하는 유일신에 대한 강조는 이러한 '아브라함의 토라(가르침)'의 영향을 보여준다. 주후 7세기가 되서야 시작된 이슬람이 중동 전 지역을 장악하여 아랍어와 무슬림 종교로 통일시켜 놓았으나, 이스마엘 자손들에게 아브라함의 서자의 후손으로서의 문화와 오랜 전통적 관습 속에서 아브라함의 가르침을 반영하는 흔적이 남아 있는 것을 발견할 수 있다. 약 1,400년 동안 이슬람 종교의 영향 아래 있어 왔지만 선지서에서는 마지막 때에 이스라엘 주변의 중동 땅에서 이스마엘의 자손들과 그두라의 자손들과 에돔의 자손들 중에서 남은 자들이 주님께 돌아오는 것과 그들의 부흥과 재림 시즌에 그들 중 남은 자들의 긍정적인 역할에 대해서 내다보고 있다(사 21장; 42:9-13; 60:5-7).

175 【창 18:19】 "내가 그로 그 자식과 그의 집안 식구들에게 명하여 여호와의 도를 지켜 의와 공도를 행하게 하려고 그를 택하였나니 이는 나 여호와가 아브라함에게 대하여 말한 일을 이루려 함이니라"

176 가나안 사람의 딸과 결혼하지 말아야 할 것에 대해 희 20:4에서 아브라함을 통해서 처음 언급되며 이후 이 명령은 반복되고 강조된다(희 22:20~21; 25:1~5, 9; 27:8~10; 41:2). 창 24:3에서 아브라함은 이삭을 위한 신부를 찾으러 엘리에셀을 보내며 맹세함으로 강조한 바 있다. "내가 너로 하늘의 하나님, 땅의 하나님이신 여호와를 가리켜 맹세하게 하노니 너는 나의 거하는 이 지방 가나안 족속의 딸 중에서 내 아들을 위하여 아내를 택하지 말고"

의 사악함으로 인해 심판을 받았고, 음행과 불결함과 음행을 통한 상호 간의 부패로 인해 그들이 어떻게 멸망하게 되었는지에 대해 그들에게 말해주었다.[177]

6 "모든 음행과 불결함과 죄의 온갖 더러움으로부터 너희 자신을 스스로 지켜라. 그렇지 않으면 너희가 우리의 이름을 저줏거리가 되게 하며, 너희의 전 생애를 경멸거리가 되게 하고, 너희의 모든 아들이 칼에 멸망케 하리니, 너희가 소돔과 같이 저주를 받고 너희의 남은 모든 자가 고모라의 아들들과 같이 될까 염려되는구나.

7 내 아들들아, 내가 너희에게 간청하니, 하늘에 계신 하나님을 사랑하고 그의 모든 계명에 견고히 붙어 있어라. 그들의 우상들을 따라가지 말며 그들의 불결함들을 따르지 말라.

8 너희 자신을 위해 부어 만들거나 새겨 만든 신상들을 만들지 말라. 그것들은 아무것도 아닌 허상이며 그것들 안에는 영이 없다. 그것들은 인간의 손으로 만들어진 것이니 그것들을 의지하는 모든 자들은 아무것도 아닌 것을 의지하는 것이다.

9 너희는 그것들을 섬기지도 말고 숭배하지도 말고 오직 지극히 높으신 하나님을 섬기며 항상 그분을 경배하여라. 언제나 그분의 얼굴을 바라며 그분 앞에서 정직과 의를 행하여라. 그리하면 그분이 너희를 기뻐하시며, 너희에게 그분의 자비를 베푸시고, 아침과 저녁에 너희 위에 비를 내려주시며, 너희가 땅 위에서 행한 모든 일에 복을 내려주시고, 너희의 빵과 물에 복 주시며, 너희 자궁의 열매와 너희 땅의 열매, 그리고 너희 소 떼와 너희 양 떼에게 복을 주시리라.

10 너희가 땅에서 복이 될 것이요 땅의 모든 민족이 너희를 사모할 것이며 내 이름으로 너희 아들들을 축복하리니 그들도 나와 같이 복을 받게 되리라."

아브라함이 이스마엘과 서자들에게 소유를 나눠주며 이삭에게서 멀리 떠나게 하다

11 아브라함은 이스마엘과 그의 아들들과 그두라의 아들들에게 재산을 나눠주며, 그들을 그의 아들 이삭에게서 멀리 떠나보냈고, 그는 그의 아들 이삭에게 모든 것을 주었다.

이스마엘과 그두라의 아들들이 섞여 아랍인이 되다

12 이스마엘과 그의 아들들, 그두라의 아들들과 그들의 아들들은 함께 가서 바란에서부터 바벨론으로 들어가는 입구가 있는 사막을 마주한 동편의 모든 땅에 거주하였다.

13 이들은 서로 섞였고 그들의 이름은 아랍

인들[178]과 이스마엘인들이라 불렸다.

아브라함이 죽기 전 이삭에게 남긴 유언

21 이 희년의 일곱째 주간의 여섯째 해에[2057] 아브라함은 그의 아들 이삭을 불러 명령하며 말했다. "나는 늙었고 내가 죽을 날을 알지 못하며, 나의 날수를 다 채웠노라.

2 보라, 나는 175세라. 내 삶의 모든 날 동안 나는 여호와를 기억하며 온 마음을 다해 그분의 뜻을 행하고, 그분의 모든 길을 올바르게 걷고자 노력했다.

3 내 혼은 우상들을 싫어했고 그것들을 섬기는 자들을 멸시하였으며, 나를 창조하신 분의 뜻을 지켜 행하기 위해 내 마음과 영을 다 바쳤다.

4 그분은 살아 계신 하나님이시며, 거룩하시고 신실하시며, 만유를 초월하여 의로우시다. 그분께서는 사람을 차별하지 않으시며, 뇌물을 받지 않으신다. 하나님은 의로우셔서 그분의 계명들을 어기고 그분의 언약을 멸시하는 모든 자에게 심판을 집행하신다.

5 너는 그분의 계명들과 규례들과 판결들을 준수하며 가증한 것들과 새긴 형상들과 부어 만든 형상들을 좇아 행하지 말아라.

6 그리고 짐승들이나 가축들이나 하늘을 나는 어떠한 새들의 피도 먹지 말아라.

아브라함이 이삭에게 제사장 직분을 가르치다
화목제와 감사제의 식사

7 만일 네가 화목제에 합당한 희생제물을 잡으려거든, 그것을 잡아 그 피를 제단 위에 쏟고, 제물의 모든 기름을 고운 가루와 함께 제단에 바치고, 소제물은 기름과 섞어 부어드리는 제사와 함께 드리되 모든 것을 다 함께 번제단에서 드리라. 이는 여호와 앞에 감미로운 향기라.

8 너는 감사제 희생제물의 기름을 제단 위에 있는 불 위에 드리라. 그러나 배에 있는 기름과 내장과 두 콩팥에 있는 모든 기름과 그 위에 있는 모든 기름과 넓적다리와 간에 있는 기름은 콩팥과 함께 떼어 제거해야 한다.

9 그리고 이 모든 것을 하나님 앞에서 받으실 만한 향기로운 제물, 즉 여호와께 드리는 음식인 번제의 음식과 함께 하나님 앞에서 받으실 만한 향기로운 향기로 바쳐야 하리라.

10 그 날과 그 다음날에 고기를 먹되 둘째 날 해 저물기 전까지 먹어서 셋째 날에는 아무것도 남지 않게 하여라. 그것은 받아들여지지 않는 것이니 더 이상 먹어서는 안 된다. 그것을 먹는 모든 자는 스스로에게 죄를 자초할 것이다.[179] 이와 같이 내 조상들의 책들과 에녹의 글과 노아의 글에 기

---

178 아랍ערב은 '섞인, mixed, mingled'란 뜻이다. 희 20:13에서 처음 아랍 사람들이 언급되는데 그들은 아브라함의 서자들인 이스마엘의 후손과 그두라의 후손이 섞이었기 때문에 '아랍인'이라 불리게 되었다. 【단 2:41-43】 41."왕께서 그 발과 발가락이 얼마는 토기장이의 진흙이요 얼마는 쇠인 것을 보셨은즉 그 나라가 나누일 것이며 왕께서 쇠와 진흙이 섞인 것을 보셨은즉 그 나라가 쇠 같은 든든함이 있을 것이나 42. 그 발가락이 얼마는 쇠요 얼마는 진흙인즉 그 나라가 얼마는 든든하고 얼마는 부서질 만할 것이며 43. 왕께서 쇠와 진흙이 섞인 것을 보셨은즉 그들이 다른 민족과 서로 섞일 것이나 그들이 피차에 합하지 아니함이 쇠와 진흙이 합하지 않음과 같으리이다."

록되어 있는 것을 내가 찾아보고 알게되었다. [180]

11 네 모든 예물에 소금을 뿌리고, 여호와 앞에서 네 모든 예물들에 언약의 소금이 부족하지 않도록 하여라.

제단에서 사용해야 할 12가지 목재

12 제물들의 목재에 관해서는, 편백나무(잣나무), 베이 나무, 아몬드나무, 전나무, 소나무, 백향목, 향나무, 무화과나무, 올리브나무, 몰약나무, 월계수나무, 루이보스 나무 외에 다른 나무를 제단에 가져오지 않도록 주의하라. [181]

13 제단 위 제물 아래에 이러한 종류의 목재를 놓되 그 모양을 잘 살펴보아서 갈라지거나 검게 된 나무는 놓지 말고, 단단하고 깨끗하며 흠이 없고 싱싱한 새로 자란 나무를 놓을 것이며, 오래된 나무는 놓지 말아라. 그 안에는 향이 사라져 더 이상 예전처럼 향이 나지 않기 때문이다.

14 이러한 종류의 목재 외에는 다른 나무들을 제단 위에 놓지 말아라. 이는 그 향이 흩어져서 향기가 하늘에 상달되지 않기 때문이다.

제사에 대한 계명과 정결법

15 내 아들아, 이 계명을 지켜 행하라. 그리

179 【레 7:15-18】 15."감사함으로 드리는 화목제물의 고기는 드리는 그 날에 먹을 것이요 조금이라도 이튿날 아침까지 두지 말 것이니라 16. 그러나 그의 예물의 제물이 서원이나 자원하는 것이면 그 제물을 드린 날에 먹을 것이요 그 남은 것은 이튿날에도 먹되 17. 그 제물의 고기가 셋째 날까지 남았으면 불사를지니 18. 만일 그 화목제물의 고기를 셋째 날에 조금이라도 먹으면 그 제사는 기쁘게 받아들여지지 않을 것이라 드린 자에게도 예물답게 되지 못하고 도리어 가증한 것이 될 것이며 그것을 먹는 자는 그 죄를 짊어지리라"

180 (카이로 게니자와 쿰란 동굴에서 발견된) 【아람어 레위 문서 10:10】 "나의 아버지 아브라함이 이같이 내게 명하였으니 이는 그가 '노아의 책'의 기록에서 피에 관하여 이렇게 발견하였음이라." 희년서는 이러한 제사의 세부 지침들이 '내 조상들의 책들'과 '에녹의 글'과 '노아의 글'에 기록되어 있었다고 기억하고 있다. 이를 통해, 현재 우리에게까지 전해지지 않은 내용 중에는 제사에 대한 세부 사항과 절기에 대한 가르침이 있었을 것으로 알 수 있고 그들은 그러한 정보들을 읽고 알고 있었지만, 이집트에서 야곱의 12아들이 다 죽은 후 제사들과 절기들을 잊어버렸다. 이것이 이집트에서 일어난 일이라면 갈대아 우르에서도 제사들과 절기들의 대가 끊긴 적이 있었다. 노아가 살아생전에는 아담부터 또한 에녹으로부터 전달되어 내려오던 절기와 제사에 대한 실천이 있었지만 노아가 죽자, 대가 끊기고 아브라함이 하란에 도착한 지 14년이 되던 때까지 절기와 제사가 폐하여졌다. 아브라함 48세에 바벨탑 사건이 있었고 그때 노아는 940세였다. 노아는 바벨탑 사건 이후 10년을 더 살다 950세에 죽는다. 그때 아브라함의 나이는 58세이다. 아브라함은 하란에 14년을 머물다 74세가 되던 해의 로쉬하샤나에 '조상들의 책들'과 '에녹의 글'과 '노아의 글'을 찾아서 6개월 동안 읽고 필사하고 연구한 후에 결단하고 하란을 떠나 75세에 에덴동산의 중앙산지에 도착한다(희 12:27). 노아가 죽을 때 절기들과 제사들이 단절되어 약 16년의 공백이 지난 후에 아브라함이 절기들과 제사들을 다시 회복시킨다. 아브라함은 에덴-동산 중앙산지에 도착하자마자 세겜에서 제단을 쌓고 제사를 드리며 여호와의 이름을 불렀다.

181 아브라함이 이삭에게 유언을 남기면서, 이삭에게 제사장 직분을 맡기며, 희생 제사에 대한 지침들을 가르쳤다(희 21:6-20). 번제에 사용해야 할 12 나무 목록은 "아람어 레위의 유언" 9:12에서도, 이삭이 레위에게 제사장 직분을 맡기며 희생 제사와 관련된 모든 것을 부지런히 가르치며 분주하게 지냈으며, 아브라함이 이삭에게 가르쳐 준 대로 열두 종류의 나무만 희생 제사의 목재로 사용해야 한다고 가르쳤다. 【아람어 레위의 유언 9:12】 "아브라함이 내게 가르쳐 준 바와 같이, 잎사귀가 항상 있는 열 두 종류의 나무 목재로만 여호와께 제물들을 드리도록 하여라."

하면 네 모든 행위에서 네가 올바르게 되
리라.

16 그리고 항상 네 몸을 깨끗하게 하고, 네가
제사를 드리려고 제단에 가까이 다가가기
전에 너 자신을 물로 씻고, 네가 제단 가
까이 나아가기 전에 네 손과 발을 씻어라.
그리고 네가 희생 제사 드리기를 마친 후
에 네 손과 발을   다시 씻어라.

피와 생명에 대한 계명과 약속

17 너와 네 옷에 피가 묻지 않게 하여라. 내
아들아, 피를 경계하고, 극도로 경계하여
라. 피를 흙으로 덮어라.

18 피를 먹지 말아라. 피는 혼(생명)이니 어떤
피도 먹지 말아라.

19 사람의 피에 대한 대가로 어떤 뇌물들도
취하지 말아라. 처벌을 받지 않고, 심판 없
이 피가 흘려지지 않도록 하여라. 이는 흘
려진 피가 땅을 죄에 이르게 하기 때문이
며, 땅은 피를 흘리게 한 자의 피를 통하
지 않고는 깨끗하게 될 수 없기 때문이다.

20 피에는 피니, 사람의 피에 대한 대가로 어
떤 뇌물이나 선물을 받지 말아라. 그리하
면 너는 지극히 높으신 주 하나님 여호와
앞에 받아들여지게 되리라. 그분은 선한

자들의 변호자시니 너는 모든 악에서 보
호받을 것이며, 온갖 종류의 죽음에서 그
분은 너를 구원하실 것이다.[182]

마지막 당부

21 내 아들아, 내가 보니, 사람의 자녀들의 모
든 행위는 죄와 사악함이며, 그들의 모든
행위는 불결함과 가증함과 오염이니, 그
들에게는 의가 없도다.

22 그들의 길로 행하거나 그들이 다니던 길
을 걸음으로 지극히 높으신 하나님 앞에
서 사망에 이르는 죄를 범하지 않도록 조
심하여라. 그렇지 않으면 여호와께서는 그
분의 얼굴을 네게서 숨기시고 너를 네 범
죄한 손에 도로 맡기시며 너를 땅에서 뿌
리 뽑으시고 네 씨(후손)도 하늘 아래에서
그와 같이 되리라. 그리하여 네 이름과 네
자손이 온 땅에서 멸망하리라.

23 그들의 모든 행위와 모든 불결함에서 돌
이키고 지극히 높으신 하나님의 규례를 준
수하며 그분의 뜻을 행하고 모든 일에 올
바르게 행하여라.

24 그분께서는 너의 모든 행위로 인해 너에
게 복을 주실 것이며, 온 땅에서 땅의 모
든 세대에 걸쳐 너로부터 의의 나무[183]를

---

182 노아의 무지개 언약 직전에 생명을 피째 먹는 것과 사람의 피를 흘린 자는 자기 자신의 피로 값아야 할 것(창 9:4-6)이 명령되었다. 이것은 홍수 직전에 살아있는 생명을 피째 먹는 일과 하나님의 형상인 사람조차 그런 일을 당하게 되는 일들이 많았음을 반영해 주고 있는 것이다. 또한 하나님의 형상인 사람을 의도적으로 살인한 자는 어떤 대가를 지불해도 사면이 없어야 함을 강조하는 것도 홍수 이전 시대의 마지막 때에 그러한 일이 많았음을 반영해 주고 있는 것이다. 희년서 20:17-20에서 특이한 점은 이러한 피와 생명의 가치에 대한 계명을 지키기만 해도 하나님이 받아 들어 주시며 변호와 방패가 되어주시고 모든 악에서 보호해 주시며 온갖 사망에서 구원해 주시겠다고 약속하셨다는 것이다.

183 게에즈 사본에서는 '의의 나무'로 사해 사본에서는 '진리의 나무'로 표현된다. 희 21:24에서는 아브라함이 이삭에게 '의(진리)의 나무' 전승으로 축복한다. 희 36:6에서는 이삭이 야곱에게 '의의 나무' 전승으로 축복한다.

일으키실 것이다. 그리하여 내 이름과 너의 이름은 하늘 아래서 영원히 잊혀지지 않을 것이다.

25 평안히 가거라. 내 아들아, 나의 하나님과 너의 하나님, 지극히 높으신 하나님께서 네가 그분의 뜻을 행하도록 너를 강건케 하시며, 모든 의로운 복으로 너의 모든 자손과 네 자손의 남은 자들을 영원히 대대로 축복하시기를 원하노라. 그리하여 네가 온 땅에 복이 되기를 바라노라.”

26 이삭은 기뻐하며 아브라함을 떠났다.

이삭, 이스마엘, 야곱이 아브라함과 함께 칠칠절(밀 초실절)을 지키다

22 43번째 희년의[184] 첫째 주간의 둘째 해 2109 아브라함이 죽던 그 해에 이삭과 이스마엘이 추수의 첫 열매들의 절기인 칠칠절을 지키기 위해 맹세의 우물에서 그들의 아버지 아브라함에게로 왔다. 아브라함은 그의 두 아들이 왔기 때문에 기뻐했다.

2 이삭은 브엘세바에 많은 소유를 가지고 있었는데, 이삭은 자신의 소유들을 보러 갔다가 아버지에게 돌아오곤 했다.

3 그 무렵 이스마엘이 그의 아버지를 뵈러 와서, 그들 두 사람이 함께 모였으므로, 이삭은 그의 아버지가 헤브론에 만든 제단에서 번제를 위한 희생제물을 드렸다.

4 이삭은 감사제를 드렸고 그의 형제 이스마엘 앞에서 기쁨의 잔치를 베풀었다. 리브가는 새 곡물로 새 빵들을 만들어 자기

아들 야곱에게 주어 그의 아버지 아브라함에게 가져가도록 하여 아브라함이 죽기 전에 그가 이 땅의 첫 열매들로부터 나온 것을 먹고 만물의 창조주를 송축할 수 있도록 하였다.

5 이삭도 야곱의 손으로 최고의 감사 제물을 아브라함에게 들려 보내 아브라함이 먹고 마시게 하였다.

아브라함의 기도

6 아브라함은 먹고 마시며 지극히 높으신 하나님, 하늘과 땅을 창조하신 분, 땅의 모든 기름진 것들을 만드신 분, 사람의 자녀들이 먹고 마시며 그들의 창조주를 송축하도록 그것들을 그들에게 주신 하나님을 송축했다.

7 “이제 내가 나의 하나님 당신께서 나로 하여금 이 날을 보게 하시니 감사를 드립니다. 보십시오. 저는 175세가 되어 늙고 제 날수가 찼습니다. 제 모든 날이 평안하였습니다.

8 오늘까지 내 평생 대적의 칼이 당신께서 저와 제 자녀들에게 주신 모든 것에서 나를 이기지 못하였나이다.

9 나의 하나님, 당신의 자비와 당신의 평강이 당신의 종과 종의 아들들의 씨(후손)에 있게 하소서. 그리하여 그들이 이제로부터 만세까지 영원토록 땅의 모든 나라 가운데서 당신이 기뻐 받으시는 백성과 기업이 되게 하소서.”

---

[184] 쿰란 사본 4Q219에서는 ‘43번째 희년’으로, 다수의 게에즈 사본은 ‘44번째 희년’으로 나온다.

아브라함이 어린 야곱에게 한 마지막 유언과 축복

10 그리고 아브라함은 야곱을 불러 말하였다. "내 아들 야곱아, 만유의 하나님께서 너에게 복 주시고, 네가 의를 행하며 그분 앞에서 그분의 뜻을 행할 수 있도록 너를 강건케 하시기를 바라노라. 그분께서 너와 네 씨를 택하셔서 너희가 항상 그분의 뜻에 따라 그분의 기업을 위한 백성이 되기를 원하노라. 내 아들 야곱아, 가까이 다가와 내게 입을 맞추어라."

11 그리고 야곱이 가까이 다가가서 그에게 입을 맞추니 아브라함이 말했다. "내 아들 야곱과 그의 모든 아들이 지극히 높으신 하나님께 영원히 복을 받을지어다. 하나님께서 너에게 의로운 씨(자손)를 주시고, 네 아들 중 몇몇을 온 땅 가운데서 성별(聖別)하시기를 원하노라. 나라들이 너를 섬기며, 모든 민족이 그들 스스로 네 씨(후손) 앞에 절하는도다.

12 사람들 앞에서 강하여라. 그리고 셋의 모든 후손에 대한 권위를 행사하여라. 그러면 네 길들과 네 아들들의 길들이 의롭게 되리니, 그들이 거룩한 나라가 되리라.

13 지극히 높으신 하나님께서 나에게 복을 주셨고 노아와 아담에게 복을 주셨던 것처럼 그 모든 복을 너에게 주시고, 네 자손의 거룩한 머리 위에 대대로 영원히 머물게 하시기를 원하노라.

14 또한 그분께서 모든 불의와 불결함에서 너를 정결하게 하시며, 네가 부지중에 저지른 모든 죄가 사함받기를 원하노라. 그분께서 너를 강건케 하시며, 너에게 복 주시기를 원하노라. 그리고 네가 온 땅을 상속받기를 원하노라.

15 그분께서 너와 맺은 그분의 언약을 새롭게 하셔서 네가 영원히 그분의 기업에 속한, 그분을 위한 민족이 되게 하시기를 원하며, 땅의 모든 시대 동안 그분께서 진리와 의로 너와 네 자손에게 하나님이 되시기를 원하노라.

16 내 아들 야곱아, 내 말들을 기억하고, 네 아버지 아브라함의 계명들을 지켜 행하라. 이방 민족들로부터 너 자신을 분리하고, 그들과 함께 먹지 말며, 그들의 행위들을 따르지 말고, 그들과 어울리지 말아라. 이는 그들의 행위들은 더럽혀졌고 그들의 모든 길은 오염되고 비루하며 혐오스럽기 때문이다.

17 그들은 죽은 자에게 희생 제물들을 바치고, 악한 영들을 숭배하며, 무덤들 안에서 먹는다. 그들의 모든 행위는 무가치하고 헛된 것이다.

18 그들에게는 깨닫고 이해하는 마음이 없다. 그들의 눈은 그들이 무엇을 하고 있는지 보지 못하며, 나무 조각에게 '당신은 나의 하나님이십니다'라고, 돌에게 '당신은 나의 주시며 나의 구원자이십니다'라고 말하면서도 그들은 자신이 어떤 오류에 빠져있는지 보지 못한다. 그들에게는 이를 깨닫고 이해하는 마음이 없다.

19 그러나 내 아들 야곱아, 지극히 높으신 하나님께서 너를 도우시며 하늘의 하나님께서 너에게 복 주시고, 그분께서 그들의 더럽혀짐과 그들의 모든 오류로부터 너를 멀

리 옮기시리라.

20 내 아들 야곱아, 너희는 가나안 딸들의 후손(씨)에서 아내를 취하지 않도록 주의하라. 가나안의 모든 씨는 이 땅에서 뿌리 뽑히리라.

21 이는 함의 죄로 말미암아 가나안이 잘못을 저질렀기 때문이니[185], 그의 모든 씨와 그에 속한 모든 자가 땅에서 멸망할 것이며 심판 날에 그에게서 나온 자 중에서 구원받을 자가 없으리라.

22 모든 우상 숭배자들과 신성모독자들은 산 자들의 땅에서 희망이 없을 것이다. 이는 그들이 스올로 내려갈 것이고, 정죄의 장소로 들어갈 것이며, 땅에서 그들을 기억함이 없을 것이기 때문이다. 소돔의 사람들이 땅에서 제거된 것처럼 우상들을 숭배하는 모든 자들 또한 제거될 것이다.

23 두려워 말라. 내 아들 야곱아, 놀라지 말라. 오 아브라함의 아들이여, 지극히 높으신 하나님께서 너를 멸망으로부터 보호하시며, 모든 잘못된 길에서 너를 구해 주시리라.

24 이 집은 내가 내 이름을 이 땅에 두기 위하여 나를 위해 세웠으니, 이는 너와 네 씨에게 영원히 주어진 것이며 아브라함의 집이라 불리게 될 것이다. 이는 네가 나의 집을 세울 것이며 하나님 앞에서 네가 영원토록 내 이름을 드높일 것이기 때문이다. 네 자손과 네 이름이 땅의 모든 세대를 걸쳐 견고히 서리라.”

25 그리고 아브라함은 야곱에게 명령하고 축복하는 것을 마쳤다.

26 두 사람은 한 침대에 함께 누웠으며, 야곱은 할아버지 아브라함의 품에 안겨 잠들었다. 아브라함은 야곱에게 일곱 번 입을 맞추었고, 아브라함의 자애로운 마음은 야곱으로 인해 크게 기뻐하였다.

27 아브라함은 온 마음으로 야곱을 축복하며 말했다. “지극히 높으신 하나님, 만유의 하나님, 만물의 창조자, 이 땅을 내게 주어 영원한 기업으로 받게 하시려고 나를 갈대아 우르에서 이끌어 내시고, 나로 거룩한 씨(자손)를 세울 수 있도록 하신 지극히 높으신 분께서는 영원히 송축 받으소서.”

28 그리고 아브라함은 야곱을 축복하며 말했다. “나의 온 마음과 사랑으로 기뻐하는 내 아들과 그의 씨(자손) 위에 당신의 은혜와 당신의 자비가 항상 머물게 하소서.

29 이제부터 영원토록 그를 버리지 마시고 그를 외면하지 마시며, 그와 그의 씨(후손)에게 당신의 눈을 열어 그를 보호하시고, 복 주시며, 당신의 유업에 속한 백성을 위해

---

185 함의 죄로 말미암아 가나안이 잘못을 저질렀기 때문이니: 가나안이 땅에서 뿌리 뽑히게 되고 그중에서는 구원받을 자가 아무도 없을 만큼 저주받을 죄를 지은 이유를 그의 아버지 함의 선을 넘는 행위들 때문이라고 아브라함은 야곱에게 가르친다. 홍수 이전 시대를 살아 보았던 함은 홍수 이전의 성적인 음란죄를 홍수 이후에도 노아의 자손들에게 퍼뜨리며 오염시키는 엄중한 죄의 책임을 가지고 있다. 함의 막내 아들 가나안은 함의 영향을 받아, 술에 취해 누워있는 노아 할아버지를 대상으로 음행을 시도했고, 노아는 가나안 형제들의 종이 될 것이라 저주했다. 또한 가나안은 셈의 자손의 땅이었던 에덴-동산의 땅을 폭동을 일으켜 차지하였으며, 가나안 땅을 도가 넘어선 각종 음란으로 가득 채우는 결과를 낳게 했다.

그를 거룩히 구별하소서.

30 이제부터 영원토록 당신의 모든 복으로 그에게 복 주시고, 그와 그의 씨(후손)에게 당신의 언약과 은혜를 새롭게 하셔서 당신의 모든 선하신 뜻대로 땅의 모든 세대 위에 이르게 하소서.”

아브라함 곁에 잠든 야곱과 아브라함의 죽음
(창 25:7-10)

23 아브라함은 야곱의 두 손가락을 자신의 눈에 대고 신들의 하나님을 송축했다. 그는 자신의 얼굴을 덮은 채 발을 뻗고 영원의 잠을 자며 그의 조상들에게로 돌아갔다.[186]

2 이 모든 일에도 불구하고 야곱은 아브라함의 품에 누워 있었고, 그의 할아버지 아브라함이 죽었음을 알지 못했다.

3 야곱이 잠에서 깨어보니 아브라함이 얼음처럼 차가웠다. 그가 “할아버지, 할아버지”라고 불렀으나 아무 대답이 없었으며, 그는 그가 죽었음을 알았다.

4 그는 아브라함의 품에서 일어나 달려가서 그의 어머니 리브가에게 전했고, 리브가는 그 밤에 이삭에게 가서 전했다. 그들이 함께 갔고 야곱도 그들과 함께했다. 등불이 야곱의 손에 있었고, 그들이 들어가서 아브라함이 죽은 채 누워 있는 것을 발견했다.

5 이삭은 아버지의 얼굴에 엎드려 울며 입을 맞추었다.

6 아브라함의 집에서 소식이 들렸고 그의 아들 이스마엘이 일어나 그의 아버지 아브라함에게 갔고, 그의 아버지 아브라함을 위해 애곡했으며, 그와 아브라함의 모든 집안 사람들이 크게 애곡했다.

7 아브라함의 아들 이삭과 이스마엘은 막벨라 동굴, 아브라함의 아내 사라가 묻힌 곁에 그를 묻었고, 그의 집의 모든 사람들과 이삭과 이스마엘과 그들의 모든 아들과 그두라의 모든 아들이 40일 동안 그들의 자리에서 아브라함을 위해 애곡했다. 그 후에 아브라함을 위해 애곡하는 기간이 마무리되었다.

8 아브라함은 세 번의 희년과 네 번의 주간, 175년을 살았고 나이가 들어 그의 날수를 다 채우고 그의 일생을 마쳤다.

인간의 수명이 감소된 이유

9 선조들의 수명은 19번의 희년이었으나, 대홍수 이후 여러 가지 환난과 그들의 길들의 사악함으로 인해 그들의 수명이 19번의 희년에서 줄어들고 빠르게 늙어가기 시작했으며 수명이 짧아졌다. 그러나 아브라함은 예외였다.

---

186 ‘그의 조상들에게로 돌아갔다’ 또는 ‘그의 열조에게로 돌아갔다’: 구약 성경에서 사용되는 관용어구로써, 아쌒(אסף: 모으다)의 니팔동사(수동)로 쓰이는 이 표현(봐예아쎂 엘 암마브 וַיֵּאָסֶף אֶל־עַמָּיו)은 직역하면 ‘그의 백성들에게로 모여졌다’이며, 풀어서 설명하면 ‘그가 그들의 조상들이 이미 모여 있는 그곳으로 돌아가서 그곳에서 그들과 함께 모여있게 되었다’라는 뜻이다. 창 25:8(아브라함), 창 25:17(이스마엘), 창 35:29(이삭), 창 49:29; 49:33(야곱), 민 20:24; 20:26(아론), 민 27:13; 31:2(모세), 신 32:50(모세, 아론), 삿 2:10 “그 세대의 사람도 다 그 조상들에게로 돌아갔고”(사사기 이후로는 ‘그의 백성들 עַמָּיו’ 대신 ‘그의 아버지들 또는 조상들 אֲבוֹתָיו’로 사용됨), 왕하 22:20(요시야), 대하 34:28(요시야), 욥 27:19(어떤 부자).

10 이는 아브라함이 여호와와 함께한 그의 모든 행위에서 완벽했으며, 그의 생애의 모든 날 동안 의로움 안에서 주님을 기쁘게 하였기 때문이다. 그러나 보라 그는 세상의 악함으로 인해 늙게 되었으며, 그의 삶에서 네 번의 희년을 맞이하지 못하고 그의 수명이 다하게 되었다.

11 이때부터 큰 심판의 날까지 태어날 모든 세대는 두 번의 희년을 채우기도 전에 빨리 늙을 것이며, 그들의 지식은 그들의 노년에 그들을 떠날 것이며, 그들의 모든 지식은 땅에서 사라질 것이다.

12 그 시대에는 어떤 사람이 한 번의 희년과 희년의 반을 살면 사람들이 그에 대해 이렇게 말할 것이다. "그는 오래 살았으나 그의 인생 대부분은 고통과 슬픔과 환난이며 평안이 없다.

13 이는 재앙에 재앙이 따르고, 상처에 상처가, 환난에 환난이, 악한 소식에 악한 소식이, 질병에 질병이 따르며, 이런 모든 나쁜 형벌들이 서로 겹쳐서 일어나기 때문이니, 질병과 몰락과 진눈깨비와 우박과 서리와 열병과 오한과 무기력과 기근과 죽음과 칼과 포로됨과 모든 종류의 재앙과 고통이라."

14 이 모든 것이 땅에서 죄를 범하는 악한 세대에 임하리니, 그들의 행위들은 불결함과 음행, 오염과 가증한 것들이니라.

15 그 때에 그들은 말할 것이다. "조상들의 수명은 천 년에 이르도록 길었고 좋았으나, 보라 우리 생애의 연수는 오래 산다고 해도 70년, 강건하다 해도 80년이니, 그 날들은 악하고 이 악한 세대의 시대에는 샬롬이 없구나."[187]

자녀들의 입장에서 보아도 극도로 타락한 악한 기성세대

16 그 세대에는 자녀들이 그들의 부모들과 그들의 장로들의 죄와 불의, 그들의 입의 말들과 그들이 저지르는 큰 악행들, 그분의 모든 계명과 규례와 모든 토라를 좌로나 우로나 치우침 없이 준수하라고 여호와께서 그들과 그분 사이에 세우신 언약을 그들이 저버린 것에 대하여 정죄할 것이다.

17 모든 자들이 악을 행하였으므로 모든 입이 불의를 말하며, 그들의 모든 행위는 불결함과 혐오스러움이며, 그들의 모든 길은 오염과 불결과 멸망이다.

18 보라 그들의 모든 행위로 인해 땅이 멸망될 것이며, 그들이 하는 일은 완전한 악이기에 농작물과 포도주와 기름도 없을 것이고, 사람의 자녀들로 인해 짐승들과 가축과 새들과 바다의 모든 물고기가 모두 함께 파멸될 것이다.

19 젊은이와 늙은이가, 늙은이와 젊은이가, 가난한 자와 부자가, 낮은 자와 높은 자가, 거지와 귀족이 토라와 언약에 관하여 서로 다투게 될 것이다. 이는 그들이 계명과 언약과 절기들과 달들과 안식일들과 희년들과 모든 판결법들을 잊어버렸기 때문이다.

---

187 하나님의 사람 모세가 지은 시편 90편 참조(시90:10)

전쟁과 내전과 불의와 부정과 약탈

20 그들은 활과 칼을 들고 일어나 전쟁을 일으켜 그들을 '그 길'로 돌려보내려 할 것이나, 서로에 의해 땅에 많은 피가 흘려질 때까지 그들은 돌아오지 않을 것이다.

21 도망친 자들은 그들의 악으로부터 의의 길로 돌이키지 않을 것이다. 그들 모두는 속임수와 재물로 자신을 스스로 높이며 이웃의 모든 것을 빼앗을 것이며, 위대한 이름을 내세우겠지만 진리와 의로 하지 않을 것이다. 그들은 그들의 불결함과 오염의 부패함으로 지성소를 더럽힐 것이다.

22 큰 징벌이 여호와께로부터 나와서 이 세대의 행위들에 내려질 것이다. 그분은 그들을 칼과 심판에 넘겨주고, 포로가 되게 하며, 약탈과 삼킴을 당하게 하실 것이다.

이방 나라의 악한 군대를 일으켜 이스라엘을 심판하심

23 그리고 그분은 남녀노소를 가리지 않고 아무도 존중하지 않고 자비나 동정을 베풀지 않는 이방 나라들의 죄인들을 일으켜 그들을 대적하도록 하실 것이다. 이는 그들이 악하고 강하여 다른 모든 인종보다 더 악하게 그들에게 행할 것이기 때문이다. 그들은 이스라엘에게 폭력을 행사하며 야곱을 침범할 것이고, 많은 피가 땅 위에 흘려질 것이나, 시신을 모으는 사람도 없고 묻을 사람도 없을 것이다.[188]

24 그 시대에 그들은 큰소리로 울부짖으며 죄인들, 곧 이방 나라들의 손에서 구원해 달라고 부르짖으며 기도할 것이나, 그들을 구원할 자가 없을 것이다.

25 아이들의 머리가 백발로 하얗게 될 것이며, 세번의 주간[189]을 산 아이는 100세 된 자처럼 늙어 보일 것이고, 그들의 건강 상태는 환난과 압제로 인해 망가질 것이다.

천년왕국: 토라 연구, 계명 준수, 의의 길, 천 년의 수명, 사탄과 악의 부재, 샬롬과 복락을 누림

26 그 시대에 자녀들이 토라들을 연구하기 시작하고, 계명들을 추구하며, 의의 길로 돌이키기 시작하리라.

27 그들의 수명이 세대가 갈수록, 날이 갈수록 늘어나기 시작하여 천년에 이르기까지 증가할 것이며, 과거의 수명보다 더 많은 날을 살게 될 것이다.

28 늙은 노인이 없을 것이며 자신의 수명을 다 채운 자도 없으리니, 이는 모든 자들이 어린 아이와 청년 같을 것이기 때문이다.

29 그들은 그들의 모든 날을 채울 것이며, 샬롬과 희락 안에서 살 것이다. 사탄이나 다른 어떤 악한 파괴자도 없을 것이니, 이는 그들의 모든 날들은 복과 치유의 시대가 될 것이기 때문이다.

30 그 때에 여호와께서 그분의 종들을 고치실 것이고, 그들은 일어나 큰 샬롬을 볼 것이며, 그들의 대적들을 내쫓을 것이다. 의인들은 이것을 목도할 것이고 감사를 드리며 영원 무궁히 기쁨으로 즐거워할 것이며, 그들의 원수들에 대한 모든 심판과

---

188 신 28:49-50

189 3 x 7년 = 21년

모든 저주를 보게 될 것이다.

31 그들의 뼈는 땅에서 쉴 것이며, 그들의 영은 크게 기뻐하며 행복을 누릴 것이다. 여호와께서는 심판을 집행하시는 분이시지만, 또한 수백만의 사람들에게, 그분을 사랑하는 모든 자에게 자비를 베푸시는 분이라는 것을 그들이 알게 될 것이다.

32 자 이제 모세야, 너는 이 말씀들을 기록하여라. 이는 영원한 세대들을 위한 증거로써 하늘의 돌판들에 새겨져 이같이 기록되어 있기 때문이다.

비전의 우물에서 거주하는 이삭

24 아브라함이 죽은 후에 여호와께서 아브라함의 아들 이삭에게 복을 주셨고, 이삭은 헤브론에서 일어나 이 희년의 셋째 주간의 첫 해에2073 '비전의 우물'[190]에 가서 거기서 7년을 거주하였다.

야곱이 장자권을 에서에게서 사다

2 넷째 주간 첫 해에2080 아브라함 시대에 있었던 첫 번째 기근이 아닌 다른 기근이 그 땅에 시작되었다.

3 야곱이 렌틸콩 수프를 끓이고 있는데, 에서가 배고픈 채 들판에서 돌아와 동생 야곱에게 말했다. "이 붉은 수프를 나에게 다오." 야곱이 그에게 말했다. "형의 장자권을 내게 파시오. 그러면 내가 빵과 이 렌틸콩 수프도 주겠소."

4 에서가 마음속으로 말했다. "내가 죽겠는데 이 장자권이 나에게 무슨 이득이 있겠는가?"

5 에서는 야곱에게 말했다. "내가 그것을 너에게 주겠다." 그러자 야곱이 말했다. "오늘 나에게 맹세하시오." 그리고 에서는 야곱에게 맹세했다.

6 야곱이 형 에서에게 빵과 수프를 주자 그는 배부를 때까지 먹었고, 에서는 그의 장자권을 가볍게 여겼다. 이런 이유로 에서의 이름은 에돔이라 불렸는데 이는 야곱이 자신의 장자권을 위해 그에게 준 붉은 수프 때문이었다.

7 야곱은 장자가 되었지만, 에서는 위신이 떨어지게 되었다.

기근 중 그랄에서 이삭이 받은 약속

8 그 후 기근이 그 땅을 덮었고, 이삭은 이 주간 둘째 해에2081 이집트로 내려가려고, 그랄에 있는 블레셋 왕 아비멜렉에게로 갔다.

9 그때 여호와께서 이삭에게 나타나 그에게 말씀하셨다. "이집트로 내려가지 말아라. 내가 너에게 알려줄 땅에 거하며, 이 땅에 머물러라. 내가 너와 함께할 것이며, 너에게 복을 주리라.

---

190 Vision의 우물: 창세기의 병행 구절 창 25:11에서 이삭은 브엘라해로이 근처에 거주하였다고 한다. 브엘בְּאֵר은 '우물,' 라하이לַחַי는 '살아 계신 분,' 로이רֹאִי는 '나를 보시는 분'을 의미한다. 70인역 성경에서는 '라하이 로이'를 음역하지 않고 의미로 번역하여, 호라쎄오스ὁράσεως 즉, vision(어떤 장면을 보는 행위)으로 번역하였다. 이는 히브리어 희년서가 헬라어로 번역되던 때 기존에 있던 칠십인역 성경의 지명을 그대로 받아서 사용한 경우인 것으로 보인다. 에티오피아 고대인 게에즈어의 희년서에서는 헬라어 사본에서 게에즈어로 번역한 흔적들이 보인다. 희년서 7장4절의 각주 참고.

10 너와 네 씨에게 내가 이 모든 땅을 주고, 네 아버지 아브라함에게 맹세한 나의 맹세를 굳게 세우며, 네 씨를 하늘의 별들처럼 번성케 하여 이 모든 땅을 네 씨에게 주리라.

11 네 씨를 통해 땅의 모든 민족이 복을 받으리니, 이는 네 아버지가 나의 음성에 순종했고, 내 명령과 내 계명들과 내 토라들과 내 규례들과 내 언약을 지켰기 때문이다. 이제 너는 내 음성에 순종하고 이 땅에 거하라.”

12 이삭은 그랄에서 세 번의 주간 동안 2080~2101 머물렀다.

13 아비멜렉은 이삭과 그의 모든 소유에 대해 “누구든지 그를 건드리거나 그의 어떤 소유를 손대면 반드시 죽으리라”라고 말하였다.

14 이삭은 블레셋 사람들 사이에서 강성해졌고, 그는 많은 재산을 얻었으며, 소와 양과 낙타와 나귀와 대가족을 거느렸다.

15 이삭이 블레셋 사람들의 땅에 씨를 뿌려, 백 배의 수확을 거두었고, 이삭이 매우 부유해지니, 블레셋 사람들이 그를 시기하였다.

16 아브라함이 죽은 후에, 아브라함의 생전에 아브라함의 종들이 팠던 모든 우물들을 블레셋 사람들이 막고 흙으로 메워버렸다.

17 아비멜렉이 이삭에게 말했다. “네가 우리보다 훨씬 강하니 우리에게서 떠나라.” 이삭은 일곱째 주간의 첫 해에 2102 그곳을 떠나 그랄 골짜기에 머물렀다.

18 이삭의 아버지 아브라함의 종들이 팠었지만, 그의 아버지 아브라함이 죽은 후에 블레셋 사람들이 막았던 우물들을 이삭의 종들이 다시 팠고, 이삭은 그 우물들의 이름을 자기 아버지 아브라함이 부르던 이름으로 불렀다.

19 이삭의 종들이 골짜기에 우물을 파서 생수를 얻었더니, 그랄의 목자들이 이삭의 목자들과 다투며 말했다. “이 물은 우리 것이다.” 그래서 이삭은 그 우물의 이름을 ‘가혹함’이라고 불렀는데 이는 그들이 우리를 매우 거칠게 대했기 때문이다. [191]

20 이삭의 종들이 두 번째 우물을 팠고, 그랄의 목자들 그 우물을 놓고도 다투었다. 그래서 이삭은 그 우물을 ‘적대감’이라 불렀다. 그리고 그는 거기서 일어났고 그들은 다른 우물을 팠다. 그 우물을 인하여는 그들이 다투지 않았으므로 그는 그 우물을 ‘넓음’이라 불렀고, 이삭은 말했다. “이제 여호와께서 우리를 위하여 넓혀주셨으니, 우리가 이 땅에서 번성할 것이다.”

맹세의 우물 사건과 영원히 저주받는 블레셋

21 이삭은 44번째 희년의 첫째 주간의 첫 해에 2108 그곳에서 맹세의 우물로 올라갔다.

---

[191] 창 26:20에서는 이 우물의 이름을 에섹(עֵשֶׂק)이라 불렀는데, 이는 서로 다투고 싸웠기(아싹עֵשֶׂק) 때문이다. 동일한 단어를 아솩(עָשַׁק)이라 발음하면 ‘압박, 억압, 가혹하게 대함, 학대’라는 뜻이 된다. 이는 다투고 싸운 것보다 더 강도 높은 표현이다.

22 여호와께서 이삭에게 그 날 밤 첫째 달 월삭에 나타나 그에게 말씀하셨다. "나는 네 아버지 아브라함의 하나님이다. 두려워 말라. 내가 너와 함께하며, 너에게 복을 주어 내 종 아브라함으로 인해 반드시 너의 씨(후손)를 땅의 모래와 같이 번성하게 하리라."

23 이삭은 그의 아버지 아브라함이 처음 쌓았던 그곳에 제단을 세우고, 여호와의 이름을 부르며 그의 아버지 아브라함의 하나님께 제물을 드렸다.

24 그리고 그들은 우물을 팠고, 생수를 발견하였다.

25 이삭의 종들이 또 다른 우물을 팠으나 생수를 찾지 못하여, 이삭에게 가서 물을 찾지 못했다고 전하자, 이삭이 말하였다. "내가 이 날 블레셋 사람들에게 맹세했는데 이 일이 우리에게 일어났다."

26 그는 그 장소의 이름을 맹세의 우물이라 불렀다. 이는 거기서 그가 아비멜렉과 그의 친구 아훗삿과 군대 장관 비골에게 맹세하였기 때문이다.

27 그 날 이삭은 자신이 그들과 화친하라는 압박때문에 그들과 맹세했었다는 사실을 깨달았다.

28 그래서 이삭은 그 날 블레셋 사람들을 저주하며 말했다. "블레셋 사람들은 모든 민족 가운데서 진노와 분노의 날까지 저주를 받을지어다. 하나님께서 그들을 이방인 죄인들의 손과 깃딤의 손에서 조롱과 저주가 되게 하시며 진노와 분노의 대상이 되게 하시기를 원하노라.

29 누구든지 적과 깃딤의 칼을 피하는 자는 의로운 백성이 심판으로 그들을 하늘 아래서 뿌리뽑으리니, 이는 그들이 이 땅 위에서 그들 대대로 내 자손의 원수와 적이 될 것이기 때문이다.

30 그들에게는 남은 자가 아무도 없을 것이며, 심판의 진노의 날에 구원받을 자도 없을 것이다. 땅에서부터의 멸망과 근절과 추방이 블레셋의 모든 씨(후손)에게 예정되어 있으며, 갑돌 사람들의 이름이나 씨(후손) 하나도 이 땅에 더 이상 남지 않을 것이다.

31 그가 하늘로 올라갈지라도 거기서 내려오게 될 것이며, 그가 땅에서 자신을 강하게 할지라도 거기서 끌려 나갈 것이며, 그가 민족들 사이에 자신을 숨길지라도 그곳에서도 뿌리뽑힐 것이며, 그가 스올에 내려갈지라도 거기서도 그의 정죄가 클 것이며, 거기서도 그는 평안을 얻지 못하리라.

32 만약 그가 포로로 잡혀갈지라도 그의 목숨을 노리는 자들의 손에 의해 길에서 죽임을 당할 것이며, 온 땅 어디에도 그의 이름이나 씨가 남겨지지 않으리라. 영원한 저주 속으로 그가 사라지리라."

33 그러므로 심판의 날에 그에게 임할 것이 그에 관해 하늘의 돌판들에 기록되고 새겨져 있으니 이는 그가 땅에서 뿌리 뽑히게 하려 함이다.

야곱에게 가나안 여자와 결혼하지 말 것을 명하는 리브가

25 이 희년의 이 주간의 둘째 해에2109 리브가는 그녀의 아들 야곱을 불러 그에게 말했다. "내 아들아, 가나안 족속의 딸 중

두 명의 아내를 취한 네 형 에서처럼 가나안 족속의 딸 중에서 아내를 취하지 말라. 그들은 그들의 모든 부정한 행위들로 내 혼을 괴롭게 했다. 이는 그들의 모든 행위가 우상숭배와 정욕이며, 그들 안에는 의가 없고, 그들의 행위들은 악하기 때문이다.

2 내 아들아, 나는 너를 지극히 사랑하고 내 마음과 애정으로 낮과 밤의 매 순간 너를 축복하고 있단다.

3 이제 내 아들아, 내 목소리를 듣고 네 어미의 뜻을 따라라. 너는 이 땅의 딸 중에서 아내를 취하지 말고, 오직 내 아버지의 집과 내 아버지의 혈족에서 아내를 취하라. 네가 내 아버지 집에서 아내를 취하면 지극히 높으신 하나님께서 너를 축복하실 것이며 너의 자녀들은 의로운 세대가 될 것이며 거룩한 씨가 될 것이다.”

외가 쪽 혈통과 결혼을 확정하는 야곱

4 그 후 야곱이 그의 어머니 리브가에게 말했다. “어머니, 보세요. 저는 아홉 번의 주간을 살고 있지만[192] 여자를 알지도 못하며 손을 대본 적도 없습니다. 누군가와 약혼을 한 적도 없으며, 더구나 가나안 족속의 딸 중에서는 아내를 맞을 생각은 한 번도 해본 적이 없습니다.

5 어머니, 저는 우리 (할)아버지 아브라함이 가나안 족속의 딸 중에서 아내를 취하지 말고, 아버지 집의 씨와 내 친족 중에서 아내를 맞으라고 명령하신 것을 기억합니다.

6 저는 예전에 어머니의 오라버니 라반에게 딸들이 태어났다는 소식을 들었습니다. 그래서 그들 가운데서 아내를 택하기로 마음을 정했습니다.

7 이러한 이유로 저는 평생 제 모든 길에서 죄를 짓거나 타락하지 않도록 제 영혼을 스스로 지켜왔습니다. 이는 정욕과 음행에 관하여 (할)아버지 아브라함께서 제게 많은 명령을 주셨기 때문입니다.

8 그러나 아버지께서 제게 명한 모든 것에도 불구하고, 지난 22년 동안 제 형은 저를 괴롭히며 저에게 자주 ‘동생아, 내 두 아내의 누이를 아내로 취하여라’라고 말했습니다. 그러나 저는 형이 한 것처럼 행하기를 거부합니다.

9 어머니, 저는 당신 앞에서 맹세합니다. 제 평생 저는 가나안 씨(후손)의 딸 중에서 아내를 취하지 않을 것이며, 형이 한 것처럼 악하게 행하지 않겠습니다.

10 두려워하지 마세요. 어머니, 제가 당신의 뜻대로 행할 것이니 안심하세요. 저는 올바르게 걸으며, 영원히 제 길들을 부패케 하지 않을 것입니다.”

리브가가 야곱을 축복하다

11 그 말을 듣자 리브가는 얼굴을 하늘을 향해 들고, 양손의 손가락을 펴며 입을 열어

---

192 9 x 7년(주간, 이레, 샤부아) = 63년. 히브리어 샤부아שבוע는 ‘7주기’를 의미한다. 샤부아שבוע가 하루 단위일 경우 7일 주기이고, 년 단위일 경우 7년 주기이며, 백 년(메아מאה) 단위일 경우 7백 년 주기이다. 희년서에서 천사가 사용하는 샤부아שבוע는 7년 주기이다.

천지를 창조하신 지극히 높으신 하나님을 송축하였다. 그리고 그녀는 하나님께 감사와 찬양을 드렸다.

12 리브가가 말하였다. "여호와 주 하나님은 송축 받으소서. 야곱을 온전한 아들과 거룩한 씨로 나에게 주신 그분의 거룩한 이름은 영원 영원히 송축 받으소서. 그는 당신의 것이니 그의 씨가 끊이지 않고 대대로 영원토록 당신의 것이 되게 하소서.

13 오 여호와여, 야곱에게 복 주시고 제 입에 의의 축복을 주사 제가 그를 축복하게 하소서."

14 그 시간 의의 영이 그녀의 입으로 내려오자 그녀는 두 손을 야곱의 머리에 안수하며 말했다.

15 "의의 주님이시며 모든 세대들의 하나님, 당신은 송축 받으소서. 그분께서 사람의 모든 세대를 넘어 너에게 복을 주시길 원하노라. 내 아들아, 그분께서 너에게 의의 길을 주시며 네 씨에게 의를 나타내시기를 원하노라.

16 그분께서 너의 평생에 네게 아들들을 많게 하시어 그들이 한 해의 달 수만큼 일어나게 하시기를 원하노라. 그리고 그들의 아들들은 하늘의 별들보다 더 많고 위대하게 되며, 그들의 수가 바다의 모래보다 많아지기를 원하노라.

17 그분께서 이 땅을 반드시 아브라함과 그의 뒤를 이을 그의 씨에게 주시겠다고 말씀하셨던 것처럼 이 좋은 땅을 그들에게 주시기를 바라노라. 그들이 이 땅을 영원히 소유하게 되기를 원하노라.

18 내 아들아, 내가 사는 동안 축복받은 자녀들이 네게 태어나는 것을 보기를 바라며, 너의 모든 씨가 복되며 거룩한 자손이 되기를 바라노라.

19 네가 네 어미가 살아있는 동안 네 어미의 영을 시원케 한 것처럼, 너를 낳은 어미의 태가 너를 이렇게 축복하노라. 나의 사랑과 나의 가슴이 너를 축복하며 내 입과 혀가 너를 크게 칭찬하노라.

20 땅에서 번성하여 퍼져 나가고, 네 씨가 하늘과 땅의 기쁨으로 영원히 온전하기를 바라노라. 네 씨가 기뻐하며, 평화의 큰 날에 평화를 누리기를 원하노라.

21 네 이름과 네 씨가 모든 세대에 이르고, 지극히 높으신 하나님께서 그들의 하나님이 되시길 바라며, 의의 하나님께서 그들과 함께 거하시고, 그들로 인해 그분의 성소가 모든 시대에 세워지기를 원하노라.

22 너를 축복하는 자는 복을 받을 것이며, 너를 거짓으로 저주하는 모든 육체는 저주를 받으리라."

23 그리고 리브가는 야곱에게 입을 맞추며 그에게 말했다. "네 어미의 마음과 사랑이 너를 기뻐하고 축복하듯이 세상의 주님께서 너를 사랑하시기를 원하노라." 그리고 그녀는 축복을 마쳤다.

이삭이 에서를 축복하려 하다

26 이 주간 일곱째 해에2114 이삭은 그의 큰 아들 에서를 불러 그에게 말했다. "내가 나이 많아 늙었구나. 내 아들아, 보라 내 눈이 어두워서 보지 못하며, 나는 내가 죽는 날을 알지 못하니

2　이제 너는 네 사냥 도구인 화살통과 활을 가지고 들로 나가 나를 위해 사냥하여 내게 사슴고기를 가져오너라. 내 아들아. 내 혼이 좋아하는 맛 좋은 고기를 만들어 내게 가져와 내가 먹고, 내가 죽기 전에 내 혼이 너를 축복하게 하거라."

3　이때 리브가가 이삭이 에서에게 말하는 것을 들었다.

4　에서는 사냥을 하여 잡아 아버지께 가져다 드리기 위해 일찍 들로 나갔다.

야곱이 이삭의 축복을 받도록 지도해주는 리브가

5　리브가는 그녀의 아들 야곱을 불러 그에게 말했다. "보아라, 네 아버지 이삭이 네 형 에서에게 하는 말을 내가 들었는데, 이르기를 '나를 위해 사냥하여 맛 좋은 고기를 만들어 나에게 가져오너라.

6　내가 먹고 죽기 전에 여호와 앞에서 너를 축복하리라.' 이제, 내 아들아, 내가 너에게 명하는 내 음성에 순종하여라. 네 가축 떼로 가서 나에게 좋은 염소 새끼 두 마리를 잡아 오너라. 내가 네 아버지를 위해 네 아버지가 좋아하는 맛있는 고기를 만들어 주면, 네가 네 아버지께 가져다 드려라. 그가 먹고 죽기 전에 여호와 앞에서 너를 축복할 것이며, 네가 복을 받으리라."

7　야곱이 어머니 리브가에게 말했다. "어머니, 저는 아버지께서 드시고 기뻐하실 만한 것은 무엇이든지 아끼지 않겠습니다. 다만, 어머니, 아버지가 제 목소리를 알아들으시고 저를 만지려 하실까 두렵습니다.

8　어머니께서는 저는 매끄럽고, 제 형 에서는 털이 많은 것을 알고 계십니다. 제가 행악자로 아버지의 눈 앞에 드러나, 그가 제게 명하지 않은 일을 한다면 아버지가 나에게 격노하실 것이며, 저는 축복이 아닌 저주를 저 자신에게 가져올 것입니다."

9　그의 어머니 리브가가 야곱에게 말했다. "너의 저주는 내게 임할 것이니, 내 아들아, 너는 오직 내 말을 따르라."

장자의 축복을 얻는 야곱

10　야곱이 어머니 리브가의 음성에 순종하여 가서 건강하고 살진 염소 새끼 두 마리를 잡아 어머니에게 가져왔다. 어머니는 이삭이 좋아하는 맛있는 고기를 만들었다.

11　리브가는 집에 있는 큰 아들 에서의 좋은 옷을 가져와 작은 아들 야곱에게 입혔으며, 야곱의 손과 목의 노출된 부분에 염소 새끼의 가죽을 붙였다.

12　그리고 그녀는 준비한 고기와 빵을 아들 야곱의 손에 주었다.

13　야곱이 아버지에게 들어가서 말했다. "저는 아버지의 아들입니다. 저는 아버지가 저에게 명하신 대로 행하였습니다. 아버지, 일어나 앉으셔서 제가 잡은 것을 드시고, 당신의 혼이 저를 축복하소서."

14　이삭이 그의 아들에게 말했다. "네가 어떻게 이렇게 빨리 찾았느냐, 내 아들아?"

15　야곱이 말했다. "당신의 하나님 여호와께서 저로 하여금 빨리 찾을 수 있게 하셨습니다."

16　이삭이 그에게 말했다. "이리 오너라. 네가 내 아들 에서인지 아닌지 내가 너를 만져보게 하여라, 내 아들아."

17　야곱이 그의 아버지 이삭에게 가까이 가

자, 이삭은 야곱을 만지며 말하였다. "목소리는 야곱의 목소리지만, 팔뚝은 에서의 팔뚝이구나."

18 이삭은 야곱을 알아보지 못했는데, 이는 이삭의 인지력을 분산시키는 하늘로부터 온 개입이 있었기 때문이었다. 이삭은 야곱의 손이 에서의 손과 같이 털이 많았으므로 인해 분간하지 못하고 야곱을 축복했다.[193]

19 이삭이 말했다. "네가 내 아들 에서냐?" 야곱이 대답했다. "저는 당신의 아들입니다." 이삭이 말했다. "네가 잡은 것을 내가 먹을 수 있게 나에게 가까이 가져오너라, 내 아들아, 내 혼이 너를 축복하리라."

20 야곱이 이삭에게 가까이 가져오니 그가 먹고, 야곱이 포도주를 가져다주니 그가 마셨다.

21 그의 아버지 이삭이 그에게 말했다. "가까이 와서 나에게 입을 맞추어라. 내 아들아."

22 야곱은 가까이 가서 이삭에게 입을 맞추었으며, 이삭은 그의 옷 냄새를 맡고 그를 축복하며 말했다. "보라, 내 아들의 향기는 여호와께서 복 주신 들판에 가득한 향기 같구나.

23 여호와께서 너에게 하늘의 이슬과 땅의 이슬[194]을 허락하시며, 풍성한 곡식과 기름을 주시기를 바라노라. 나라들이 너를 섬기며 민족들이 네게 절하리로다.

24 너는 네 형제들 위에 주인이 되며, 네 어머니의 아들들이 네게 절하리로다. 여호와께서 나에게 복주시고 나의 아버지 아브라함에게 복주신 모든 복이 너에게와 네 씨(후손)에게 영원히 이어지리라. 너를 저주하는 자는 저주를 받고 너를 축복하는 자는 복을 받으리라.

사슴고기를 가져와 축복을 요청하는 에서

25 이삭이 그의 아들 야곱에게 축복을 마치고, 야곱이 그의 아버지 이삭에게서 나와 그 자신을 숨기자마자, 그의 형 에서가 사냥에서 돌아왔다.

26 그도 맛있는 고기를 요리하여 아버지께 가져와서 말했다. "나의 아버지, 일어나셔서 내 사슴고기를 드시고 당신의 혼이 나를 축복하소서."

27 그의 아버지 이삭이 그에게 말했다. "너는 누구냐?" 에서가 이삭에게 말했다. "저는 당신의 장자, 당신의 아들 에서입니다. 아버지께서 제게 명하신 대로 행하였나이다."

28 이삭은 매우 놀라며 말했다. "그 고기를 사냥하여 잡아 내게 가져온 그는 누구냐? 네가 오기 전에 내가 다 먹고 그를 축복하였으니, 그와 그의 모든 씨가 영원히 복을

---

193 인식과 판단이 잘못되도록 이삭의 생각을 산만하게 만드는 하늘의 적극적인 개입이 이 위기의 순간에 있었다. 창세기 본문에는 없는 이 문장은 이 중요하고 위급한 순간에 하늘의 섭리와 계획이 이뤄지기 위해 하늘이 어떻게 적극적으로 개입했는지를 이해하게 해준다.

194 창세기 본문에서는 '땅의 이슬' 대신 '땅의 기름짐'으로 표현되어 있다(창 27:28; 27:39). 이러한 표현은 땅의 이슬이 땅과 관련된 복, 즉 땅의 기름짐이라는 개념을 이해하게 도와준다.

받을 것이다."

29 에서가 그의 아버지 이삭의 말을 듣고 심히 크고 비통하게 울음을 터뜨리며 아버지에게 말했다. "저도 축복하소서, 저도요, 아버지."

30 이삭은 그에게 말했다. "네 동생이 속임수를 써서 네 복을 빼앗았구나." 그가 말했다. "이제 제가 왜 그의 이름이 야곱인지 알게 되었습니다. 보십시오, 그는 이렇게 두 번이나 제 것을 빼앗아 갔습니다. 그는 내 장자권을 가져갔고, 이제 제 복도 가져가 버렸습니다."

31 그가 말했다. "저를 위해 축복을 남겨두지 않으셨습니까, 아버지?" 이삭이 에서에게 대답하여 말했다. "보라, 내가 그를 네 주인으로 삼았다. 그리고 그의 모든 형제를 내가 그에게 종으로 주었고, 많은 곡식과 포도주와 기름으로 나는 그를 강하게 했으니, 이제 내가 너를 위해 무엇을 할 수 있으랴, 내 아들아?"

32 에서가 그의 아버지 이삭에게 말했다. "아버지께 축복이 하나뿐입니까, 오 아버지? 저를 축복하소서. 저도 축복하소서, 아버지여."

33 그리고 에서가 소리를 높여 우니, 이삭이 그에게 대답하여 말했다. "보라, 땅의 이슬에서 멀리 떨어진 곳이 너의 거처가 되며, 위로부터 내리는 하늘의 이슬에서도 멀리 떨어질 것이다.[195]

34 너는 칼을 의지하여 살 것이며, 너는 네 형제를 섬길 것이다. 네가 강해지면 이 일이 이루어질 것이니, 네가 그의 멍에를 네 목에서 떨쳐 버리며, 사망에 이르는 완전한 죄를 범하게 될 것이고, 네 씨는 하늘 아래에서 뿌리 뽑힐 것이다."

35 에서는 그의 아버지가 야곱에게 한 그 축복 때문에 야곱을 계속 위협했다. 그리고 그는 마음속으로 말했다. '내 아버지를 애도하는 날이 이제 가까이 다가오니, 내 동생 야곱을 내가 죽일 수 있으리라.'

---

195 땅의 이슬과 위로부터 내리는 하늘의 이슬을 구분하는 개념: 땅의 이슬은 땅의 복과 관련되고 높은 하늘에서 내리는 하늘의 이슬은 하늘의 복과 관련된다. 마잘מזל은 행운, 운명을 뜻하며, 하늘의 12 별자리 zodiac sign를 뜻하기도 한다. 에녹2서 21:7에서 여덟째 하늘의 이름은 무잘롯מזלות이라 불리며, 이는 인간사(人間事)에 대한 모든 것들이 천상의 영향력과 천상의 결정에 의해서 결정되어진다는 히브리적인 개념이다. 이러한 개념은 개인에게도, 공동체에게도, 민족과 국가 단위로도 적용된다.

여기서 높은 하늘에서 내리는 하늘 이슬은 비를 의미하는 것이 아니라 보이지 않는 하늘의 세계에서 그 사람의 인생과 운명과 행운에 영향을 미치는 '하늘의 복'을 의미한다. 하늘 세계의 어떠함이 땅에 영향을 미친다는 세계관을 표현하는 개념이 '위로부터 내리는 하늘 이슬'이라는 표현이다. 마잘מזל은 '물방울이 떨어져 내리거나 흘러내리다'라는 뜻의 나잘נזל에서 파생된 명사이다. 모세는 신 32:2에서 하늘로부터 내려오고 쏟아지고 있는 계시를 받고 있는 상태를 설명할 때, 빗줄기가 쏟아지듯이, 높은 하늘에서 맺힌 이슬이 줄줄이 떨어지듯이, 부드럽고 가벼운 보슬비같이, 두툼하고 묵직하게 떨어지는 소나기같이 계시와 영적 insight가 본인에게 내리는 것을 표현한다.

그 외 '하늘 이슬' 참조 구절(신 33:13; 33:28, 시 133:3, 단 4:15; 4:23; 4:25; 4:33; 5:21, 미 5:7, 학 1:10, 슥 8:12)

에서의 위협 때문에 야곱을 하란으로 보내려는 리브가

27 큰 아들 에서의 말이 리브가에게 꿈에서 전해졌다. 리브가는 사람을 보내 작은 아들 야곱을 불러서

2 그에게 말했다. "보아라, 네 형 에서가 너를 죽여 너에게 복수를 할 것이다.

3 그런즉 이제 내 아들아, 내 음성에 순종하고 일어나 내 오라버니 라반이 있는 하란으로 도망쳐, 네 형의 분노가 가라앉고 너에 대한 화가 풀리며 네가 행한 모든 것을 잊어버릴 때까지 며칠 동안 라반과 함께 머물러라. 그 후에 내가 사람을 보내 너를 거기서 데리고 올 것이다."

4 야곱이 말했다. "저는 두렵지 않습니다. 만일 형이 저를 죽이고자 한다면 제가 형을 죽일 것입니다."

5 그러나 리브가는 그에게 말했다. "나의 두 아들을 한 날에 다 잃게 하지 말거라."

6 야곱이 그의 어머니 리브가에게 말했다. "보십시오, 어머니가 아시다시피, 아버지가 늙으셔서 눈이 어두워 보지 못하시니, 만약 제가 아버지를 떠나면, 이는 아버지 눈에 악하게 보일 것이며, 제가 아버지를 떠나고 어머니로부터 멀리 가버리기 때문에 아버지가 노하실 것이고 저를 저주하실 것입니다. 저는 가지 않을 것입니다. 아버지께서 저를 보내실 때만 가겠습니다."

7 리브가가 야곱에게 말했다. "내가 들어가서 네 아버지에게 말하면 그가 너를 보낼 것이다."

8 리브가가 이삭에게 들어가 말했다. "나는 에서가 아내로 삼은 헷 족속의 두 딸로 인하여 인생이 괴롭습니다. 만약 야곱이 이들처럼 이 땅의 딸 중에서 아내를 얻으면 내가 더 살아야 할 이유가 무엇입니까? 가나안의 딸들은 악합니다."

9 이삭이 야곱을 불러 그를 축복하고 훈계하며 말했다. "너는 가나안 사람의 어떤 딸 중에서 아내를 취하지 말라.

10 일어나 메소포타미아로 가서 네 외할아버지 브두엘의 집안에서 네 어미의 오라버니 라반의 딸 중에서 아내를 취하여라.

11 전능하신 하나님께서 너에게 복주시고 생육하며 번성하게 하셔서, 네가 여러 민족 중에서 한 무리가 되게 하시고, 내 아버지 아브라함의 복들을 너와 네 뒤를 이을 네 씨(후손)에게 주시고, 네가 나그네 된 땅과 하나님께서 아브라함에게 주신 모든 땅을 상속받기를 원하노라. 평안히 가거라, 내 아들아."

12 이삭은 야곱을 떠나보냈고, 야곱은 그의 어머니 리브가의 오라버니, 아람사람 브두엘의 아들 라반이 있는 메소포타미아로 갔다.

야곱을 떠나보내며 리브가를 위로하는 이삭

13 야곱이 일어나 메소포타미아로 떠난 후 리브가의 영은 그 아들로 인해 슬퍼했고, 그녀는 울었다.

14 이삭이 리브가에게 말했다. "나의 누이여, 내 아들 야곱으로 인해 울지 마시오. 그가 평안히 갔다가, 평안히 돌아올 것이요.

15 지극히 높으신 하나님께서 야곱을 모든 악에서 보호하시며 그와 함께 하시리니, 이

는 그분께서 그의 평생에 그를 버리지 않으실 것임이라.

16 나는 야곱이 우리에게 평안히 돌아와서 우리가 그를 평안히 보게 될 때까지, 그가 어디로 가든지 모든 일에서 그의 길이 형통할 것을 알고 있소.

17 그에 대한 걱정으로 두려워 마시오. 내 누이여, 그는 올바른 길에 있고 그는 온전한 사람이며 또 신실하니 잘못되지 않을 것이오. 울지 마시오."

18 이삭은 아들 야곱으로 인해 근심하는 리브가를 위로하며 야곱을 축복했다.

야곱의 꿈: 십일조와 벧엘 성전 서원

19 야곱은 44번째 희년의 둘째 주간의 첫 해에₂₁₁₅ 맹세의 우물을 떠나 하란을 향하여 갔다. 그는 이 주간의 첫 달 월삭에 산지에 있는 루스, 곧 벧엘에 이르렀으며, 저녁에 그 장소에 도착했고 그 날 밤 가던 길을 벗어나 길에서 서쪽으로 가다가 해가 졌으므로 거기서 잠을 잤다.

20 그는 그곳의 돌 중 하나를 가져다가 나무 밑에서 자기 머리맡에 놓았다. 그리고 그는 홀로 서성거리다 잠이 들었다.

21 그 날 밤 그는 꿈을 꾸었다. 보라 계단이 땅에 세워져 있고, 그 꼭대기가 하늘에 닿아 있었으며, 보라 여호와의 천사들이 그 위를 오르내리고 있었으며, 보라 여호와께서 그 위에 서 계셨다.

22 그분께서 야곱에게 말씀하셨다. "나는 네 조부 아브라함의 여호와 하나님, 이삭의 하나님이다. 네가 자고 있는 그 땅을 내가 너와 네 뒤를 이을 후손에게 주리라.

23 네 씨(자손)가 땅의 모래와 같을 것이요. 너는¹⁹⁶ 서쪽과 동쪽으로, 북쪽과 남쪽으로 번성할 것이며, 열방의 모든 가족이 너와 네 씨(자손) 안에서 복을 받으리라.

24 보라 내가 너와 함께할 것이며, 네가 어디로 가든지 너를 지켜 줄 것이고, 내가 너를 다시 이 땅으로 평안히 데려올 것이다. 내가 너에게 말한 모든 것을 다 행할 때까지 너를 떠나지 않으리라."

25 야곱이 잠에서 깨어나 말했다. "진실로 이곳은 여호와의 집이로구나. 그런데 나는 그것을 알지 못했도다." 그리고 그는 두려워하며 말했다. "두려운 이곳은 다름 아닌 하나님의 집이요 하늘의 문이로다."

26 야곱은 아침 일찍 일어나 자기 머리 밑에 두었던 돌을 가져다 표징을 위한 기둥으로 세우고 그 꼭대기에 기름을 부었다. 그리고 그는 그곳을 벧엘이라 불렀는데, 그곳의 원래 이름은 루스였다.

---

196 아브라함을 향해 2인칭 단수인 '너'라고 부르면서 '너' 안에 아브라함의 후손들을 함축적으로 다 포함하고 있다. 히브리어로 나이를 물을 때, '벤 까마 아타 בן כמה אתה'라고 한다. '벤'은 아들, '까마'는 얼마나, '아타'는 너이다. 직역하면 '너 아들 얼마?'라고 생각할 수 있지만, 여기서 '벤'은 명사가 아니라 동사로써 '생명이 연장되다'라는 뜻에서 '너는 얼마나 살았니? 너는 몇 살이니?'라는 뜻이다. 자녀는 내 생명의 연장인 것이다. 나는 부모의 생명의 연장인 것이다. 이러한 히브리 개념은 히브리어 제라아זרע라는 단어에서 잘 나타난다. 제라아זרע는 단수로 쓰여도 집합 명사이기 때문에 모든 후손을 다 포함하기도 하여, 씨, 자손, 후손으로 번역된다. 나의 후손들은 '나'라는 존재의 연속인 것이다. 우리는 첫째 아담의 연속인 것이다.

27 야곱은 여호와께 맹세하며 말했다. "만약 여호와께서 나와 함께 하시며 내가 가는 이 길에서 나를 지키시고 먹을 빵과 입을 옷을 주셔서 내가 아버지의 집으로 평안히 돌아오게 해주시면, 여호와께서 나의 하나님이 되실 것이며, 이곳에 표징을 위해 세운 기둥인 이 돌은 여호와의 집이 될 것이며, 내게 주시는 모든 것 중에서 10분의 1을 나의 하나님 당신께 드리겠습니다."

레아와 라헬을 아내로 맞이하는 야곱

28 야곱은 그의 여정을 떠나 동방 땅에 있는 리브가의 오라버니 라반에게 이르러 라반과 함께 있었으며, 그의 딸 라헬을 위해 7년 동안 그를 섬겼다.

2 셋째 주간 첫 해에2122 야곱이 라반에게 말했다. "제가 당신을 칠 년 동안 섬겼으니, 제 아내를 제게 주십시오." 라반이 야곱에게 말했다. "내가 네게 아내를 주리라."

3 라반이 잔치를 베풀고 그의 큰 딸 레아를 데려다 야곱에게 아내로 주었으며, 그의 여종 실바를 레아에게 여종으로 주었으나 야곱은 알지 못했다. 그는 그녀가 라헬이라고 생각했다.

4 그가 그녀에게 들어갔는데, 보라 그녀는 레아였다. 야곱은 라반에게 화를 내며 말했다. "어찌하여 당신은 저를 이렇게 대하셨습니까? 레아를 위해서가 아니라 라헬을 위해서 제가 당신을 섬기지 아니하였나이까? 왜 저를 속이셨나이까? 당신의 딸을 데려가 주세요. 당신이 제게 악하게 행하셨기 때문에 저는 떠나겠습니다."

5 야곱이 레아보다 라헬을 더 사랑하였으니, 이는 레아의 용모가 매우 준수하였음에도 그녀의 눈은 약했기 때문이다. 그러나 라헬은 아름다운 눈을 가지고 있었고 그녀는 아름다웠으며 매우 준수한 용모를 가지고 있었다.

6 라반이 야곱에게 말했다. "우리 지방에서는 큰 딸보다 어린 딸을 먼저 주는 일은 없다네." 이렇게 하는 것은 옳지 않다. 이는 하늘의 돌판들에 제정되어 기록되어 있는데, 누구든지 어린 딸을 큰 딸보다 먼저 주어서는 안 된다. 큰 딸을 먼저 주고, 그 후에 어린 딸을 주어야 한다. 그렇게 하는 사람은 하늘에서 유죄로 규정될 것이다. 이러한 행위는 여호와 앞에서 악하므로 이런 일을 하는 자는 어느 누구도 의롭지 않다.

7 너는 이스라엘 자손에게 이렇게 하지 말라고 명하여라. 언니를 주기 전에는 동생을 데려가거나 주지 않도록 하여라. 이는 매우 악하기 때문이다.

8 라반이 야곱에게 말했다. "이번 잔치의 7일이 지나면 내가 너에게 라헬을 주리니, 너는 7년을 더 나를 섬기고, 너는 지난 7년 동안 했던 것처럼 내 양 떼를 치라."

9 레아를 위한 잔치의 7일이 지난 그 날, 라반은 라헬을 야곱에게 주어 야곱이 그를 7년 더 섬기게 하였으며, 라반은 실바의 자매인 빌하를 라헬에게 여종으로 주었다.

10 야곱은 라헬을 위해 7년을 더 섬겼는데 이는 레아가 아무 대가 없이 야곱에게 주어졌기 때문이었다.

야곱의 아들들의 생일 [197]

11 여호와께서 레아의 태를 열어 주시니, 그녀가 잉태하여 야곱에게 아들을 낳아주었다. 야곱은 셋째 주간 첫 해의2122 아홉째 달 14일에 그의 이름을 르우벤이라 불렀다.

12 그러나 라헬의 태는 닫혀 있었는데, 이는 여호와께서 레아는 미움을 받고, 라헬은 사랑받는 것을 보셨기 때문이다.

13 야곱이 다시 레아에게 들어갔고, 그녀가 임신하여 야곱에게 둘째 아들을 낳아주었으며, 야곱은 이 주간의 셋째 해2124 열 번째 달 21일에 그의 이름을 시므온이라 불렀다.

14 야곱이 다시 레아에게 들어갔고, 그녀가 임신하여 그에게 셋째 아들을 낳아주었으며, 야곱은 이 주간의 여섯째 해2127 첫째 달 월삭에 그의 이름을 레위라 불렀다.

15 야곱이 다시 그녀에게 들어갔고, 그녀가 임신하여 그에게 넷째 아들을 낳아주었으며, 야곱은 넷째 주간의 첫 해2129 셋째 달 15일에 그의 이름을 유다라 불렀다.

16 이 모든 일로 인해 라헬은 레아를 시기했고, 라헬이 출산하지 못했기 때문에 그녀는 야곱에게 말했다. "내게도 자식을 주세요." 야곱이 말했다. "내가 당신의 자궁에서 태어날 열매를 막은 적이 있소? 내가 당신을 외면한 적이 있소?"

17 라헬은 레아가 야곱에게 네 명의 아들 르우벤과 시므온과 레위와 유다를 낳아준 것을 보고 야곱에게 말했다. "내 여종 빌하에게 들어가세요. 그러면 그녀가 임신하여 나에게 아들을 낳아 줄 것입니다."

18 야곱이 빌하에게 들어갔고, 그녀가 임신하여 그에게 아들을 낳아주었으며, 야곱은 셋째 주간의 여섯째 해2127 여섯째 달 9일에 그의 이름을 단이라 불렀다.

19 야곱이 다시 빌하에게 두 번째로 들어갔고, 그녀가 임신하여 야곱에게 또 다른 아들을 낳아주었으며, 라헬은 넷째 주간의 둘째 해2130 일곱째 달 5일에 그의 이름을 납달리라 불렀다.

20 레아가 자신이 임신하지 못하고 출산하지 못하는 것을 보고 라헬을 시기하여 그녀도 여종 실바를 야곱에게 아내로 주니, 그녀가 임신하여 아들을 낳았고, 레아는 넷째 주간의 셋째 해2131 여덟째 달 12일에 그의 이름을 갓이라 불렀다.

21 그가 다시 그녀에게 들어갔고, 그녀가 임신하여 그에게 두 번째 아들을 낳아주었으며, 레아는 넷째 주간의 다섯째 해2133 열한 번째 달 2일에 그의 이름을 아셀이라 불렀다.

22 야곱이 레아에게 들어갔고, 그녀가 임신하여 아들을 낳으니, 레아는 넷째 주간의 넷째 해2132 다섯째 달 4일에 그의 이름을 잇사갈이라 불렀으며, 그녀는 그 아기를

---

197 야곱의 12아들의 생일(희년서 28:11-24; 32:33): ① 르우벤 2122 9th달 14일, ② 시므온 2124 10th달 21일, ③ 레위 2127 1st달 월삭, ④ 유다 2129 3rd달 15일, ⑤ 단 2127 6th달 9일, ⑥ 납달리 2130 7th달 5일, ⑦ 갓 2131 8th달 12일, ⑧ 아셀 2133 11th달 2일, ⑨ 잇사갈 2132 5th달 4일, ⑩ 스블론과 디나 2134 7th달 7일, ⑪ 요셉 2134 4th달 월삭, ⑫ 베냐민 2143 8th달 11일(희 32:33).

유모에게 맡겼다.

23 야곱이 다시 그녀에게 들어갔고, 그녀가 임신하여 쌍둥이를 낳았는데, 아들과 딸이었다. 레아는 이 주간의 여섯째 해2134 일곱째 달 7일에 아들의 이름은 스불론, 딸의 이름은 디나라 불렀다.

24 여호와께서 라헬을 불쌍히 여기셔서, 그녀의 태를 여셨고, 그녀가 임신하여 아들을 낳았으며, 라헬은 이 넷째 주간의 여섯째 해2134 넷째 달 월삭에 그의 이름을 요셉이라 불렀다.

야곱이 라반을 떠나 이삭에게 가려 하다

25 요셉이 태어나던 때에 야곱은 라반에게 말했다. "나에게 내 아내들과 아들들을 주셔서, 나로 내 아버지 이삭에게 가서, 내 집을 세우게 해주십시오. 내가 당신의 두 딸을 위해 당신을 섬기는 여러 해를 다 채웠으니, 이제 나는 내 아버지의 집으로 가겠습니다."

일의 품삯을 약속받고 더 머무르는 야곱

26 라반이 야곱에게 말했다. "너의 품삯을 위해 나와 함께 머물며, 나를 위해 내 가축 떼를 다시 목축하고, 너의 품삯을 가져가라."

27 그들은 서로 합의하여, 검은 색이나 반점이 있거나 흰 색으로 태어난 양과 염소는 그의 품삯으로 그에게 주기로 했으며, 그것들이 야곱의 품삯이 되는 것으로 했다.

28 모든 양들은 점이 있거나 얼룩무늬가 있거나 까맣고 여러 가지 무늬를 가지고 있는 양을 낳았으며, 그 양들은 다시 그들과 닮은 새끼 양들을 낳았으니, 점 있는 모든 양들은 야곱의 것이었고, 그렇지 않은 것은 라반의 것이었다.

소유가 심히 많아져 시기 받는 야곱

29 야곱의 소유가 심히 증가하였고, 그는 소들과 양들과 나귀들과 낙타들과 남종들과 여종들을 소유하게 되었다.

30 라반과 그의 아들들이 야곱을 시기하였으며, 라반은 야곱에게서 양들을 빼앗아 갔고, 라반은 악한 의도를 가지고 야곱을 지켜보았다.

몰래 떠나는 야곱

29 라헬이 요셉을 낳은 후, 라반은 양털을 깎으러 길을 떠났는데, 양 떼가 삼 일 거리에 떨어져 있었기 때문이었다.

2 야곱은 라반이 양털을 깎으러 가는 것을 보고, 레아와 라헬을 불러 자신과 함께 가나안 땅으로 가자고 긴밀히 이야기했다.

3 그가 꿈에서 본 모든 것, 자기 아버지의 집으로 돌아가야 한다고 그분께서 말씀하신 모든 것을 그들에게 말하니, 그들이 대답했다. "당신이 어디를 가시든지 우리가 당신과 함께 가겠습니다."

4 야곱은 그의 아버지 이삭의 하나님과 그의 조부 아브라함의 하나님을 송축하고, 일어나 아내들과 자녀들을 태우고 그의 모든 소유를 가지고 강을 건너 길르앗 땅에 이르렀다. 야곱은 라반에게 자신의 의도를 숨기고 말하지 않았다.

야곱을 뒤쫓는 라반과 꿈으로 개입해 주신 여호와

5 넷째 주간의 일곱째 해2135 첫째 달 21일에 야곱은 길르앗을 향하였다. 그후 라반이 그를 뒤쫓아 셋째 달 13일에 길르앗 산

에서 야곱을 따라잡았다.

6 여호와께서 밤에 라반의 꿈에 나타나셔서, 라반이 야곱에게 해를 끼치는 것을 허락하지 않으셨다. 라반이 야곱에게 말했다.

야곱과 라반의 언약

7 15일에 야곱은 라반과 그와 함께 온 모든 사람을 위해 잔치를 베풀었고, 야곱은 그 날 라반에게, 라반도 야곱에게 그 누구도 악한 목적으로 길르앗 산을 넘지 않을 것을 맹세했다.

8 그들은 그곳에 증거를 위한 무더기를 쌓았다. 그리하여 그 장소의 이름은 이 무더기의 이름을 따라 '증거의 무더기'라 불렸다.

길르앗 땅이 예전에 르바임 땅이라 불린 이유

9 그러나 이전에는 길르앗 땅이 르바임의 땅었기 때문에 르바임의 땅이라 불렸다. 르바임이 그곳에서 태어났는데, 그들은 키가 10 규빗, 9 규빗, 8 규빗에서 7 규빗까지 이르는 거인들이었다.[198]

10 그들의 거주지는 암몬 자손의 땅에서부터 헤르몬 산까지였고, 그들의 왕궁은 가르나임과 아스다롯과 에드레이와 미술과 브온에 있었다.

11 여호와께서는 그들이 매우 잔인하며, 그들의 행위가 악하였기 때문에 그들을 멸망시키셨다. 그리고 그들 대신에 악하고 죄 많은 아모리인들이 그곳에 거주했는데, 오늘날까지 그들의 모든 죄를 능가할 만한 자들은 없다. 그러므로 그들은 더 이상 땅에서 생명을 연장할 수 없었다.

12 야곱이 라반을 보낸 후, 라반은 동방 땅 메소포타미아로 떠났고, 야곱은 길르앗 땅으로 돌아왔다.

야곱과 에서의 화해 [199]

13 야곱은 아홉째 달 11일에 얍복을 건넜다. 그 날 그의 형 에서가 그에게 왔고, 에서는 그와 화해한 후, 그에게서 떠나 세일 땅으로 갔지만, 야곱은 장막에서 머물렀다.

야곱이 일 년에 네 차례 헤브론에 계신 부모에게 의복과 음식을 보내다

14 이 희년의 다섯째 주간의 첫 해에[2136] 야곱은 요단 강을 건너 요단 강 너머에 거주했고, 갈릴리 바다에서 벧산과 도단과 아그라빔의 숲에 이르기까지 그의 양들을 방목하였다.[200]

15 야곱은 그의 모든 소유물 중에서 의복과 음식과 고기와 음료와 우유와 버터와 치즈와 그 골짜기의 대추야자 열매를 아버지 이삭에게 보냈으며,

16 그의 어머니 리브가에게도 보냈는데, 일 년에 네 차례, 달의 정해진 기간 사이, 밭을 갈고 추수하는 기간 사이, 가을과 우기 사이, 겨울과 봄 사이에 아브라함의 망대로 보냈다.

17 이는 이삭이 맹세의 우물에서 돌아와 그의 아버지 아브라함의 망대로 올라가서, 그의 아들 에서와 떨어져 그곳에 살았기 때문이다.

아버지의 양 떼를 빼앗고 부모를 멀리 떠난 불효자 에서, 이삭과 리브가를 공궤하는 야곱

18 야곱이 메소포타미아에 있던 동안 에서는 이스마엘의 딸 마할랏을 아내로 취했고, 그의 아버지의 모든 양 떼와 자기 아내들

을 모아 세일 산에 올라가 거주하며, 그의
아버지 이삭을 맹세의 우물에 홀로 남겨
두었다.

19 이삭은 맹세의 우물에서 올라가 헤브론 산
지에 있는 그의 아버지 아브라함의 망대
에 거주하였다.

20 야곱은 때마다 그가 얻은 모든 것으로 그
의 아버지와 어머니에게 그들이 필요한 모
든 것을 보냈으며, 그들은 온 마음과 온 혼
으로 야곱을 축복하였다.

수치를 당한 디나

30 여섯째 주간 첫 해2143 넷째 달에 야
곱은 세겜 동편에 있는 살렘으로 평안히
올라갔다.

2 거기서 야곱의 딸 디나가 그 땅의 통치자인
히위 족속 하몰의 아들 세겜의 집으로 끌려
갔고, 세겜은 그녀와 함께 누워 그녀를 더
럽혔다. 그녀는 12살 된 어린 소녀였다.

학살된 세겜 남자들

3 세겜은 디나의 아버지와 형제들에게 그녀
를 아내로 달라고 간청했지만, 야곱과 그
의 아들들은 세겜 사람들이 그들의 여동

생 디나를 더럽혔기 때문에 격노하였다.
그래서 그들은 악한 의도를 가지고 그들
에게 거짓으로 말하며 그들을 속였다.

4 시므온과 레위가 기습적으로 세겜에 이르
러 세겜의 모든 남자에게 심판을 행하여
그 성읍 안에서 발견한 모든 남자를 죽임
으로 한 남자도 그 성읍에 남기지 아니하
였다. 그들이 그들의 누이 디나를 욕되게
하였으므로 고통 중에 있던 모든 자를 살
해하였다.

5 그러므로 이제부터 다시는 이스라엘의 딸
이 더럽혀지는 이와 같은 일이 일어나지 않
도록 하여라. 이는 세겜 사람들이 이스라
엘에게 부끄러운 일을 저질렀으므로 그들
이 모든 세겜 사람을 칼로 멸해야 한다는
심판이 하늘에 제정되어 있기 때문이다.

6 여호와께서 세겜 사람들을 야곱의 아들들
의 손에 넘겨 그들을 칼로 진멸하고 그들
에게 심판을 집행하게 하셨으니, 그렇게
함으로 이스라엘의 처녀가 더럽혀지는 일
이 다시는 이스라엘에 일어나지 못하도록
하셨다.

---

198 1 cubit = 약 45cm

199 창세기의 긴 본문(창 32:1-33:16)에 비해서 희년서에서는 한 절로 간략하고 가볍게 야곱과 에서가 만나는 과정을 다룬다.

200 시내 산 정상에서 모세에게 과거 역사 시청각 교육을 진행하고 있는 그 천사의 지리적인 입장에서 야곱의 대가족은 요단 강을 건너 요단 강 저편 즉 요단 서편에 정착하여 머물고 있다. 이스라엘 중앙 산지의 첫 관문 성읍인 세겜에 올라가기 전, 야곱의 대가족은 요단 강 서편 숙곳에 머물며, 목축하기 좋은 그 지역에서 오랜 시간을 보내게 되는데, 희년서에서는 그들이 목축하던 행동반경이 북쪽의 갈릴리 바다에서부터 사해 남단으로 들어오는 물줄기인 찐 광야의 '나할 찐'에 있는 아그라빔 숲까지라고 알려주고 있다. 야곱이 이 풍성하고 기름진 지역에 한동안 정착하며 물질적인 풍부함으로 부요해지는 동안, 이스라엘 중앙 산지의 헤브론에 거하던 이삭과 리브가에게 일 년에 네 차례 필요한 의복과 음식을 풍성히 보내드리며 공궤하였다.

이방 혈통과의 결혼 금지, 거룩한 씨의 보존 [201]

7 만약 이스라엘 중에서 자기 딸이나 누이를 이방인들의 씨(후손)에게 주고자 하는 사람이 있으면, 그는 반드시 죽을 것이니, 그를 돌로 쳐 죽일 것이니라. 이는 그가 이스라엘에 수치를 불러왔기 때문이다. 그 여자는 불사를지니 이는 그녀가 그 아비 집의 이름을 욕되게 하였음이라. 그녀는 이스라엘에서 뿌리 뽑히리라.

8 또 간음하는 여자와 어떤 부정함도 땅의 모든 세대에 걸쳐 이스라엘에서 발견되지 않도록 하라. 이는 이스라엘이 여호와께 거룩한즉, 그 씨를 더럽히는 모든 남자는 반드시 죽으리니, 그를 돌로 쳐 죽일 것이라.

9 이는 이스라엘의 모든 씨에 관하여 하늘의 돌판들에 제정되고 기록되었으니 씨를 더럽히는 자는 반드시 죽으리니 돌에 맞아 죽으리라.

10 이 토라에는 시간의 제한도 없고 사면도 없고 속죄도 없느니라. 자신의 딸을 더럽힌 자는 온 이스라엘 가운데 뿌리 뽑힐 것이니, 이는 그가 불경스럽게 행함으로 자신의 씨를 몰록[202]에게 주어 그 씨를 더럽혔기 때문이다.

11 모세야, 너는 이스라엘 자손에게 명하여 그들의 딸들을 이방인들에게 주지 말며, 이스라엘의 아들들이 이방인의 딸들을 아내로 취하지 않도록 훈계하여라. 이는 여호와 앞에 매우 가증하기 때문이다.

12 이러한 이유로 세겜 사람들이 디나에게 행한 모든 행위와 야곱의 아들들이 "우리는 할례 받지 않은 자에게 우리 딸을 주지 아니하리니, 이는 우리에게 치욕이 됨이라"라고 말한 것을 내가 너를 위하여 토라의 글로 기록해 놓았느니라.[203]

13 이스라엘 사람이 이방 나라의 딸을 취하

---

201 여자의 후손인 메시아의 출생이 이스라엘을 통해서 이루어지기까지, 하나님은 이스라엘 백성에게 성적인 정결과 영혼의 정결(더러운 영으로 오염되지 않을 것)을 강도 높게 명령하시며 '그 씨'와 혈통을 거룩하게 보존하도록 명령하셨다. 이러한 입장에서 칼로 세겜 남자들을 학살한 레위의 행위를 의롭게 평가하시며 레위를 높이셨다.

202 몰록: 이 단어는 희년서 3:10에서 1회 사용된다. 몰록מולך은 '왕이 되다. 왕이 되어 다스리다'라는 뜻의 말라크מלך에서 파생된 명사로서 몰렉이라고 발음되기도 한다. 스스로 분별할 수 없고 스스로 선택할 수 없는 어린 나이의 자녀가 악한 영들의 공격에 노출되도록 하여 결국은 귀신이 그 자녀에게 왕 노릇하게 하는 것은 자녀를 몰록에게 바치는 행위를 하는 것과 같다. 하나님의 형상과 모양인 어린 자녀를 타오르는 불길에 밀어 넣어서 지나가게 하며 결국 몰렉에게 바치는 행위는 결국 하나님의 성소를 더럽히는 행위와 하나님의 거룩한 이름을 훼손시키는 행위로 간주된다(레 20:3). 자녀들이 창조주를 왕으로 모시도록 하느냐? 악하고 음란한 귀신이 왕 노릇하도록 자녀들을 내어주느냐? 이 예배의 전쟁은 인류사에 항상 있어 왔던 세력 전쟁이지만, 마지막 때 확연히 드러나는 전 지구적인 현상이 되고 있다. 스스로 분별할 수 없고 스스로 선택할 수 없는 어린 나이 때부터 귀신이 왕 노릇하도록 문을 열어주는 음란한 교육과 미디어와 교과서가 어린 다음 세대를 망가지게 하며 몰렉이 그들의 인생의 왕이 되도록 바쳐지고 있으며, 이러한 법들이 제정되고 있고 집행되고 있다.

203 내(천사)가 너(모세)를 위하여 토라의 글로 기록해 놓았느니라: 이 문장은 이 시점에 시내 산에서 천사를 통하여 전해 받은 '모세의 토라'를 언급하고 있는 것이다. 【행 7:53】"너희는 천사가 전한 율법을 받고도 지키지 아니하였도다" 【갈 3:19】"그런즉 율법은… 천사들을 통하여 한 중보자의 손으로 베푸신 것인데" 【창 34:14】"야곱의 아들들이 그들에게 말하되… 할례받지 아니한 사람에게 우리 누이를 줄 수 없노니 이는 우리의 수치가 됨이니라"

거나 주는 것은 수치스러운 것이니, 이는 이스라엘에게 불결하고 가증한 일이기 때문이다.

14 이스라엘이 이방인의 딸을 아내로 삼거나 이방인 중 한 남자에게 딸을 준다면 이스라엘은 이 불결함에서 깨끗해지지 못하리라.

15 그가 이러한 일을 행하거나 부정을 행하는 자들과 여호와의 성소를 더럽히는 자들과 그분의 거룩한 이름을 모독하는 자들을 눈감아 준다면 재앙 위에 재앙이, 저주 위에 저주가 있겠고 모든 심판과 재앙과 저주가 그에게 임하리라. 그리고 그때에 이 사람의 모든 부정함과 신성모독으로 말미암아 온 나라가 함께 심판을 받으리라.

16 그 사람은 존중받지 못할 것이며, 그 사람에 대한 배려는 없을 것이고, 그의 손의 과일들과 제물들과 번제물들과 기름, 또한 감미로운 향기의 향도 받아들여지지 않을 것이다. 성소를 더럽히는 이스라엘 모든 남자나 여자도 이와 같을 것이다.

17 이 이유로 인해 나는 너에게 명령하여 말하였다. "이 증거를 이스라엘에게 증언하여라. 세겜 사람들과 그들의 아들들이 어떻게 되었는지, 어떻게 그들이 야곱의 두 아들의 손에 넘겨져 고통 중에 죽임을 당하였는지 보라. 그것이 그들에게 의로움으로 여겨지게 되었고, 그것은 그들에게 의로움으로 기록되었다.

세겜 남자들을 도살한 레위를 높이 평가해 제사장직을 주시고 친구로 여기심

18 레위의 씨가 제사장 직분을 위해 레위인이 되도록 택함 받았으니, 이는 그들도 우리처럼 항상 여호와 앞에서 섬기게 하려 함이며, 레위와 그의 아들들이 영원히 복을 받게 하려 함이라. 이는 그가 이스라엘을 대적하여 일어난 모든 자들에게 의와 심판과 복수를 실행함에 열성적이었기 때문이다.

19 그러므로 축복과 의로움이 레위에 대한 증거로 만유의 하나님 앞에 있는 하늘 돌판들에 기록될 것이다.

20 우리는 사람이 일 년 중 정해진 모든 절기에 평생 동안 행한 의로움을 천 대에 걸쳐 기억할 것이며, 그것은 하늘에 기록되어 그와 그의 뒤를 이을 그의 후손들에게 전해질 것이다. 그리고 그는 하늘의 돌판들에 친구이자 의로운 자로 기록될 것이다.

21 이 모든 일은 내가 너를 위해 기록해 놓았으며, 이스라엘 자손에게 전하라고 내가 너에게 명하였으니, 이는 그들이 죄를 범하지 말고 규례를 어기지 말며 그들을 위하여 세운 언약을 깨뜨리지 말게 함이며, 그들이 그것을 행하여 친구들로 기록되게 하려 함이다.

22 그러나 만일 그들이 범법하고 모든 면에서 부정을 행한다면, 그들은 하늘 돌판들에 대적자들로 기록되고, 생명책에서 사라질 것이며, 멸망될 자들과 땅에서 뿌리 뽑힐 자들의 책에 기록될 것이다.

23 야곱의 아들들이 세겜을 죽이던 그 날, 그들이 의와 공의와 복수를 죄인들에게 실행했다는 글이 하늘에서 그들을 위해 기록되었다. 그리고 그것은 축복으로 기록되었다.

되찾은 디나와 전리품

24 그들은 그들의 누이 디나를 세겜의 집에서 데리고 나왔고, 세겜에 있던 모든 것, 그들의 양과 소와 나귀와 모든 재산과 모든 가축 떼를 사로잡아 그들의 아버지 야곱에게 모두 가져갔다.

야곱의 책망

25 야곱은 그들이 성읍 남자들을 칼로 친 것으로 인해 그들을 책망했는데, 이는 그가 그 땅에 거하는 자들, 곧 가나안 족속과 브리스 족속을 두려워했기 때문이었다.

26 그러나 여호와로부터 온 두려움이 세겜 주변의 모든 성읍들에 임하여 그들이 야곱의 아들들을 추격하려고 일어나지 않았으니, 이는 그들 위에 공포가 덮쳤기 때문이었다.

나팔절 신년에 야곱이 희생 제사를 드리기 위해 벧엘로 가다

31 그 달 월삭에 야곱은 그의 집안 모든 사람에게 말했다. "너희는 몸을 깨끗이 씻고, 옷을 갈아입으라. 우리가 일어나 벧엘로 올라가자. 그곳은 내가 내 형 에서의 얼굴을 피해 도망가던 날에 내가 그분께 맹세했던 곳이니라. 이는 그분께서 나와 함께 해주셔서 나를 이 땅으로 평안히 데려와 주셨기 때문이니, 너희는 너희 가운데 있는 이방 신들을 없애 버리라."

2 그들은 이방 신들과 그들의 귀에 있던 것과 그들의 목에 있던 것을 버렸으며, 라헬은 그녀의 아버지 라반에게서 훔친 우상들을 전부 야곱에게 내어주었다. 야곱은 그것들을 불태우고 깨뜨려 산산조각 내어 파괴한 후, 세겜 땅에 있는 상수리나무 아래에 묻었다.

3 야곱은 일곱째 달 월삭에 벧엘로 올라갔다. 그는 자기가 잤던 곳에 제단을 쌓고 거기에 기둥을 세우고 아버지 이삭과 어머니 리브가에게도 제사 드리러 오시라고 전갈을 보냈다.

야곱이 유다와 레위를 데리고 헤브론에서 이삭을 재회하다

4 이삭이 말했다. "내 아들 야곱을 오게 하여 내가 죽기 전에 그를 보게 하여라."

5 야곱은 그의 아버지 이삭과 그의 어머니 리브가에게로, 그의 조부 아브라함의 집으로 갔으며, 그의 두 아들 레위와 유다를 데리고 아버지 이삭과 어머니 리브가에게로 왔다.

6 리브가가 "보소서, 당신의 아들 야곱이 왔습니다"라는 말을 들을 때, 그녀의 영이 생기를 얻어 야곱에게 입 맞추며 그를 안아 주려고 망대에서 나와 망대 앞으로 나왔다.

7 리브가는 야곱의 두 아들을 보았으며, 그들을 알아보고는 야곱에게 말했다. "내 아들아, 이들이 네 아들들이냐?" 그리고 그들을 끌어안으며 입 맞추고 그들을 축복하며 말했다. "너희로 말미암아 아브라함의 씨가 명성을 얻을 것이며, 너희가 땅에서 복이 되고 말 것이다."

8 야곱이 두 아들과 함께 아버지 이삭이 누워있는 침실로 들어가, 아버지의 손을 잡고, 몸을 굽혀 그에게 입 맞추니, 이삭이 아들 야곱의 목을 꼭 끌어안고 그의 목에 기대어 울었다.

9 어두운 그늘이 이삭의 눈에서 떠나니 이삭이 야곱의 두 아들 레위와 유다를 보며

말했다. "내 아들아, 이들이 네 아들들이냐? 너를 꼭 닮았구나."

10 야곱이 그들이 참으로 그의 아들들이라고 이삭에게 말했다. "그들이 참으로 내 아들들이라는 것을 아버지께서 잘 알아보셨습니다."

11 그들은 이삭에게 가까이 다가갔고, 이삭은 몸을 돌려 그들에게 입 맞추고, 둘을 함께 끌어안았다.

예언의 영으로 이삭이 레위를 축복하다

12 예언의 영이 이삭의 입에 내리니, 이삭이 오른손으로 레위를, 왼손으로 유다를 잡았다.

13 이삭은 먼저 레위에게로 몸을 돌려 그를 먼저 축복하며 말했다. "만유의 하나님, 모든 세대의 바로 그 여호와께서[204] 모든 세대에 걸쳐 너와 네 자손들에게 복 주시기를 원하노라.

14 여호와께서 너와 네 씨(후손)에게 위대함과 큰 영광을 주시고, 모든 육체 가운데서 너와 네 씨(후손)로 하여금 그분께 다가가 얼굴(임재)의 천사들과 거룩한 자들처럼 그분의 성소에서 섬기게 하시기를 원하노라.

네 아들들의 씨(후손)도 영광과 위대함과 거룩함에 있어서 그들과 같이 되며, 그분께서 모든 시대에 그들을 위대하게 만들어 주시기를 원하노라.

15 그들은 야곱의 아들들의 모든 씨(자손)의 재판관들과 통치자들과 지도자들이 되리라. 그들은 여호와의 말씀을 의롭게 전할 것이며, 그들은 그분의 모든 판결을 공정하게 집행할 것이다. 그리고 그들은 내 도를 야곱에게, 내 길을 이스라엘에게 선포할 것이다. 사랑받는 자들의 모든 씨(후손)를 축복하기 위하여 여호와의 복이 그들의 입술에 주어지리라.

16 네 어미가 네 이름을 레위라 불렀으니, 그녀가 네 이름을 잘 지었구나. 너는 여호와께 연합될 것이며 야곱의 모든 아들들의 동반자가 되리라. 그분의 식탁이 네 식탁이 되게 하셔서 너와 네 아들들이 그 식탁에서 먹게 하시고, 네 식탁이 대대로 가득 채워지게 하셔서 네 음식이 모든 시대에 이르도록 끊어지지 아니하리라.

17 너를 미워하는 모든 자들은 네 앞에 엎드러지고, 네 모든 대적들은 뿌리 뽑혀 멸망하

---

204 모든 세대의 바로 그 여호와: 하나님은 지나간 과거의 하나님이 아니라 모든 세대마다 그 세대의 하나님으로 찾아와서 만나주시는 하나님이시다. 각 세대마다 그 세대에 맞게 찾아와주시는 하나님의 도움을 노래한 시편의 구절이 시편 46:1이다. "하나님은 우리의 피난처시요 힘이시니 환난 중에 만날 큰 도움이시라" God is our ever-present help in times of trouble. 이러한 하나님에 대한 이해는 믿음의 조상들 가운데 대외비로 가르쳐 내려오던 하나님의 이름들에도 나타난다.

　【출 3:13-14】 "모세가 하나님께 아뢰되 내가 이스라엘 자손에게 가서 이르기를 너희의 조상의 하나님이 나를 너희에게 보내셨다 하면 그들이 내게 묻기를 그의 이름이 무엇이냐 하리니 내가 무엇이라고 그들에게 말하리이까 14 하나님이 모세에게 이르시되 '나는 스스로 있는 자이니라' 또 이르시되 너는 이스라엘 자손에게 이같이 이르기를 '스스로 있는 자'가 나를 너희에게 보내셨다 하라."

　"나는 스스로 있는 자이니라"는 에흐이에 아쉐르 에흐이에 אֶהְיֶה אֲשֶׁר אֶהְיֶה 이며, "스스로 있는 자"는 에흐이에 אֶהְיֶה 이다. אֶהְיֶה 는 일인칭 단수 미완료형 Be 동사로써 "I SHALL BE"란 뜻이다. 오고 가는 모든 세대는 바로 그 세대에 찾아와서 만나주시는 하나님을 나의 하나님이라 고백하며, 또한 그 하나님은 바로 아브라함의 하나님, 이삭의 하나님, 야곱의 하나님이시다.

리라. 너를 축복하는 자는 복을 받고, 너를 저주하는 민족마다 저주를 받으리라.”[205]

이삭이 유다를 축복하다

18 그리고 유다에게 이삭이 말했다. “여호와께서 네게 힘과 능력을 주셔서 네가 너를 미워하는 자들을 모두 밟을 수 있게 하시기를 원하노라. 너와 네 아들들 중 하나가 야곱의 아들들을 다스리는 통치자가 되리라. 네 이름과 네 아들들의 이름이 널리 퍼져서 모든 땅과 지역에 두루 퍼져가게 하시기를 원하노라. 그때에 이방인들은 네 면전에서 두려워하며, 모든 나라가 떨며 모든 민족이 떨리라.

19 네 안에 야곱의 도움이 있을 것이며, 네 안에서 이스라엘의 구원이 발견되리라.

20 네가 네게 합당한 영화로운 왕좌에 앉는 그 날에 사랑받는 자의 아들들의 모든 씨(후손)에게 큰 평화가 있을 것이다. 너를 축복하는 자는 복을 받고, 너를 미워하고 괴롭히는 모든 자와 너를 저주하는 모든 자도 뿌리째 뽑혀 땅에서 멸망할 것이고 저주를 받으리라.”

삼 세대가 기쁨과 축복과 사랑을 나누다

21 그리고 이삭은 몸을 돌려 다시 야곱에게 입 맞추며 그를 껴안고 크게 기뻐하니, 이는 그가 자기의 진정한 아들인 야곱의 아들들을 보았기 때문이었다.

22 야곱은 이삭의 품에서 물러나 엎드려 그에게 절하였고, 야곱은 그들을 축복하며 거기서 그 날 밤 그의 아버지 이삭과 함께 쉬면서, 즐겁게 먹고 마셨다.

23 그리고 이삭은 야곱의 두 아들을, 하나는 그의 오른편에, 하나는 그의 왼편에 자게 했으니, 이것이 그에게 합당한 것으로 여겨졌다.

야곱이 이삭에게 주께서 어떻게 그를 인도하셨는지 밤새 말하다

24 그 밤에 야곱은 그의 아버지에게 여호와께서 어떻게 그에게 큰 자비를 베풀어 주셨는지, 어떻게 모든 길에서 그를 형통하게 하셨으며 모든 악으로부터 그를 보호하셨는지에 대해 모든 것을 말했다.

25 그리고 이삭은 그분의 자비와 의를 그분의 종 이삭의 아들에게서 거두지 않으신 그의 아버지 아브라함의 하나님을 송축했다.

야곱이 리브가와 드보라를 모시고 벧엘로 가다

26 아침에 야곱은 그의 아버지 이삭에게 그가 여호와께 맹세한 서원과 그가 본 환상과 그가 제단을 쌓아 놓았다는 것과 그가 맹세한 대로 여호와 앞에 드릴 희생 제사를 위해 모든 것이 준비되었다는 것과 그가 이삭을 나귀에 태우러 왔다는 것을 말했다.

27 이삭이 그의 아들 야곱에게 말했다. “나는 너와 함께 갈 수가 없구나. 나는 늙었고 그 길을 감당할 수 없으니, 내 아들아, 평안히 가거라. 나는 오늘로 165세가 되어 더 이상 길을 떠날 수 없으니[206], 네 어미를 나귀에 태워 너와 함께 가게 하거라.

28 내 아들아, 네가 나를 위하여 온 것을 내가 알고 있다. 네가 살아 있는 나를 보았으며, 나도 내 아들인 너를 본 이 날이 복

---

[205] ‘너를 축복하는 자는 복을 받고’는 개인적 차원으로, ‘너를 저주하는 민족마다 저주를 받으리라’는 민족적 차원으로 구분되어서 표현되고 있다.

되도다.

29 네가 형통하고, 네가 맹세한 서원을 다 이루기를 바란다. 네 서원을 미루지 말라. 네가 서원을 어긴 것에 대한 책임을 지도록 네가 호명을 받으리니[207], 그러므로 이제 서둘러 그 서원을 이행하여라. 만물을 지으신 분, 곧 네가 서원을 드린 그분께서 기뻐 받으시기를 원하노라.”

30 그리고 이삭은 리브가에게 말했다. “당신의 아들 야곱과 함께 가세요.” 리브가는 그녀의 아들 야곱과 함께 갔고, 드보라도 그녀와 함께 했으며, 그들은 벧엘에 도착했다.

하늘 돌판의 기록에 따라 두 손자를 축복한 이삭과 영원한 소망

31 야곱은 그의 아버지가 그와 그의 두 아들 레위와 유다를 축복한 그 기도를 기억하며, 그의 조상 아브라함과 이삭의 하나님을 기뻐하며 송축했다.

32 야곱이 말했다. “이제 나는 만유의 하나님 앞에서 나에게 그리고 내 아들들에게도 영원한 소망이 있다는 것을 아노라.” 그러므로 그 두 사람에 관하여 이와 같이 정해졌으며, 이삭이 그들을 어떻게 축복했는지 하늘의 돌판들에 영원한 증거로 기록되었다.

꿈에서 레위가 제사장으로 임명되다

32 그 날 밤 그는 벧엘에 머물렀다. 그는 꿈 속에서 레위와 그의 아들들이 지극히 높으신 하나님의 제사장으로 영원히 임명되고 안수 받는 것을 보았다. 그는 잠에서 깨어나 여호와를 송축했다.[208]

---

206 【아람어 레위 유언 9:2】 “내 아버지의 아버지는 내가 본 환상들의 모든 말에 따라서 그대로 나를 축복하셨다. 그러나 그는 우리와 함께 벧엘로 가기를 원치 않으셨다.” 야곱이 이삭을 벧엘로 모시고 가려던 중요한 이유는 야곱에게는 제사장 직분이 없고 이삭이 제사장 직분을 가지고 있었기 때문이이었다. 그러나 이삭의 제사장 직분은 손자 레위에게 이어지게 되어, 결국 레위가 벧엘에서 제사장으로서 희생 제사를 집례하게 된다.

207 ‘네가 어긴 서원을 네가 책임지도록 네가 호명을 받으리니’ 다른 사본에는 ‘네가 한 서원이 너를 찾으리니’로 되어 있다.

208 희 32:1의 문장은 사본마다 차이가 있다. 1) 라틴어 사본에서는 그날 밤 벧엘에 머문 주체가 3인칭 복수 ‘그들’로 나온다. 2) 모든 에티오피아 사본에서는 제사장으로 ‘임명하다’의 동사의 주어가 3인칭 복수(일반 주어)로 되어 있지만, 라틴어 사본에서는 3인칭 단수 수동형으로 되어 있다. 3) 꿈을 꾼 주체가 3인칭 단수로 되어 있어서 야곱인지 레위인지 문장에서는 불분명하다. 그러나 아래와 같은 이유로 이 문장에서 꿈을 꾼 주체를 야곱으로 번역하였다(몇 사본은 레위가 꿈을 꾼 것으로 이해한다.)
　‘아람어 레위 유언’에서는 헤브론에서 벧엘로 돌아온 그 밤에 꿈 환상에서 레위가 제사장이 되어야 할 것 본 자는 야곱이다. 【아람어 레위 유언 9:3】 “우리가 벧엘로 돌아왔을 때에 내 아버지 야곱은 나에 관한 환상을 보았는데, 그것은 내가 하나님 앞에서 그들의 제사장이 되어야 한다는 것이었다.”
　레위는 헤브론에 있던 이삭을 야곱과 유다와 함께 만나러 가기 이틀 전에 이미 두 번째 꿈환상을 통해서 일곱 천사들이 레위를 위해 제사장 위임식을 거행해 주는 것을 체험했다. 이틀 후에 헤브론에 있는 이삭을 난생처음으로 뵈러 갔을 때, 이삭에게 예언의 영이 임해, 이삭이 레위를 제사장으로 축복해 주었는데, 레위가 며칠 전에 본 환상의 내용과 일치하게 이삭은 레위를 축복해 주었다. 이삭이 연로하여 벧엘로 함께 이동하지 못하게 되니, 그들은 리브가와 드보라를 모시고 벧엘에 다시 도착해서, 그동안 모은 모든 것의 십일조를 다 모아서 장막절 7일 동안의 희생 제사를 진행하려고 하는 그 전날 밤에, 야곱은 레위가 제사장으로 임명받는 꿈을 꾸고, 다음 날 아침 온 가족을 대표해서 레위가 제사장 직분을 행하여 희생 제사 집례를 하도록 했다.

레위가 야곱의 아들들 중 십일조로 드려짐

2　야곱이 이 달 14일[209] 아침 일찍 일어나 사람과 짐승, 금과 모든 그릇과 의복에 이르기까지 그와 함께 온 모든 것의 십일조를 드렸으니, 참으로 그는 모든 것의 십일조들을 드렸다.

3　그 무렵 라헬은 그녀의 아들 베냐민을 임신했다. 야곱이 베냐민으로부터 그 아들들을 세어 올라가니[210], 레위가 주님의 몫으로 떨어져서, 그의 아버지는 레위에게 제사장의 의복들을 입히고 그의 두 손을 채웠다.[211]

장막절 7일 동안 야곱이 레위를 통해 십일조를 드리다

4　이 달 15일에 그는 가축 중에서 수송아지 14마리, 숫양 28마리, 양 49마리, 어린 양 7마리, 새끼 염소 21마리를 희생 제단에 드릴 번제물로 가져왔다. 이는 하나님 앞에 감미로운 향기로 기뻐 받으실만한 것이었다.

5　이것은 그가 소제와 전제와 함께 십일조를 드리겠다고 서원함에 따라 드리는 야곱의 예물이었다.

6　불이 그 예물을 다 태우자, 그는 제단 위에 있는 불에서 분향하고, 감사 제물로 황소 2마리, 숫양 4마리, 암양 4마리, 숫염소 4마리, 1년 된 암양 2마리, 새끼 염소 2마리를 드렸는데, 그는 7일 동안 매일 이와 같이 드렸다.

7　그와 그의 모든 아들들과 그의 사람들은 7일 동안 그곳에서 즐겁게 먹으며, 그를 모든 환난에서 구해주시고 그에게 그의 맹세[212]를

---

209 장막절이 시작하기 하루 전인 이달 14일에 다음 날인 15일 장막절에 드릴 모든 종류의 십일조들과 예물들을 미리 준비하였으며, 모든 제사를 집례할 자로 레위를 임명하고 모든 것을 레위에게 위임하였다. 장막절은 아브라함이 처음 지키기 시작하였다 (희년서 16:20-31).

210 모든 것의 십일조를 드리는 것에는 아들들 중에서 하나를 십일조로 드리는 '자녀 십일조'도 포함되었다. 야곱은 막내가 될 베냐민으로부터 열 번째 되는 아들 레위를 십일조로 바쳐 하나님의 일을 전무하는 하나님께 속한 제사장으로 뽑는 방법을 사용했다. 야곱은 윗세대로부터 전해 내려오던 제사장의 의복들을 레위에게 입혀주었다."

211 "그의 두 손을 채웠다"라는 히브리어 표현은 '제사장의 직분을 맡겨서 관련된 모든 것을 위임했다'라는 표현으로써 왕이나 선지자나 그 외 다른 직무를 맡길 때는 사용되지 않고 오직 제사장 직분을 맡기고 위임하는 것에만 사용된 표현이다(출 28:41, 29:90, 레 8:33, 민 3:3). 제사장으로 위임된 자의 두 손에 거둬드린 모든 종류의 십일조가 다 맡겨지고, 의무와 특권과 제사장의 권한과 권세가 제사장의 손에 맡겨진다고 일반적으로 이해한다. 그러나 레위의 유언 8:10에서는 레위의 두 손에 가득 채워준 것이 '향'이라고 명시되어 있다. 제사장으로 섬길 수 있게 하기 위해서, 레위의 양손에 '기도의 향'을 가득 채워주면서 제사장 직분을 본격적으로 시작하게 하는 것은 하나님과 사람 사이에서 중보의 역할을 하는 제사장의 임무에서 가장 중요한 요소를 나타내주는 것이다. "일곱째는 내 머리에 제사장의 띠를 감싸주고 내 양손에 향을 가득 채워 여호와의 제사장으로서 섬길 수 있도록 했다"

212 그의 맹세: 야곱이 에서를 피해 도망가다 벧엘에서 돌을 베고 잠들었을 때 하나님께서 야곱에게 주신 맹세. 【창 28:13-15】 "13. 여호와께서 그 위에 서서 이르시되 나는 여호와니 너의 조부 아브라함의 하나님이요 이삭의 하나님이라 네가 누워 있는 땅을 내가 너와 네 자손에게 주리니 14. 네 자손이 땅의 티끌 같이 되어 네가 서쪽과 동쪽과 북쪽과 남쪽으로 퍼져나갈지며 땅의 모든 족속이 너와 네 자손으로 말미암아 복을 받으리라 15. 내가 너와 함께 있어 네가 어디로 가든지 너를 지키며 너를 이끌어 이 땅으로 돌아오게 할지라 내가 네게 허락한 것을 다 이루기까지 너를 떠나지 아니하리라"

주신 여호와를 송축하고 찬양했다.

8 야곱이 모든 정결한 짐승은 십일조로 드려 번제로 바쳤으나, 부정한 짐승들은 그의 아들 레위에게 주었으며, 그에게 사람들의 모든 혼(생명)을 주었다.

9 레위는 그의 열 형제의 대표로 벧엘에서 그의 아버지 야곱 앞에서 제사장의 직무를 받았고, 거기서 그는 제사장이 되었으며, 야곱은 그가 서원했던 것을 드렸다. 그는 두 번째 십일조를 여호와께 드리며 그것을 거룩하게 성별했고, 그것은 그분께 거룩하게 받아들여졌다.

십일조에 대한 토라

10 이러한 이유로 두 번째 십일조를 드리는 것이 하늘의 돌판들에 제정되어 있는데, 이는 그분의 이름이 거하시기로 택정된 그곳에서 해마다 두 번째 십일조를 그분 앞에서 먹기 위함이니, 이 토라에는 영원히 시간의 제한이 없다.

11 이 규례는 택정된 그곳에서 두 번째 십일조를 여호와 앞에서 먹음으로써 해마다 준수되어야 하며, 이번 해에서 다음 해로 이월되는 것을 하나도 남기지 말아야 한다고 기록되어 있다.

12 그 해에 씨(곡물)는 씨(곡물)를 수확하는 날까지 먹을 것이며, 포도주는 포도주의 날까지 마실 것이고, 기름은 기름의 정한 때까지 먹어야 한다.

13 그중에 남아서 오래된 것은 모두 오염된 것으로 여기고 불로 태워라. 이는 부정한 것이기 때문이다.

14 그러므로 그들이 성소에서 다 함께 그것을 먹게 하고, 그것이 오래되어 묵지 않게 하라.

15 소와 양의 모든 십일조는 여호와께 거룩할 것이며, 그분의 제사장들에게 속할 것이니 그들이 그분 앞에서 해마다 먹을 것이다. 이는 십일조에 관하여 이와 같이 하늘의 돌판들에 제정되어 새겨져 있기 때문이다.

제8일에 야곱이 하늘의 돌판들에 기록된 자신과 자기 자손의 미래를 읽고 알게 되다

16 다음 날 밤, 이 달 22일에 야곱은 자신과 자신 뒤를 이을 그의 후손을 위해 그곳을 건축하고, 벽으로 뜰을 둘러싸며, 그곳을 성결하게 하고, 영원히 거룩하게 만들기로 결심했다.[213]

17 여호와께서 그 밤에 야곱에게 나타나 그에게 복 주시며 말씀하셨다. "네 이름이 야곱이라 불리지 않을 것이며, 이스라엘이라 불리리라."

18 그분께서 다시 야곱에게 말씀하셨다. "나는 하늘과 땅을 창조한 여호와니라. 내가 너를 번성하게 하고, 너를 크게 창대케 하리니, 왕들이 너로부터 나올 것이며, 그들은 사람의 아들들의 발이 닿는 모든 곳에

---

213 야곱이 드린 서원은 십일조와 성전이었다. 십일조의 서원을 이행한 야곱은 성전에 대한 서원을 기억하며 벧엘에 성전 건물을 짓고 벽으로 뜰을 둘러싸고자 계획하고 마음을 먹었다. 그러나 곧 한 천사가 이스라엘 미래 역사가 기록된 일곱 돌판을 들고 와서 야곱이 읽고 알게 한 후, 야곱에게 성전이 지어질 장소가 벧엘이 아님을 알려주고 벧엘 성전 계획을 무효화했다.

서 심판할 것이다.

19 내가 하늘 아래 있는 모든 땅을 네 씨(후손)에게 주리니, 그들이 모든 민족을 그들의 뜻에 따라 심판하겠고, 그 후에는 온 땅을 얻게 될 것이며, 영원히 상속하리라."

20 그분께서 야곱과 말씀을 마치시고, 그를 떠나 올라가시니, 야곱은 그분이 하늘로 올라가실 때까지 바라보았다.

21 야곱이 밤의 환상 중에 보니, 보라 한 천사가 그의 손에 일곱 돌판을 들고 하늘로부터 내려와서 그것을 야곱에게 주었고, 야곱은 그것들을 읽고 그 안에 기록된 모든 것, 곧 모든 시대에 걸쳐 그와 그의 아들들에게 닥쳐올 일을 알았다.

22 천사는 그 돌판들에 기록된 모든 것을 야곱에게 보여주며 그에게 말했다. "이곳에 성소를 짓지 말고, 이곳을 영원한 성소로 만들지 말며, 이곳에 거주하지 말라. 이곳은 그 장소가 아니기 때문이다. 네 조상 아브라함의 집으로 가서 네 아버지 이삭이 죽는 날까지 네 아버지와 함께 거주하여라.

23 너는 이집트에서 평안히 죽을 것이고, 이 땅에서 네 선조들의 무덤에 아브라함과 이삭과 함께 명예롭게 장사될 것이니라.

24 두려워 말라. 이는 네가 보고 읽을 대로 모든 것이 이루어질 것이니, 네가 보고 읽은 대로 모든 것을 기록하여라."

25 야곱이 말했다. "여호와여, 제가 읽고 본 모든 것을 제가 어떻게 다 기억할 수 있겠습니까?" 그가 야곱에게 말했다. "내가 모든 것을 네게 기억나게 하리라."

26 그가 야곱을 떠나 올라갔고, 야곱은 잠에서 깨어나 그가 읽고 본 모든 것을 기억했고 그가 읽고 본 모든 말들을 기록했다.[214]

장막절에 더해진 제8일

27 야곱은 그곳에서 또 다른 하루를 더 경축했고, 전 날에 그가 드렸던 모든 희생 제사와 같이 그 날에 희생 제사를 드렸으며, 그 이름을 '추가'라고 불렀는데, 이는 이 날이 더해졌기 때문이다. 그는 앞의 날들을 '절기'라 불렀다.

28 그러므로 이 날은 그렇게 되어야 할 것이라고 계시되었고, 하늘의 돌판들에 기록되어 있다. 그러므로 야곱은 이 날을 경축해야 하며, 7일간의 절기에 이 날을 더해야 한다는 것이 그에게 계시되었다.

29 이 날의 이름은 '추가'라고 불렸는데, 이는 이 날이 한 해의 날 수에 따른 절기의 날들 중 하나로 추가되도록 기록되었기 때문이다.

드보라의 죽음

30 이 달 23일 밤에 리브가의 유모 드보라가 죽었고, 그들은 그녀를 성읍 아래 강가의 상수리나무 밑에 장사했다. 야곱은 이곳의 이름을 '드보라의 흐르는 시내'라 불렀고, 그 상수리나무는 '드보라를 위한 애도의 상수리나무'라 불렀다.

---

214 【희 45:16】"그리고 야곱은 자신의 모든 책들과 조상들의 책들을 그의 아들 레위에게 주어 그 책들을 잘 보존하게 하였으며, 그의 아들들을 위해 그 책들을 새롭게 필사하게 하여 오늘날까지(모세가 시내 산 정상에 도착한 시점) 이르게 하였다."

31 리브가는 그녀의 집, 곧 야곱의 아버지 이삭에게로 돌아갔으며, 야곱은 그녀의 손에 숫양들과 양들과 숫염소들을 보내어 그의 아버지를 위해 아버지가 원하시는 대로 음식을 준비하도록 하였다.

32 야곱은 키브랏[215]땅에 이를 때까지 그의 어머니를 따라갔고, 그는 그곳에 머물렀다.

베냐민의 출생과 라헬의 죽음

33 라헬은 그 밤에 아들을 낳고 출산에 어려움을 겪었기에 그의 이름을 '내 슬픔의 아들'이라 불렀다. 그러나 그의 아버지 야곱은 이 희년의 여섯째 주간의 첫 해2143 여덟째 달 11일에 그의 이름을 베냐민이라 불렀다.

34 라헬은 거기서 죽어 에브랏의 땅, 즉 베들레헴에 묻혔는데 야곱은 라헬의 무덤 위, 길가에 기둥을 세웠다.

빌하를 범한 르우벤

33

야곱은 에델 망대의 남쪽에 가서 거주했다. 그리고 그는 그의 아내 레아와 함께 열 번째 달 월삭에 그의 아버지 이삭에게로 갔다.

2 르우벤은 아버지의 첩이자 라헬의 여종 빌하가 은밀한 곳에서 목욕하는 것을 보았고, 그는 그녀를 사랑하게 되었다.

3 그는 밤에 몸을 숨기고 빌하의 집에 들어가서 그녀가 자신의 집 침대에서 홀로 자고 있는 것을 발견했다.

4 그가 그녀와 함께 동침했고, 그녀가 깨어나 보니, 보라 르우벤이 그녀와 함께 침상에 누워있었다. 그녀가 그녀의 이불자락을 걷어내어 그를 붙들고 소리 질렀으며, 그가 르우벤이라는 것을 알아차렸다.

5 그녀가 그로 인해 수치스러워 그에게서 손을 떼니 그가 도망쳤다.

6 그녀는 이 일로 인해 심히 애통했지만, 아무에게도 말하지 않았다.

7 야곱이 돌아와 그녀를 찾았을 때, 그녀가 그에게 말했다. "저는 당신에게 부정합니다. 당신에게 순결하지 못하기 때문입니다. 르우벤이 저를 더럽혔고 밤에 저와 함께 동침했기 때문입니다. 저는 잠들어 있어서 그가 제 치마를 드러내고 저와 동침하기까지 깨닫지 못했습니다."

8 르우벤이 빌하와 동침하여 그의 아버지의 치맛자락을 드러냈기 때문에 야곱은 르우벤에게 심히 격노했다.

9 르우벤이 빌하를 더럽혔으므로 야곱이 다시는 그녀를 가까이하지 않았다. 그의 아버지의 치맛자락을 드러내는 자는 그의 행위가 지극히 악하니, 이는 그가 여호와 앞에서 가증하기 때문이다. [216]

---

215 【창 35:16】 "그들이 벧엘에서 길을 떠나 에브랏에 이르기까지 '얼마간 거리를 둔 곳'에서 라헬이 해산하게 되어 심히 고생하여" '얼마간 거리를 둔 곳'의 히브리어 '오드 키브랏 하아레쯔עוֹד כִּבְרַת־הָאָרֶץ'에서 '키브랏'이 지명처럼 사용되었다.

216 그의 아버지의 치마자락을 드러내는: 이는 히브리어 관용어구처럼 사용되는 표현이다. 신 27:20에서 한글로 의역된 "그의 아버지의 하체를 드러냈으니"는 "그의 아버지의 치마자락(하체를 가린 옷, 속옷)을 드러냈으니"라고 직역될 수 있다. 키 길라 크나프 아비브כִּי גִלָּה כְּנַף אָבִיו

근친상간에 관한 법

10 이런 이유로 남자는 그 아비의 아내와 동침하지 말며, 그 아비의 치맛자락을 드러내서는 안 된다고 하늘의 돌판들에 기록되어 있고 제정되어 있다. 이는 부정하니, 그 아비의 아내와 동침한 남자는 그 여자와 함께 반드시 죽으리라. 이는 그들이 땅에서 부정한 일을 행하였음이라.

11 우리 하나님께서 자기 소유로 택하신 민족 안에서는 그분 앞에서 이러한 부정한 일이 없어야 하리라.

12 다시 두 번째로 기록되어 있으니, "아비의 아내와 동침하는 자는 저주를 받으리라. 이는 그가 아비의 수치를 드러내었음이라" 하니, 여호와의 모든 거룩한 자들이 "아멘, 아멘" 하였다.

13 모세야, 너는 이스라엘 자손들에게 명령하여 이 말씀을 지키게 하라. 이는 사형에 해당하며 부정하니, 이 죄를 범한 자를 속죄하는 속죄는 영원히 없고 오직 그를 사형에 처하여 죽이되, 돌로 쳐서 죽임으로 우리 하나님의 백성 가운데서 뿌리 뽑히게 하라.

14 이스라엘에서 그렇게 하는 사람은 가증하고 부정하기 때문에 땅에서 단 하루라도 살아 있는 것이 용납되지 않는다.

15 그들이 이렇게 말하지 못하게 하여라. "르우벤은 아버지의 첩과 동침한 후에도 생명과 용서가 허락되었으며, 그 첩에게 남편이 있었고 그녀의 남편 야곱, 곧 르우벤의 아버지가 여전히 살아있었음에도 불구하고 그녀에게도 생명과 용서가 허락되었다."

16 이는 그때까지는 모든 사람을 위한 규례와 판결법과 토라가 완성된 채로 계시되지 않았으나, 네 시대에는 그것이 절기와 시대의 토라로 그리고 영원한 세대들을 위한 영원한 토라로 계시되었기 때문이다.[217]

17 이 토라에는 시효 마감 기간도 없고, 이 죄를 위한 속죄도 없으니, 그들은 열방 가운데서 모두 뿌리 뽑힐 것이며, 그들이 이 토라를 범한 그 날에 그들을 죽여야 하리라.[218]

18 모세야, 너는 이스라엘을 위하여 이 토라를 기록하여 그들이 이를 지키고 이 말씀대로 행하여 사망에 이르는 죄를 범하지 않게 하라. 여호와 우리 하나님은 사람을 외모로 보지 아니하시며 뇌물을 받지 아니하시는 재판장이시라.

19 이 규례의 말씀을 그들에게 전하여 그들이 듣고 지키며 이 말씀에 따라 스스로 경계하여 땅에서 멸망당하거나 뿌리 뽑히지 않도록 하여라. 땅에서 이 말씀을 범하는 그들 모두는 우리 하나님 앞에서 불결함과 가증함과 더럽혀짐과 더러움이니라.

20 그들이 땅에서 행하는 음행보다 더 큰 죄는 없다. 이스라엘은 여호와 이스라엘의 하나님께 거룩한 나라요 유업의 나라요 제사장과 왕의 민족이요 그분의 특별한 소유이니, 거룩한 나라 가운데 이러한 부정함이 나타나지 말아야 할 것이니라.

21 이 여섯째 주간의 셋째 해에2145 야곱과 그의 모든 아들들은 아브라함의 집에 가서 그의 아버지 이삭과 그의 어머니 리브가 가까이에서 거주하였다.

야곱의 자녀들을 축복하며 즐거워하는 이삭

22 야곱의 자녀들의 이름은 레아의 아들들인

장자 르우벤, 시므온, 레위, 유다, 잇사갈과 스불론, 라헬의 아들들인 요셉과 베냐민, 빌하의 아들들인 단과 납달리, 실바의 아들들인 갓과 아셀, 그리고 야곱의 외동딸이자 레아의 딸인 디나였다.

23 그들이 와서 이삭과 리브가에게 절했으며, 그들은 야곱과 그의 모든 아들들을 보고 그들을 축복했다. 이삭은 그의 작은 아들 야곱의 아들들을 보고 크게 기뻐하며, 그들을 축복하였다.

야곱의 아들들을 공격한 아모리인들을 정복하고 화친을 맺는 야곱

34 이 44번째 희년의 이 주간의 여섯째 해에[217] 야곱은 그의 아들들을 그의 종들과 함께 세겜의 목초지로 보내어 그들의 양들을 치게 했다.

2 아모리 족속의 일곱 왕이 나무 밑에 숨어 그들을 죽이고 그들의 가축을 노략질하려고 함께 모였다.

3 야곱과 레위와 유다와 요셉은 그들의 아버지 이삭과 함께 집에 있었다. 이삭의 영이 슬픔에 잠겨 있어서 그들이 이삭을 떠날 수가 없었다. 베냐민은 막내였기 때문에 그의 아버지와 함께 남아있었다.

4 답부아의 왕들과 아레사의 왕들, 사르단의 왕들, 실로의 왕들, 가아스의 왕들, 벧호론의 왕, 마하네사키르의 왕, 그리고 산지에 거주하는 모든 자들과 가나안 땅의 숲에 거주하는 모든 자들이 왔다.[219]

217 각 시대마다 그 시대에 맞는 만큼 세부 법령과 판결법과 토라가 주어진다. 모세 이전에도 규례와 판결법과 토라가 주어졌었지만, 모세 때에 와서 완성된 모습으로 모양을 갖추고 체계적으로 주어졌다. 희 33:16; 36:20; 50:13 참조

218 르우벤과 빌하는 모세에게 주어진 토라를 그대로 적용했다면 사형에 처해야 했지만, 야곱과 열두 아들이 살던 그 당시에는 모세의 토라만큼 판결법이 완성되고 구체적인 법조문으로 주어지지는 않았다. 모세 시대에 누군가가 "르우벤과 빌하가 근친상간을 범했지만 죽지 않았고 생명과 용서가 허락되지 않았냐?"라고 반문할 경우를 위해서, 모세 시대부터는 이전 시대보다 강화되고 완성된 모습으로써 규례와 판결법과 토라가 계시되었음을 설명되고 있다(희 33:15-17). 그리고 "르우벤의 유언"에서는 죽었어야 했을 르우벤이 죽지 않고 살게 된 이유에 대해서 다음과 같이 추가 설명을 해주고 있다. 【르우벤의 유언 1:8-10】 "주께서 일곱 달 동안 내 허리에 심한 전염병으로 나를 치셨으니, 우리 아버지 야곱이 나를 위하여 주께 기도하지 아니하였더라면 주께서 나를 죽게 하셨을 것이 분명하였다. 내가 주님의 목전에서 이 악을 행할 때에 서른 살이었고, 일곱 달 동안 병들어 죽기까지 않았으므로, 내가 주님 앞에서 내 혼의 작정한 목표를 두고 일곱 해 동안 회개하였다. 포도주와 독주를 마시지 아니하였고 고기가 내 입에 들어가지 않게 했으며 내 죄가 중하므로 슬퍼하여 맛있는 음식을 맛보지도 아니하였다. 이와 같은 죄가 이스라엘에서 저질러지지 말아야 할 것이다."【르우벤의 유언 4:2-4】 "내 아버지가 돌아가실 때까지 나는 나의 수치 때문에 야곱의 얼굴을 담대히 바라보거나 내 형제 중 누구에게도 말할 용기가 없었고, 지금까지도 내 죄 때문에 양심이 나를 괴롭히고 있다. 내 아버지가 나를 위로해 주셨으니 이는 그가 나를 위하여 주께 기도하여 주께서 내게 보여주신 그대로 주님의 진노가 내게서 떠나가게 하려 하심이니이다. 그때부터 나는 보호를 받았으며 죄를 짓지 않았다."

219 히브리어에서 음역된 일곱 지명의 원래 이름을 추측해 보면 다음과 같다. 타푸는 답부아(타푸아흐 수 16:8), 아레사는 ?, 세라간은 짜르탄(수 3:16), 셀로는 실로(수 18:1), 가아스는 가아쉬(수 24:30), 베토론은 벧호론(수 10:10), 마아니사키르는 마하네 사키르? 음역되는 과정에서 어떤 지명은 발음에 차이가 나게 되어 원지명을 추정해 보아야 한다. 일치되는 히브리어 지명을 구약 성경에서 찾을 수도 있지만, 구약 성경에서 모든 지명이 항상 다 언급되고 있는 것이 아님을 감안한다면, 구약에서는 언급하지 않았던 지명이 희년서에서는 언급될 수도 있다.

5 그들은 야곱에게 이렇게 전하여 말했다. "보라 아모리 족속의 왕들이 네 아들들을 포위하고 그들의 가축 떼를 약탈하였다."

6 야곱이 자기 집에서 일어나 세 아들과 아버지의 모든 종들과 자기 종들과 함께 칼을 든 6천 명을 거느리고 그들에게 쳐들어가서

7 세겜의 목초지들에서 그들을 죽이고, 도망친 자들을 추격하여 칼날로 죽였다. 그는 아레사와 답부아와 사르단과 실로와 마헤네사키르와 가아스를 쳐 죽이고 그의 가축 떼를 되찾았다.

8 야곱은 그들을 정복하고, 그들에게 조공을 바치라고 명령하여, 그들의 땅에서 나는 다섯 가지 열매를 조공으로 바치도록 하였다. 그리고 그는 로벨과 딤낫 헤레스[220]를 세웠다.

9 야곱은 평안히 돌아왔고, 그들과 화친을 맺었으며, 그와 그의 아들들이 이집트로 내려갈 때까지 그들은 그의 종이 되었다.

야곱이 요셉을 그의 형들에게 보냄

10 이 주간의 일곱째 해에[2149] 야곱은 요셉의 형들이 잘 있는지 알아보도록 요셉을 그의 집에서 세겜 땅으로 보냈고, 요셉은 도단 땅에서 형들을 찾았다.

요셉이 이집트로 팔려 가다

11 형들은 요셉을 가혹하게 대하며 그를 죽이려고 음모를 꾸몄으나, 생각을 바꾸어 그를 이스마엘의 상인들에게 팔았다. 그 상인들은 그를 이집트로 데리고 내려갔고, 파라오의 환관이자 시위대장이며 헬리오폴리스의 제사장인 보디발에게 팔았다.[221]

대속죄일 밤에 요셉을 위해 애통하는 야곱

12 야곱의 아들들은 새끼염소 한마리를 죽여 요셉의 겉옷을 그 피에 적셨고, 그 겉옷을 그들의 아버지 야곱에게 일곱째 달 10일에 보냈다.

13 야곱은 그날 밤 내내 슬퍼하며 애통하였다. 그들이 저녁에 그 옷을 가지고 왔기 때문이다. 그는 요셉의 죽음으로 인해 애통하다 열병이 나서 말했다. "흉악한 짐승이 요셉을 잡아먹었구나." 그 집의 모든 사람들이 그 날 야곱과 함께 애도했고, 그들은 그 날 온종일 슬퍼하고 애통해하였다.

14 그의 아들들과 그의 딸이 일어나 야곱을 위로하였지만, 야곱은 요셉을 위해 위로받기를 거절했다.

빌하와 디나의 연이은 죽음

15 그 날 빌하가 요셉이 죽었다는 소식을 듣고 그를 위해 애도하다 죽었는데, 그녀는

---

220 음역된 두 지명 중 로벨은 구약성경에서는 언급되지 않는 세겜 주변 지명으로 보인다. 딤낫 헤레스(팀낱 헤레쓰 תִּמְנַת־חֶרֶס)는 삿 2:9에서 여호수아의 무덤이 있는 곳이며, 수 24:30에서는 동일한 지명을 딤낫 세라(팀낱-쎄라아흐 תִּמְנַת־סֶרַח)로 불렀다.

221 희년서에서는 시위대장 보디발과 요셉의 장인인 온(헬리오폴리스) 제사장 보디베라를 동일 인물인 것으로 소개하고 있다. 이 인물은 맛소라 사본에서는 서로 다른 이름으로 불리지만 (포티팔פּוֹטִיפַר과 포티페라פּוֹטִי פֶרַע), 칠십인역에서는 둘 다 같은 철자로 기록되어 있다(페테프레스Πετεφρής).

222 하크피라הַכְּפִירָה(수 9:17)

그비라[222]에 살고 있었다. 야곱의 딸 디나도 요셉의 죽음 소식 후에 죽었다.

16 이 세 번의 애도가 한 달 동안 이스라엘에게 닥쳤고, 그들은 빌하를 라헬의 무덤 맞은편에 묻었으며, 그의 딸 디나도 거기에 묻었다.

17 야곱이 요셉을 위하여 일 년 내내 슬퍼하기를 그치지 않으며 말했다. "나로 내 아들을 위하여 슬퍼하며 무덤으로 내려가게 하라."

요셉의 사망 소식이 도착한 날을 속죄일로 제정

18 이로 인해 요셉에 대한 소식이 그의 아버지 야곱에게 전해져 그를 울게 한 그 날, 곧 일곱째 달 10일에 이스라엘 자손들은 자신을 스스로 괴롭게 해야 한다는 것이 그들을 위해 제정되었다. 그들은 자신의 죄를 대신하여 새끼 염소로 일 년에 한 번, 일곱째 달 10일에 자신을 위해 속죄해야 한다. 이는 그들이 아들 요셉에 대한 그들의 아버지의 사랑으로 인해 비탄했기 때문이다.

19 이 날은 그들이 그들의 죄들과 모든 위법 행위와 모든 잘못을 애통해하며, 일 년에 한 번 스스로를 정결케 하는 날로 제정되었다.

야곱의 아들들의 아내들

20 요셉이 사라진 후에 야곱의 아들들은 각자 아내를 데리고 왔다. 르우벤의 아내는 아다, 시므온의 아내는 가나안사람 아디바아, 레위의 아내는 아람의 딸 중에서 데라의 아들들의 씨(후손)인 멜카, 유다의 아내는 가나안 사람 베타수엘[223], 잇사갈의 아내는 헤자카, 스불론의 아내는 니이만, 단의 아내는 에글라, 납달리의 아내는 메소포타미아 사람 라수우, 갓의 아내는 마카, 아셀의 아내는 이요나, 요셉의 아내는 이집트 사람 아스낫, 그리고 베냐민의 아내는 이야사카였다.

21 시므온은 회개한 후, 그의 형제들처럼 메소포타미아에서 두 번째 아내를 데리고 왔다.

리브가가 야곱에게 한 훈계

35 45번째 희년의 첫째 주간의 첫 해에[2157] 리브가는 그의 아들 야곱을 불러, 그가 일생 동안 그의 아버지와 그의 형을 공경해야 한다고 명령했다.

2 야곱이 말했다. "저는 당신이 제게 명하신 대로 모든 것을 행하겠습니다. 이것이 저에게 영광과 위대함이 될 것이며, 그들을 공경하는 것이 여호와 앞에서 의로움이 될 것입니다.

3 어머니, 당신께서도 제가 태어날 때부터 이 날까지 제 모든 행위와 제 마음속에 있는 모든 것을 알고 계시며, 제가 항상 모든 것에 대해 선하게 생각하고 있음을 아십니다.

4 어찌 제가 어머니께서 제게 명령하신 이 일, 곧 제 아버지와 제 형을 공경하는 일

---

223 레위의 유언 11:1에도 레위의 아내 이름을 멜카מלכה(왕의 여성 명사)로 소개한다. 유다의 아내 베타수엘은 수아의 딸(바트בת)의 음역인 것으로 보인다. 희 41:7에서는 벧수엘로 음역되었다.

을 행하지 않을 수 있겠습니까?

5 어머니, 당신이 제 안에서 어떤 비뚤어진 것을 보셨는지 말씀해주십시오. 그러면 제가 그것에서 돌이키리니, 자비가 제게 있을 것입니다."

6 리브가가 야곱에게 말했다. "내 아들아, 나는 내 평생에 네 안에서 어떤 비뚤어진 것을 보지 못했고, 오직 올바른 행위들만을 보아왔다. 그러나 내 아들아, 내가 네게 진실을 말하리라. 내가 올해 안에 죽을 것이고, 내 생명이 이 해를 넘기지 못할 것이다. 이는 내가 나의 죽는 날을 꿈에서 보았고, 내가 155세 이상 살지 못할 것을 보았기 때문이다. 보라 내가 살아야 할 내 인생의 모든 날을 내가 다 채웠노라."

7 야곱은 어머니가 죽을 것 같다고 말했지만, 어머니가 기력이 넘친 상태로 그와 마주 앉아 말하고 있었기 때문에 어머니의 말을 듣고 웃었다. 그녀는 기력이 쇠하지 않아 잘 드나들 수 있었으며, 잘 보았고, 치아도 튼튼했으며, 평생 어떤 잔병도 치르지 않았다.

8 야곱이 말했다. "어머니, 제 나이가 어머니의 연세만큼 되어 제 힘이 어머니의 기력만큼 남아 있다면 저는 복된 자입니다. 어머니께서는 죽지 않으실 것입니다. 어머니는 당신의 죽음에 관해 저와 공연히 농담하고 계시는 것입니다."

에서로부터 야곱을 보호할 것을 이삭에게 부탁하는 리브가

9 리브가가 이삭에게 들어가서 그에게 말했다. "제가 당신에게 청이 하나 있습니다. 에서가 야곱을 해치지 아니하며, 원한을 가지고 그를 쫓지 않겠다고 맹세하게 해주세요. 당신은 에서의 생각이 어려서부터 비뚤어진 것을 아시며, 그 안에게 선함이 없다는 것을 알고 계십니다. 그는 당신이 죽은 후에 야곱을 죽이려고 합니다.

10 그의 아우 야곱이 하란으로 간 날부터 이 날까지 에서가 행한 모든 일을 당신은 알고 계십니다. 어떻게 그가 전심으로 우리를 버리고, 우리에게 악을 행했으며, 당신의 가축 떼를 자기 것으로 취하였고, 당신이 보는 앞에서 당신의 모든 재산을 빼앗아 갔는지 알고 계십니다.

11 우리가 에서에게 우리의 소유였던 것에 대해 간곡하게 요청했을 때, 그는 우리를 불쌍히 여기는 사람처럼 행동했습니다.

12 에서가 당신을 원망하는 것은 당신이 당신의 온전하고 올바른 아들 야곱을 축복했기 때문입니다. 야곱은 악이 없고 오직 선하기만 합니다. 야곱은 하란에서 온 이래로 이 날까지 우리에게서 아무것도 빼앗지 않았으며, 항상 제철에 온갖 것을 우리에게 가져다주었습니다. 그리고 우리가 그의 손으로부터 무엇이든 받을 때마다 그는 온 마음을 다해 기뻐하며 우리를 축복합니다. 그는 하란에서 온 이후로 이 날까지 우리를 떠나지 않고 우리를 공경하며 우리와 함께 계속 집에 머물고 있습니다."

에서의 수호자보다 더 큰 야곱의 수호자

13 이삭이 리브가에게 말했다. "나 역시 우리와 함께 있는 야곱의 행실과 그가 얼마나 그의 온 마음을 다해 우리를 공경하는지

알고 보고 있소. 전에는 에서가 맏아들이었기에 내가 야곱보다 그를 더 사랑하였으나, 이제 나는 에서보다 야곱을 더 사랑하오. 이는 에서가 여러 가지 악행을 저질렀고, 그 속에 의가 없으며, 그의 모든 길은 불의와 폭력이고 그의 주위에는 의가 없기 때문이오.

14 지금 내 마음이 괴로우니, 이는 에서의 모든 행실로 인해 그와 그의 씨(후손)가 구원받지 못할 것이기 때문이며, 그들은 땅에서 멸망될 자들이며, 하늘 아래서 뿌리 뽑힐 자들이기 때문이오. 이는 그와 그의 자녀들이 아브라함의 하나님을 버리고 자기 아내들과 함께 그들의 더러움과 그들의 잘못을 따라갔기 때문이오.

15 당신이 내게 부탁하기를 그가 그의 아우 야곱을 죽이지 않겠다고 맹세하게 하라 하였으나, 그가 맹세하더라도 그의 맹세를 지키지 아니할 것이며, 선을 행하지 아니하고 오직 악을 행할 것이요.

16 그러나 그가 그의 아우 야곱을 죽이고자 한다면 그는 야곱의 손에 넘겨질 것이며, 그의 손에서 벗어나지 못할 것이니, 이는 그가 야곱의 손 아래로 내려갈 것이기 때문이요.

17 당신은 야곱에 대한 걱정으로 두려워하지 마세요. 야곱의 수호자는 에서의 수호자보다 더 크고 강력하며 더 존귀하고 칭송을 받는 자이기 때문이오.”

리브가 앞에서 에서와 야곱이 서로 맹세함

18 리브가가 에서를 부르니 그가 그녀에게 왔고, 그녀가 그에게 말했다. “내 아들아, 내가 네게 부탁할 것이 있다. 내 아들아, 네가 그렇게 하겠다고 약속하여라.”

19 그가 말했다. “어머니께서 제게 말씀하시는 모든 것을 제가 행할 것이며, 제가 어머니의 청을 거절하지 않겠습니다.”

20 그녀가 그에게 말했다. “내가 죽는 날에 나를 데려다가 네 아버지의 어머니 사라 곁에 묻어 주고, 너와 야곱이 서로 사랑하며, 형제끼리 서로 악을 품지 말고, 형제 간에 오직 사랑하기를 부탁한다. 그리하면 내 아들들아, 너희가 번성하고 땅 가운데서 존경받을 것이며 어떤 원수도 너희로 인해 기뻐하지 못할 것이다. 그리고 너희는 너희를 사랑하는 모든 자가 보기에 축복과 자비가 될 것이다.”

21 에서가 말했다. “어머니께서 제게 말씀하신 모든 것을 행하겠나이다. 그리고 어머니께서 돌아가시는 날에 내 아버지의 어머니 사라 곁에 어머니를 묻을 것이며, 어머니께서 바라시는 대로 사라의 뼈가 어머니의 뼈 가까이에 있게 하겠습니다.

22 내 아우 야곱도 내가 모든 사람보다 사랑하리니, 이 땅에서 야곱 외에는 내게 형제가 없기 때문입니다. 내가 그를 사랑하는 것은 나에게 큰 일이 아니니, 이는 그가 내 형제요 우리는 어머니의 몸에 함께 심겨졌으며, 어머니의 태에서 함께 나왔기 때문입니다. 제가 제 아우를 사랑하지 않으면 누구를 사랑하겠나이까?

23 제가 어머니께 간청하오니 저와 제 아들들을 위해 야곱에게 강하게 타일러 주십시오. 저는 야곱이 저와 제 아들들을 다스

릴 것을 틀림없이 알고 있사오니, 이는 아
버지께서 야곱을 축복하신 그 날에 야곱
을 더 높은 자로, 저는 더 낮은 자로 만드
셨음이니이다.

24 제가 어머니에게 맹세하오니 저는 그를 사
랑할 것이며, 내 평생에 그에게 악을 품지
아니하고 오직 선을 행하겠나이다."

25 에서는 이 모든 일에 대해 그녀에게 맹세
했으며, 그녀는 에서가 보는 앞에서 야곱
을 불러 에서에게 말한 대로 그에게 계명
을 주었다.

26 그리고 야곱은 말했다. "저는 어머니께서
기뻐하시는 대로 행할 것입니다. 저와 제
아들들이 에서를 대적하여 악을 행하지 않
으리니, 저를 믿으십시오. 저는 오직 사랑
외에 어떤 것도 우선순위로 두지 않겠나
이다."

그날 밤에 죽은 리브가

27 　그 날 밤에 리브가와 그녀의 아들들이 먹
고 마셨으며, 그녀는 세 번의 희년과 한 번
의 주간과 한 해를 살고 그 밤에 죽었다.[224]
그리고 그녀의 두 아들 에서와 야곱은 그녀
를 막벨라 동굴에 있는, 그들의 아버지의
어머니 사라가 묻힌 곳 가까이에 묻었다.

이삭이 에서와 야곱에게 유언하다

36 이 주간 여섯째 해에2162 이삭이 그의 두
아들 에서와 야곱을 부르니, 그들이 이삭
에게로 왔고, 그가 그들에게 말했다. "내
아들들아, 나는 내 조상들의 길로, 내 조

상들이 계신 영원한 집으로 가려 한다.

2 그러니 아브라함이 구입한 매장지 곧, 헷 족
속 에브론 들판의 막벨라 굴에 있는, 내 아
버지 아브라함 곁에 나를 묻어라. 내가 나
를 위해 파놓은 무덤, 거기에 나를 묻으라.

3 내 아들들아, 이것을 내가 너희에게 명하
노니, 너희가 땅에서 의와 공의를 행하여
라. 그리하면 여호와께서 아브라함과 그
의 씨(후손)에게 행하시겠다고 말씀하신
모든 것을 너희에게 이루시리라.

4 내 아들들아, 너희는 사람이 자기 혼(생명)
을 사랑하는 것처럼, 너희 형제들을 서로
사랑하고, 각자가 자기 형제에게 유익한
것을 찾아서 땅에서 함께 행하며, 그들이
서로를 자기 자신의 혼처럼 사랑하게 되
기를 바라노라.

5 우상들에 대한 문제에 관해서는, 내가 너
희에게 명령하고 강력히 경고하나니, 그
것들을 배척하고 미워하며 사랑하지 말라.
왜냐하면 우상들은 그것들을 숭배하는 자
들과 그것들에게 절하는 자들을 미혹하는
것으로 가득 차 있기 때문이다.

6 내 아들들아, 너희는 너희 조상 아브라함
의 하나님 여호와를 기억하여라. 또 어떻
게 나도 그분을 경배하고 의와 기쁨으로
그분을 섬겼는지 기억하여라. 그분께서 너
희를 번성케 하시고, 너희의 씨(후손)를 하
늘의 별과 같이 무수히 많게 하시며, 너희
를 모든 세대에 영원히 뿌리 뽑히지 않을

---

224 리브가는 155년을 살았다(147 + 7 + 1). 사라는 127년을 살았다(희 19:7, 창 23:1). 리브가의 수명은 창세기
에는 언급이 없고 희년서에만 언급된다. 라헬과 레아의 수명도 알려지지 않았다.

의의 나무로 땅에 세우시리라.

7　이제 내가 너희로 큰 맹세를 하게 하리라. 하늘들과 땅과 만물을 함께 창조하신 영광스럽고 존귀하며 위대하고 찬란하며 경이롭고 강력한 그 이름으로 하는 이 맹세보다 더 큰 맹세는 없나니, 너희는 그분을 경외하고 그분을 경배하여라.

8　또한 각 사람은 친절하고 올바르게 자기 형제를 사랑하고, 지금부터 평생토록 어느 누구도 자기 형제를 대적하여 악을 품지 말지니, 그리하면 너희가 행하는 모든 것에서 형통하고 멸망치 않으리라.

9　너희 중 누구라도 자기 형제에게 악을 도모한다면, 지금 이후로는 형제에게 악을 꾀하는 그는 다 그 형제의 손에 빠지게 될 것이며, 산 자들의 땅에서 뿌리가 뽑히고, 그의 씨는 하늘 아래에서 멸망될 것임을 알라.

10　그리고 격동과 저주와 분노와 보복의 그 날에, 그분께서 소돔을 맹렬하게 타오르며 삼켜버리는 불로 태우셨던 것처럼, 그분께서는 그의 땅과 그의 성읍들과 그에게 속한 모든 것을 불태우실 것이다. 그리고 그는 인류의 '연단의 책'[225]에서 지워질

225 고대 유대교의 사후 세계에 대한 생각에는 1) 어떤 사람은 죽으면 바로 빛에 속한 하늘로 들어가지만 2) 어떤 사람은 바로 빛에 속한 하늘로 들어갈 수는 없고 자기가 땅에서 행했던 죄와 악의 분량만큼 고난받으며 정화되는 기간을 지난 후에 빛에 속한 하늘로 들어가게 될 사람도 있다는 개념이 있다. 또 3) 어떤 사람에게는 그런 정화와 연단의 기회도 주어지지 않고 바로 깊은 어둠에 속한 스올로 들어가게 될 자도 있다. 희년서 36:10의 인류의 연단의 책은 3)의 경우이다. 연단의 책에 기록되어지는 것도 기회가 주어지는 것이지만 연단의 책에서도 지워지게 되면 정화의 기간도 주어지지 않고 바로 멸망될 자로 기록되어져서 영원히 반복되어지는 지옥의 판결로 떨어진다. 죽음 이후에 연단과 정화의 과정을 거쳐서 빛에 속한 하늘로 옮겨지게 된다는 이러한 유대교의 사후 세계에 대한 개념은 기독교의 연옥(煉獄 purgatory) 개념의 출처가 된다. 초대 교회와 초기 교부 시대부터 1517년까지는 기독교에 연옥이 존재하였지만, 종교 개혁 이후 연옥은 개신교 신학에서 사라졌다.

중세 기독교 시대에 타락한 카톨릭 지도자들은 무지한 성도들을 억압하는 수단으로 연옥을 나쁘게 이용하며 면벌부와 면죄부를 발부해 주며 더러운 부를 축적했다. 그들은 성도들의 재정을 뜯어먹거나 성도들에게 고행하게 하는 방법으로 죽은 가족이 연옥에서 머무는 기간을 줄일 수 있다고 억압하며 잘못된 교리 적용으로 지나치게 행위 구원을 강조하였으며, 이러한 악용은 십자군 전쟁 약 200년 동안(11세기-13세기), 무지몽매했던 신도들을 용병으로 모집하는 중요한 수단이 되었다. 십자군 전쟁 이후 망가진 유럽 사회의 가족과 종교에 대한 자성의 목소리로써 여기저기서 일어난 약 200년의 종교 개혁의 끝에 마틴 루터가 95조 반박문을 구텐베르크 성당 문에 박으며 종교 개혁을 일으킬 때 이 주제는 개혁해야할 주요한 주제 중에 하나였기 때문에 종교개혁자들은 연옥을 잘못 이용한 종교의 부패를 차단하기 위해서 연옥의 존재 자체도 언급을 피하게 되었다. 문제는 연옥을 타락한 종교의 권위를 강화시키며 성도들의 헌금을 갈취하고 종교 지도자들이 불쌍한 성도들을 억압하는 수단으로 연옥을 이용했다는 것에 있는 것이다.

그 전까지 존재해 오던 연옥이 1517년에 종교개혁을 할 때 갑자기 그 존재 자체가 사라진 것은 아니라는 것이다. 개신교는 태생 자체가 연옥에 대한 문제 때문에 시작된 종교개혁으로 출발했기 때문에, 개신교에서 연옥을 언급하는 것만으로도 강한 거부감이나 막연한 저항감에 부딪히게 되는 것이 실정이다.

에녹1서 22장에서 에녹은, 부활과 큰 심판의 날이 이르기까지 죽은 자들이 머무는 네 장소(네 가지 스올)를 방문하여 라파엘로부터 설명을 듣는다. 의로운 자들의 영들을 위한 빛나는 물 샘이 있는 스올과 나머지 세 스올이 구분되어진다. 세 스올 중에서 첫 번째 스올은 죄인들이 고문을 받으며 심판을 대기하는 스올이며(22:10~11), 두 번째 스올은 살해당한 자들이 호소하는 스올이고(22:12), 세 번째 스올은 경건하지 않은 죄인들과 불법을 행하며 무법한 자들과 한 패가 된 자들의 영들을 위해 준비된 장소이다(22:13).

것이며, '생명의 책' 에 기록되지 않을 것
이고, 오히려 '멸망의 책' 에 기록될 것이
다. 또한 그는 영원한 저주로 넘겨질 것이
며, 그들의 유죄판결은 영원히 증오와 저
주와 진노와 고문과 분노와 전염병과 질
병 속에서 끊임없이 갱신될 것이다.

11 내 아들들아, 자기 형제를 해치려는 사람
에게 닥칠 심판에 관하여 나는 너희에게
말하며 증거하고 있다."

이삭이 에서와 야곱에게 유산을 남겨준 후 죽어 장사되다

12 그 날에 이삭은 그의 모든 소유를 두 아들
에게 나눠주고, 더 큰 몫을 맏아들에게 주
었으며 망대와 그 망대와 관련된 모든 것
과 아브라함이 맹세의 우물에서 소유했던
모든 것을 주었다.

13 이삭이 말했다. "이 큰 몫은 내가 장자에
게 주리라."

14 그러자 에서가 말했다. "제가 제 장자권을
야곱에게 팔아 야곱에게 넘겨주었으니, 그
몫은 그에게 주십시오. 저는 그것에 대해
할 말이 하나도 없습니다. 그것은 그의 몫
입니다."

15 그리고 이삭이 말했다. "나의 아들들아, 오
늘 너희와 너희의 씨(자손) 위에 복이 내리
기를 바란다. 너희가 이 일로 인해 악을 행

하게 될까 염려했었는데, 너희가 나를 안
심하게 하는구나. 내 마음이 장자권에 대
해서 괴롭지 않게 되는구나.

16 지극히 높으신 하나님께서 의를 행하는 사
람과 그의 씨에게 영원히 복 주시기를 원
하노라."

17 이삭이 그들에게 명령을 내리고 그들을 축
복하기를 마친 후 그들은 이삭 앞에서 함께
먹고 마셨으며, 그들이 한마음이 되었기에
이삭은 기뻐했다. 그 후 그들은 이삭에게서
물러 나와 그 날 안식하며 잠들었다.

18 그 날 이삭은 즐거워하며 그의 침상에서
잠들었고, 그는 영원한 잠을 잤으니 그는
180세에 죽음으로 25주간과 5년을 채웠
다. 그의 두 아들 에서와 야곱이 그를 위
해 장례를 치렀다.

19 에서는 에돔 땅, 세일 산지로 가서 거기에
거주했다.

20 야곱은 헤브론 산지 곧, 그의 조상 아브라
함이 잠시 머물던 땅에 있는 망대에 거주
했고, 여호와께서 그의 세대의 시대 구분
에 맞추어 계시되어진 명령들에 따라 그는
온 마음을 다해 여호와를 경배하였다.[226]

야곱과 레아의 노년의 사랑

21 야곱의 아내 레아는 45번째 희년의 둘째

---

[226] 그의 세대의 시대 구분에 맞추어 계시되어진 명령들에 따라: 시대적인 구분에 따라 역사를 나누어 희년서의
내용을 시작한다고 언급하며 희년서 1장은 시작한다. 희년서 마지막 장 마지막 절(50장 13절)에서도 "이것으로 날
들의 구분에 대한 설명은 마친다"라고 끝난다. 각 시대마다 그 시대에 맞는 만큼 토라가 계시되어진다는 생각이
희년서의 전반에 깔려있다. 처음부터 종말을 알리고 시작하셨으며, 아직 이루지 아니한 일을 옛적부터 보이시며
반드시 하나님의 뜻대로 이루어질 것이라 말씀하시며 인류의 초반이 진행되었다(사 46:10). 그러나 어느 시점에
이런 초기 계시를 잊어버린 세대들에게 점진적으로 계시가 더해지고 각 세대마다 추가된 계시를 통해서 하나님을
더 이해하고 하나님을 섬긴다. 희 33:16; 36:20; 50:13 참조

주간의 넷째 해에2167 죽었으며, 그는 막벨라 동굴에 있는 그의 할머니 사라의 무덤 왼편에 있는 그의 어머니 리브가 곁에 그녀를 묻었다.

22 레아의 모든 아들들과 야곱의 아들들이 와서 야곱과 함께 그의 아내 레아를 위해 애도하였으며, 레아로 인해 야곱을 위로하였는데, 이는 레아의 동생 라헬이 죽은 후에 야곱이 레아를 몹시 사랑했으므로 그가 그녀를 애도하고 있었기 때문이었다.

23 레아는 모든 방면에서 완전하고 올바른 자였으며, 야곱을 공경하였다. 그녀가 그와 함께 살았던 평생 그는 그녀의 입에서 거친 말을 한마디도 듣지 못했는데, 이는 그녀가 상냥하고 화평하며 정직하고 존경받을 만한 사람이었기 때문이다.

24 야곱은 레아가 일생동안 행했던 그녀의 모든 행위들을 기억하며 그녀로 인해 몹시 애통해했다. 이는 그가 온 마음과 온 혼(생명)을 다해 그녀를 사랑했기 때문이다.**227**

에서의 아들들이 용병 4천 명을 데리고 야곱을 치러 오다

37 야곱과 에서의 아버지 이삭이 죽던 날

2162 에서의 아들들은 이삭이 장자권을 그의 작은 아들인 야곱에게 주었다는 소식을 듣고 몹시 분개했다.

2 그들은 그들의 아버지와 더불어 다투며 말했다. "당신이 장자이고 야곱은 동생인데 어찌하여 당신의 아버지는 야곱에게 장자권을 주시고 당신을 배제하셨습니까?"

3 에서가 그들에게 말했다. "내가 야곱에게 내 장자권을 렌틸콩 작은 움큼에 팔았기 때문이다. 그리고 어느 날 아버지께서 내게 사냥감을 사냥하여 아버지께로 가져오라고 보내시며, 그가 그것을 먹고 나를 축복하실 것이라 하셨는데, 야곱이 교활하게 와서 아버지께 먹을 것과 마실 것을 가져다 드렸으며, 아버지는 야곱을 축복하셨고, 나를 그의 손 아래 두셨다.

4 이제 우리 아버지께서는 우리가 서로 형제에게 악을 꾀하지 말 것과, 형제간에 서로 사랑하고, 평화롭게 지내며, 우리의 길들을 부패하게 만들지 말 것을 나와 그로 하여금 맹세하게 하셨다."

5 그들이 에서에게 말했다. "우리는 그와 평화롭게 지내라는 아버지의 말을 듣지 않을 것입니다. 우리의 힘은 그의 힘보다 크

---

227 라헬이 살아 있는 동안에는 라헬에 가려져서, 야곱은 레아의 가치를 있는 그대로 보지 못했었다. 그러나 동생 라헬이 먼저 죽고 나서 야곱은 레아의 아름다움과 친절과 평화로움과 올곧음과 고결함을 더 인식하기 시작했다. 레아는 모든 면에서 완전하고 올바른 여자로서 일생동안 한 마디의 거친 말로도 야곱의 마음을 아프게 하지 않았으며, 야곱은 레아가 남편인 자신을 얼마나 공경해 왔는지에 대해서 인정해 주며 두 사람은 새로운 차원의 깊은 사랑을 나이 들고 늙어서 나누게 된다. 그때부터 야곱은 레아를 온 마음을 다하고 온 생명을 다해 사랑하기 시작했다. 희년서의 추가적인 설명을 통해서, 창세기에 남겨진 기록으로는 드러나지 않았던 늙은 부부의 아름다운 사랑 이야기를 가슴 저리게 가늠해 볼 수 있게 된다. 7년을 하루 같이 사랑했던 라헬에 대한 사랑에서도 표현되지 않았던 "이는 야곱이 온 마음을 다하고 온 생명을 다하여 레아를 사랑했기 때문이다"라는 최상의 표현으로 험난한 고난을 함께 지낸 두 사람의 노년의 사랑을 표현해 주고 있다.

고, 우리는 그보다 더 강하기 때문입니다. 우리가 야곱을 대적하여 가서 그를 죽이고, 그와 그의 아들들을 멸할 것입니다. 만일 아버지가 우리와 함께 가지 않는다면, 우리는 아버지에게도 해를 끼칠 것입니다.

6 이제 우리의 말을 들으십시오. 우리를 아람과 블레셋과 모압과 암몬으로 보내어 싸움에 열심이 있는 자들을 택하게 하시고, 그를 치러 가서 그와 전쟁을 하여, 그가 강해지기 전에 우리가 그를 땅에서 진멸하도록 합시다."

7 그들의 아버지가 그들에게 말했다. "너희가 그 앞에 쓰러질까 두려우니 가지도 말고 그와 전쟁을 일으키지도 말라."

8 그들이 에서에게 말했다. "이 역시 젊은 시절부터 오늘날까지 바로 아버지의 행동 방식입니다. 아버지는 아버지의 목에 그의 멍에를 메고 있습니다.

9 우리는 이 말을 듣지 않을 것입니다." 그리고 그들은 아람과 그들의 아버지의 친구 아도라임에게 사람을 보내어 그들과 함께 전쟁에서 싸울 천 명의 용사를 고용했다.

10 모압과 암몬 자손 중에서 선발되어 고용된 천 명과 블레셋에서 선발된 용사 천 명, 에돔과 호리 족속에서 선발된 전사 천 명, 깃딤에서 전쟁의 용사들이 그들에게 왔다.

11 그리고 그들이 그들의 아버지에게 말했다. "그들과 함께 나아가 그들을 인도하십시오. 그렇지 않으면 우리가 당신을 죽일 것입니다."

12 그의 아우 야곱을 대적하기 위해 앞장서서 그들을 인도하라고 강요하고 있는 그

의 아들들을 보면서 에서는 진노와 분노로 가득 찼다.

13 그러나 그 후 에서는 그의 아우 야곱을 대적하는 마음속에 숨겨져있던 모든 악을 기억해 냈지만, 그의 아버지와 어머니에게 맹세하여 그의 아우 야곱에게 평생 악을 꾀하지 않겠다고 맹세했던 것은 기억하지 못했다.

14 이 모든 일에도 불구하고 야곱은 그들이 자신을 치러 오고 있다는 것을 알지 못했고, 4천 명의 용병과 선발된 전사들이 망대에 아주 가까이 다가올 때까지 그의 아내 레아를 애도하고 있었다.

15 헤브론 사람들이 야곱에게 사람을 보내어 말했다. "보라, 당신의 형이 칼을 든 4천 명을 거느리고 방패와 무기를 가지고 당신과 싸우러 왔도다." 그들은 에서보다 야곱을 더 사랑하여 야곱에게 알려주었다. 이는 야곱이 에서보다 더 너그럽고 자비로운 사람이었기 때문이다.

야곱이 에서를 책망하다

16 그러나 야곱은 그들이 망대에 아주 가까이 올 때까지 믿지 않으려고 했다.

17 야곱은 망대의 문들을 닫고, 망대 꼭대기에 서서 그의 형 에서에게 말했다. "형이 죽은 내 아내를 위해 나를 위로하러 온 것은 참으로 귀한 일입니다. 이것이 아버지와 어머니가 돌아가시기 전에 당신이 두 번이나 서약한 그 맹세입니까? 당신은 그 맹세를 어겼고, 아버지에게 맹세했던 그 순간 당신은 정죄를 받았습니다."

야곱을 향한 에서의 살기

18 그러자 에서가 그에게 대답하여 말했다. "인간이나 들짐승에게는 영원히 지켜야 할 의로운 맹세가 없다. 오히려 날마다 서로 악을 도모하여 각각 자기의 대적과 원수를 어떻게 죽일까 궁리할 뿐이라.

19 너는 나와 내 자녀들을 영원히 미워하니, 너와 맺은 형제지간의 인연은 지킬 필요가 없노라.

20 내가 너에게 선언하는 이 말을 들어라. 만약 멧돼지가 자기 가죽을 바꾸어 그 거센 털을 양털처럼 부드럽게 만들 수 있다면, 혹은 수사슴이나 양의 뿔처럼 멧돼지의 머리에서 뿔이 나게 할 수 있다면, 내가 너와의 형제지간의 끈을 지킬 것이다. 그리고 젖먹이들이 어미의 젖가슴에서 떨어져 멀어질 때부터 너는 나에게 형제가 아니었다.

21 만약 늑대들이 어린 양들과 평화롭게 지내며 그들을 잡아먹거나 해치지 않는다면, 또한 양들을 향한 늑대들의 마음이 선하다면, 그러면 너를 향한 내 마음에 평화가 있으리라.

22 만약 사자가 황소와 친구가 되어 화목하게 된다면, 또 사자와 황소가 하나의 멍에를 같이 메고 밭을 간다면, 그러면 내가 너와 화평을 이룰 것이다.

23 까마귀가 라자처럼 하얗게 된다면, 그때 내가 너를 사랑했음을 알게 되고 너와 화평을 이루리라. 너는 뿌리 뽑힐 것이며, 너의 아들들도 뿌리 뽑힐 것이다. 그리고 너를 위한 샬롬은 없을 것이다."

24 야곱은 에서가 그의 마음과 그의 온 혼(생명)을 다해 자신을 죽이려 하며 자신에게 악한 마음을 품고 있는 것을 보았으며, 자기를 찌르고 죽이는 창을 향해 달려들며 물러서지 않는 야생 멧돼지처럼 그가 돌진해 오는 것을 보았다.

25 그때 야곱은 자신의 아들들과 종들에게 에서와 그와 동행한 자들을 공격하라고 말했다.

에서와 그의 군대를 무찌르고, 에서의 아들들이 버리고 간 에서의 시신을 묻어 준 야곱

38 그 후 유다가 그의 아버지 야곱에게 말했다. "아버지, 당신의 활을 당겨 화살을 쏘시고, 적을 쓰러뜨려 원수를 죽이소서. 그는 당신의 형제이며 우리가 보기에 명예에 있어서 아버지와 같아서 우리가 아버지의 형제를 죽이지 못하니, 아버지께서 힘을 내소서."

2 그러자 야곱은 그의 활을 당겨 화살을 쏘았고, 그의 형 에서의 오른쪽 가슴을 맞혀 그를 죽였다.

3 그리고 다시 야곱은 화살을 쏘아, 아람 사람 아도란의 왼쪽 가슴을 맞혀서 그를 뒤로 쓰러뜨려 죽였다.

4 그 후 야곱의 아들들과 그들의 종들이 앞으로 나아가 망대의 사면으로 나뉘었다.

5 유다가 앞장서서 나아갔고, 납달리와 갓과 50명의 종들이 그와 함께 망대의 남쪽에 있었으며, 그들은 그들 앞에 보이는 모두를 죽였고, 그들 중 한 명도 도망치지 못했다.

6 레위와 단과 아셀은 망대의 동쪽으로 50명을 거느리고 나아갔고, 그들은 모압과

암몬의 용사들을 죽였다.

7 르우벤과 잇사갈과 스불론은 망대의 북쪽으로 50명을 거느리고 나아갔고, 블레셋 용사들을 죽였다.

8 시므온과 베냐민과 르우벤의 아들 에녹은 망대의 서쪽으로 50명을 거느리고 나아갔고, 그들은 에돔과 호리 족속의 용맹한 전사 400명을 죽였으나, 600명은 달아났으며 에서의 네 아들들도 그들과 함께 달아났다. 그들은 죽임당한 그들의 아버지를 아도라임에 있는 언덕에 버려두고 떠났다.

9 야곱의 아들들은 세일 산까지 그들을 추격했으며, 야곱은 아도라임에 있는 언덕에 그의 형을 묻어 주고, 자기 집으로 돌아갔다.

에돔이 야곱의 종이 되다

10 야곱의 아들들은 세일 산에 있는 에서의 아들들을 포위했고, 그들은 야곱의 아들들의 종이 되겠다고 그들의 목을 숙였다.

11 야곱의 아들들은 그들과 화친을 맺어야 할지 아니면 그들을 죽여야 할지 아버지에게 묻기 위해 전갈을 보냈다.

12 야곱은 그의 아들들에게 화친을 맺으라는 전갈을 보냈고, 야곱의 아들들은 그들과 화친을 맺고, 그들에게 종의 멍에를 씌워 야곱과 그의 아들들에게 항상 조공을 바치게 했다.

13 그리고 그들은 야곱이 이집트로 내려가는 날까지 야곱에게 계속 조공을 바쳤다.

14 에돔의 아들들은 오늘날까지 야곱의 열두 아들들이 그들에게 부과했던 종의 멍에에서 벗어나지 못했다.

에돔의 왕들(창 36:31~9)

15 이스라엘 자손을 다스리는 왕이 나오기 전에 오늘날까지 에돔 땅에서 에돔을 다스린 왕들은 이러하다.

16 브올의 아들 발락이 에돔을 다스렸고, 그의 성읍의 이름은 딘하바였다.

17 발락이 죽고, 보스라에서 온 세라의 아들 요밥이 그를 대신하여 다스렸다.

18 요밥이 죽고 데만 땅에서 온 후삼이 그를 대신하여 다스렸다.

19 후삼이 죽고, 모압 들판에서 미디안을 죽인 브닷의 아들 하닷이 그를 대신하여 다스렸고, 그의 성읍의 이름은 아윗이었다.

20 하닷이 죽고, 마스레가에서 온 삼라가 그를 대신하여 다스렸다.

21 삼라가 죽고, 르호봇 강가에서 온 사울이 그를 대신하여 다스렸다.

22 사울이 죽고, 악볼의 아들 바알하난이 그를 대신하여 다스렸다.

23 악볼의 아들 바알하난이 죽고, 하달이 그를 대신하여 다스렸으며, 그의 아내의 이름은 므헤다벨이니 마드렛의 딸이며 메사합의 손녀였다.

24 이들이 에돔 땅을 다스린 왕들이다.

이집트에 종으로 팔린 요셉이 보디발 온 집의 감독관이 되다

39 야곱은 그의 아버지가 머물던 가나안 땅에서 거주했다.

2 이것은 야곱의 역사이다. 요셉이 17세였을 때, 그들이 요셉을 이집트 땅으로 데리고 내려갔고, 파라오의 환관이자 수석 요리장[228]인 보디발이 요셉을 샀다.

3 보디발이 요셉을 그의 온 집의 감독관으로 삼았더니, 요셉으로 인해 여호와의 복이 그 이집트 사람의 집에 임했으며, 여호와께서는 그가 하는 모든 일에서 그를 형통하게 하셨다.

4 그 이집트 사람이 모든 것을 요셉의 손에 맡겼으니, 이는 그가 여호와께서 요셉과 함께하시며, 요셉이 하는 모든 일에서 그를 형통하게 하심을 보았기 때문이다.

요셉의 순결과 감옥에서의 형통

5 요셉의 외모가 매우 출중했으므로 그의 주인의 아내가 눈을 들어 요셉을 보고 그를 사랑하여 자기와 동침하기를 간청했다.

6 그러나 요셉은 그의 혼을 내어주지 않았으며, 여호와를 기억했고, 또한 자기 아버지 야곱이 읽어 주던 '아브라함의 글'에 나오는 말씀을 기억했으니, 이는 어떤 남자도 남편이 있는 여자와 음행하지 말라는 것과 그런 자에게는 지극히 높으신 하나님 앞에서 죽음의 형벌이 하늘에서 제정되어 있다는 것과 그 죄는 여호와 앞에 있는 영원한 책들에 기록된다는 것이었다.

7 요셉은 이 말씀들을 기억하고, 그녀와 동침하기를 거절했다.

8 그녀는 일 년 동안 요셉에게 간청했지만, 그는 거절하고 듣지 않았다.

9 그러나 그녀는 요셉을 끌어안고 집 안에서 그를 꽉 붙잡아 강제로 자기와 동침하게 하려고 집의 문들을 닫고 그를 굳게 붙

들었다. 그러나 그는 자기 옷을 그녀의 손에 버려두고, 문을 부수고 나가 그녀로부터 도망쳤다.

10 그 여자가 요셉이 그녀와 함께 동침하지 않을 것을 깨닫고, 그의 주인 앞에서 요셉을 중상하며 말했다. "당신이 사랑하는 당신의 히브리 종이 강제로 나와 동침하려 했습니다. 내가 크게 소리 지르니 그가 도망치려 하였으며, 내가 그를 붙잡으니 그가 자기 옷을 내 손에 버려둔 채 저 문을 부수고 나갔습니다."

11 이집트 사람이 요셉의 옷과 부서진 문을 보고, 그의 아내의 말을 들었으며, 요셉을 왕이 가둔 죄수들이 갇혀 있는 감옥에 던져 넣었다.

12 요셉이 그 감옥에 있을 때, 여호와께서 간수장의 눈 앞에서 요셉에게 은총과 자비를 베푸셨고, 그는 여호와께서 요셉과 함께 계시고 요셉이 하는 모든 일을 형통하게 하신 것을 보았다.

13 그는 모든 일을 요셉의 손에 맡겼고, 간수장은 요셉이 하는 일에 대하여 전혀 신경 쓰지 않았다. 이는 요셉이 모든 일을 했고, 주님께서는 그 일을 완전케 하셨기 때문이었다.

술 관원장과 빵 관원장

14 요셉이 그곳에서 2년 동안 머물렀다. 그 무렵, 이집트 왕 파라오는 그의 두 환관, 곧 술 관원장과 빵 관원장에게 격노하여,

---

228 맛소라 사본과 사마리아 오경에서는 '시위 대장'으로 되어있지만, 70인역과 희년서에서는 '수석 요리장'으로 번역되어 있다.

그들을 수석 요리장의 집에 있는 감옥에 가두었는데, 그곳은 요셉이 갇혀 있던 감옥이었다.

15 간수장이 그들을 섬기도록 요셉을 임명하니, 요셉이 그들 앞에서 섬겼다.

16 술 관원장과 빵 관원장 둘 다 꿈을 꾸었고, 그들은 그 꿈을 요셉에게 말해주었다.

17 요셉이 그들에게 해석해 준 대로 그들에게 이루어졌으니, 파라오는 요셉이 그들에게 해석한 대로 술 관원장을 그의 직무로 복귀시켰으며, 빵 관원장은 죽였다.

18 그러나 요셉이 술 관원장에게 어떤 일이 일어날지 알려주었음에도 그는 감옥에 있는 요셉을 잊었고, 그가 잊어버렸기 때문에 요셉이 그에게 어떻게 말했는지 파라오에게 알리는 것을 기억하지 못했다.

요셉의 꿈 해몽과 지혜로운 대책

40 그 때에 파라오가 하룻밤 사이에 온 땅에 있을 기근에 대한 두 가지 꿈을 꾸었다. 그가 잠에서 깨어 이집트에 있는 모든 꿈 해석자들과 마술사들을 불러 그들에게 그의 두 꿈을 말했으나, 그 꿈을 해석할 사람들이 없었다.

2 그러자 술 관원장이 요셉을 기억하고 왕에게 요셉에 대해 말하니, 왕이 요셉을 감옥에서 데리고 나오게 하여 그의 두 꿈을 요셉 앞에서 말해주었다.

3 요셉은 파라오 앞에서 그의 두 꿈은 하나라고 말하며 그에게 말했다. "이집트 온 땅에 7년 동안 풍년이 올 것이고, 그 후 7년 동안 온 땅에 기근이 있을 것인데, 온 땅에 한 번도 없었던 기근일 것입니다.

4 이제 파라오께서는 이집트 온 땅에 감독자들을 임명하시어, 풍년의 날 동안 모든 성읍에 식량을 비축하게 하십시오. 그리하면 7년의 기근 동안 양식이 있을 것이며, 땅이 기근으로 멸망하지 않을 것이니, 이는 기근이 매우 극심할 것이기 때문입니다."

제2인자가 된 요셉과 그의 결혼

5 여호와께서 파라오가 보는 앞에서 요셉에게 은총과 자비를 베푸시므로, 파라오가 그의 신하들에게 말했다. "우리가 이 사람처럼 지혜롭고 슬기로운 사람을 찾지 못하리니, 이는 여호와의 영이 그와 함께하심이라."

6 그리고 파라오는 요셉을 그의 온 왕국에서 2인자로 임명하고 이집트 전역을 다스릴 권세를 주었으며, 파라오의 두 번째 병거에 타게 하였다.

7 파라오는 요셉에게 아마포 의복을 입히고, 그의 목에 금사슬을 걸어주고, 전령이 요셉 앞에서 "엘 엘 와 아비레르[229]"라 선포하게 하며, 그의 손에 반지를 끼우고, 그를 파라오의 온 집의 통치자로 삼았다. 그는 요셉을 크게 높이며 그에게 말했다. "내가 너보다 높은 것은 오직 내 왕좌뿐이니라."

8 요셉이 이집트의 온 땅을 다스리니, 파라오의 모든 왕자들과 그의 모든 신하들과 왕의 일을 하는 모든 사람들이 그를 사랑하였다. 이는 요셉이 바르게 행하며 교만과 오만이 없고 사람을 차별하지 않으며 뇌물을 받지 아니하고 땅의 모든 백성을 올바르게 재판하였기 때문이었다.

9 요셉으로 인하여 이집트 땅이 파라오 앞에서 평안하였으니, 이는 여호와께서 요셉과 함께 계셨기 때문이며, 요셉을 아는 모든 사람과 그에 대해 들어본 사람들 앞에서 요셉이 사는 모든 날 동안 그에게 은총과 사비를 베풀이 주셨기 때문이었다. 파라오의 왕국은 잘 다스려졌으며, 사탄(대적자)도 어떤 악한 자도 그곳에 없었다.

10 왕은 요셉의 이름을 짜프낫 파네아흐[230]라 불렀으며, 요셉에게 헬리오폴리스의 제사장이자 수석 요리장인 보디발의 딸을 아내로 주었다.[231]

11 요셉이 파라오 앞에 서던 날, 그는 30세였다.

12 그리고 그 해에 이삭이 죽었다. 요셉이 그 두 꿈의 해석에서 말했던 대로, 이집트 온 땅에 7년 간의 풍년이 있었고, 이집트 땅은 매우 풍성하게 수확하여 생산량이 1,800척이나 되었다.

13 요셉은 각 성읍에 곡식이 가득 차서 더 이상 그 수를 헤아릴 수 없을 때까지 양식을 모았다.

아람 사람 다말을 며느리로 데려온 유다와 유다의 아내 가나안 여자의 악한 영향력

41 45번째 희년의 둘째 주간의 둘째 해에

2165 유다는 장자 엘을 위해 아람 사람의 딸 중에서 아내를 데려왔는데, 그녀의 이름은 다말이었다.[232]

2 그러나 엘은 그의 어머니가 가나안 여자였기 때문에 다말을 미워했고 그녀와 동

---

229 창 41:43에서 "그 앞에서 소리 지르기를 엎드리라 하더라"의 엎드리라는 아브레흐 אַבְרֵךְ로 기록되어 있으며, 이것은 이집트어의 음역으로 여겨지지만, 또한 전능자를 의미하는 아비르 אָבִיר와 관련된 것으로 보인다. 그렇다면 '엘 엘 와 아비레르'는 '하나님, 하나님은 당신의(요셉의) 전능자이십니다'라고 추정할 수 있다.

230 한글 성경에서 사브낫바네아라고 음역된 이름은 짜프낫 파네아흐 צָפְנַת פַּעְנֵחַ이다. 이 이름의 해석에 대한 여러 가지 제안들이 있다. 가장 널리 알려진 해석은 '그는 감추인 것들을 드러낸다'이다. 이는 Targums Neofiti와 Pseudo-Jonathan에서 제시한 해석이고 요세푸스(고대사 2.91)는 '비밀들을 드러내는 자, discoverer of secrets'로 제시했다. 앞의 세 글자 צָפֵן가 'hidden things'의 의미를 가지고 있기 때문이다. 다른 해석은 '그의 지식으로 그는 감추인 일들을 드러내서 사람들의 생각을 편하게 해준다'라는 것이다. 이러한 해석들은 창세기 랍바 90:4에서 소개되고 있는데 랍비들은 짜프낫 파네아흐 צָפְנַת פַּעְנֵחַ의 첫 문자를 미드라쉬적인 해석으로 풀기도 하였다. 쪼페 צוֹפֶה(바라보는 자), 포데 פוֹדֶה(속량하는 자), 나비 נָבִיא(선지자), 토멜 תוֹמֵךְ(지지해 주는 자), 포테르 פּוֹתֵר(해석하는 자), 아롬 עָרוּם(감각이 뛰어난 술책자), 나본 נָבוֹן(스마트한 자), 호제 חוֹזֶה(계시를 보는 자)

231 창세기에서는 창 39:1의 보디발과 창 41:45의 보디베라가 동일한 인물인지 다른 인물인지 명확하지 않다. 포티페라는 '태양신 라가 준 자'라는 뜻이며 포티팔은 '태양신 라에 속한 자'라는 뜻이다. 보디베라는 온의 제사장이며 아스낫의 아버지로 창 41:45에서 소개되고 있으며 희년서 40:10에서는 경호 대장인 태양의 도시(헬리오폴리스)의 제사장의 딸과 보디발의 딸을 동일시하고 있다.

232 다말이 어디 출신인지 창세기에서는 밝히지 않지 않기 때문에 다말의 이야기의 지역적 배경이 아둘람이라는 점에서 가나안 족속 출신일 것이라 추정되어 왔다. 그러나 희년서에서는 다말이 가나안 혈통이 아니고 아람 사람의 혈통이라고 명시해 준다. 요셉을 제외한 야곱의 11 아들들도 아내를 아람 사람 중에서 찾아 데리고 왔다(희 34:20-21). 【희 34:21】"시므온은 회개한 후, 그의 형제들처럼 메소포타미아에서 두 번째 아내를 데리고 왔다." 유다는 가나안 사람의 딸을 통해서 엘과 오난과 셀라를 낳았다. 그러나 유다가 본인 아들을 위해 며느리를 취할 때는 아람 사람 혈통 중에서 다말을 며느리로 데리고 왔다. 결국 아람 사람인 다말을 통해서 유다의 혈통이 이어지도록 하나님께서 섭리하셨다.

침하지 않았으며, 어머니의 친족 중에서 아내를 취하고자 했지만, 그의 아버지 유다는 허락하지 않았다.

3 이 유다의 맏아들 엘이 악했으므로 여호와께서 그를 죽이셨다.

4 유다는 엘의 동생 오난에게 말했다. "너는 네 형의 아내에게 들어가서 그녀에게 남편의 형제된 도리를 이행하고, 네 형을 위해 씨(후손)를 일으켜라."

5 오난은 그 씨가 자기의 것이 아니라, 형의 것이 될 줄 알고, 형의 아내의 집에 들어가서 그 씨를 땅에 쏟았다. 그는 여호와께서 보시기에 악했으므로 그분께서 그를 죽이셨다.

6 유다가 며느리 다말에게 말했다. "내 아들 셀라가 장성할 때까지 네 아버지의 집에 과부로 머물러 있으라. 내가 너를 그에게 아내로 주리라."

7 그리고 셀라가 자랐으나, 유다의 아내 벤수엘[233]은 아들 셀라가 다말과 결혼하는 것을 허락하지 않았다. 유다의 아내 벤수엘은 이 주간의 다섯째 해에[2168] 죽었다.

유다의 씨를 받은 다말

8 여섯째 해에[2169] 유다가 딤나에서 양털을 깎기 위해 올라갔고, 그들은 다말에게 말해주었다. "보라 네 시아버지가 양털 깎으러 딤나로 올라가고 있다."

9 그녀는 과부의 옷들을 벗어두고 베일을 쓰고, 자신을 단장한 후, 딤나로 가는 길에 인접한 문에 앉았다.

10 유다가 길을 가다가 그녀를 발견하고, 그녀를 매춘부로 알고 그녀에게 말했다. "내가 네게로 들어가게 하라." 그녀가 그에게 "들어오세요"라고 말했고 그가 들어갔다.

11 그녀가 그에게 말했다. "내게 삯을 주십시오." 그가 그녀에게 말했다. "내 손가락의 반지와 내 목걸이와 내 손에 있는 지팡이 외에는 내게 아무것도 없소."

12 그녀가 그에게 말했다. "당신이 내 삯을 보낼 때까지 그것들을 내게 주십시오." 그는 그녀에게 말했다. "내가 새끼 염소 한 마리를 당신에게 보내주겠소." 그가 그의 물건들을 그녀에게 주었고, 그가 그녀에게 들어갔으며, 그녀는 그를 통해 임신하였다.

13 유다는 그의 양 떼가 있는 곳으로 갔고, 그녀는 자기 아버지의 집으로 갔다.

14 유다가 그의 목자인 아둘람 사람의 손에 새끼 염소 하나를 보냈으나, 그는 그녀를 찾지 못했다. 그가 그곳 사람들에게 "여기 있던 매춘부가 어디 있소?"라고 묻자, 그들이 그에게 말했다. "여기 우리 중에는 매춘부가 없소."

15 그가 돌아와서 유다에게 알려 주며, 그가 그녀를 찾지 못했다고 말했다. "내가 그곳

---

[233] 희 34:20에서는 유다의 아내 가나안 여자의 이름이 베타수엘로 음역되었다.

[234] 아브라함은 이삭을 제외한 모든 자녀들에게 재산을 나눠주며 동방으로 떠나 살 것을 명하기 직전, 이스마엘과 이삭과 그두라의 아들들과 모든 손자들을 모아서 토라와 판결법을 가르쳤다(희 20장). '음행을 저지른 여자를 불로 태우라'라는 아브라함이 가르쳤던 판결법을 유다가 전해 듣고 기억하고 있었으며, 그대로 실천하려고 했다는 부분에 있어서는 인정을 받게 되었다.

사람들에게 물어보니, 그들이 나에게 '여기에는 매춘부가 없소.'라고 말하더이다."

16 유다가 말했다. "우리가 조롱거리가 되지 않도록 그녀가 그것들을 가지게 두자." 그녀가 임신한 지 석 달이 되었을 때, 그녀가 아이를 가진 것이 분명히 드러나자, 그들이 유다에게 전했다. "보라, 당신의 며느리 다말이 매춘으로 임신하였네."

17 유다가 다말의 아버지 집으로 가서 그녀의 아버지와 형제들에게 말했다. "그녀를 끌고 나와서 불태우시오. 그녀가 이스라엘에서 부정을 행하였기 때문이오."

18 그들이 그녀를 화형에 처하려고 끌고 나올 때, 그녀가 반지와 목걸이와 지팡이를 시아버지에게 보내며 말했다. "이 물건들이 누구의 것인지 잘 보세요. 제가 그 사람의 아이를 가졌습니다."

19 유다가 인정하며 말했다. "다말이 나보다 더 옳도다. 그런즉 그녀를 불사르지 마시오."

20 이런 이유로 그녀는 셀라에게 주어지지 않았으며, 유다는 다시는 다말에게 다가가지 않았다.

7년 흉년이 시작될 즈음 다말이 쌍둥이를 낳다

21 그 후 그녀는 이 둘째 주간의 일곱째 해에 2170 두 아들 베레스와 세라를 낳았다.

22 그리고 요셉이 파라오에게 말한 7년간의 풍년이 다 이루어졌다.

유다의 철저한 회개

23 유다는 자신이 며느리와 동침했기 때문에 자신이 한 행위가 악하다는 것을 인정했으며, 자신의 행동을 혐오스럽게 여겼고, 자기 아들의 치맛자락을 드러내어 자신이 범죄하고 타락했음을 시인하며, 자신이 범한 죄 때문에 여호와 앞에서 애통하며 탄식하기 시작했다.

24 우리는 꿈을 통해서 그가 진정으로 간구하고 애통해하며 다시 그런 죄를 저지르지 않았기에 그가 용서받았다고 그에게 전해주었다.

25 그가 우리 하나님 앞에서 큰 죄를 범하였지만, 이처럼 그는 자기 죄와 무지함에서 돌아섰기에 용서를 받았다. 그러나 누구든지 이와 같이 하는 자 곧 시어머니와 함께 눕는 모든 자는 불에 태워 그가 그 불 속에서 타게 하라. 그들에게 부정과 오염이 있으니 불로 그들이 태워지게 하라.

26 너는 이스라엘 자손에게 명령하여 그들 중에 이런 부정함이 없게 하라. 누구든지 그의 며느리나 그의 시어머니와 함께 눕는 자는 모두 부정한 일을 저질렀으니, 그녀와 함께 누운 남자를 불로 태우고, 그 여자에게도 이와 같이 하라. 그러면 진노와 형벌이 이스라엘에서 그칠 것이다.

유다와 다말 사이에 태어난 후손의 무결성

27 유다에게 우리는 그의 두 아들이 그녀와 동침하지 않았다고 알려주었다. 이로 인해 유다의 씨는 대대로 굳게 세워져, 뿌리 뽑히지 않을 것이다.

유다가 아브라함의 판결법에 따라 집행하려던 것은 인정받음

28 유다는 아브라함이 그의 아들들에게 명령한 토라의 판결법을 충실히 이행하고자 다말을 불태우는 처벌을 요구했었다.[234]

야곱이 열 아들을 이집트로 보내어 곡식을 구해 오게 하다

42 45번째 희년의 셋째 주간의 첫 해에[2171] 기근이 땅에 오기 시작했고, 비가 땅에 내리기를 거부하여 한 방울도 떨어지지 않았다.

2 땅은 열매 맺지 못했지만, 이집트 땅에는 식량이 있었다. 이는 요셉이 풍년의 7년 동안 땅의 곡식(씨)을 거두어 보관해 두었기 때문이다.

3 이집트 사람들이 요셉에게 와서 식량을 구하자, 요셉은 첫 해의 곡식이 있는 창고를 열어 그 땅의 사람들에게 금을 받고 곡식을 팔았다.

4 이때 가나안 땅에는 기근이 매우 심했다. 야곱은 이집트에 양식이 있다는 소식을 듣고 그의 열 아들을 보내어 이집트에서 양식을 구하게 했지만 베냐민은 보내지 않았으며, 야곱의 열 아들은 이집트로 간 사람들과 함께 이집트에 도착했다.

요셉이 시므온을 담보로 잡고 베냐민 데려오기를 명령하다

5 요셉은 그들을 알아보았으나, 그들은 그를 알아보지 못했다. 요셉은 그들에게 말하며 그들을 심문했다. "너희는 정탐꾼들이 아니냐? 이 땅에 접근하여 답사하러 온 것이 아니냐?" 그리고 요셉은 그들을 감옥에 넣었다.

6 그 후 요셉은 그들을 다시 풀어주고, 시므온만 홀로 감금하고, 아홉 형제는 돌려보내 주었다.

7 그리고 요셉은 그들의 자루를 옥수수로 가득 채우고, 금을 그들의 자루 속에 넣어 두었지만, 그들은 알지 못했다.

8 요셉은 그들에게 명령하여 그들의 막내동생을 데리고 오라고 했다. 이는 그들이 요셉에게 그들의 아버지와 막내동생이 살아 있다고 말했기 때문이다.

9 그들이 이집트 땅을 떠나 가나안 땅으로 올라갔다. 그들은 그들이 겪은 모든 일과 그 나라의 군주가 그들에게 거칠게 말하며 베냐민을 데려올 때까지 시므온을 붙잡아 둔 일을 아버지에게 말했다.

10 야곱이 말했다. "너희가 내 자식들을 빼앗아 가는구나! 요셉도 없어지고, 시므온도 없는데, 너희가 베냐민을 데려가고자 하는구나. 너희의 악이 내게 임하였도다."

11 그가 말했다. "내 아들이 혹시 병이 들 수도 있어 너희와 함께 내려가지 아니하리니, 그들의 어머니가 두 아들을 낳았으나, 하나는 죽었고, 이 하나도 너희가 내게서 빼앗아 가려하기 때문이다. 혹시 그가 어쩌다 길에서 열병이라도 난다면, 너희가 나의 노년을 슬픔과 함께 죽음에 이르게 하리라."

12 야곱은 그들의 돈이 각자의 자루에 담겨 그들 모두에게 도로 되돌아 온 것을 보고, 이로 인해 베냐민을 보내는 것을 두려워했다.

베냐민을 보내는 야곱

13 이집트 땅을 제외하고 가나안 땅과 모든 땅에서는 기근이 점점 심해졌으니, 이는 요셉이 기근의 해를 대비하여 곡식을 거두어 창고에 넣어 보관하는 것을 보았던 많은 이집트 사람들도 그 시기부터 양식

을 위한 곡식을 비축해 놓았기 때문이었
다.

14 그래서 이집트 사람들은 기근이 든 첫 해 동안은 식량을 자급자족했다.

15 그러나 이스라엘은 그 땅에 기근이 매우 심하고, 구제할 방법이 없는 것을 보고 그의 아들들에게 말했다. "너희는 다시 가서 우리가 죽지 않게 우리를 위해 양식을 구해 오너라."

16 그들이 말했다. "우리는 가지 않을 것입니다. 우리 막내동생이 우리와 함께 가지 않으면 우리는 가지 않을 것입니다."

17 이스라엘은 그가 베냐민을 그들과 함께 보내지 않는다면 그들 모두 기근으로 인해 죽게 될 것임을 보았다.

18 르우벤이 말했다. "베냐민을 제 손에 맡기십시오. 제가 그를 아버지께 다시 데려오지 않으면 그의 혼(생명) 대신 제 두 아들을 죽이십시오."

19 이스라엘이 르우벤에게 말했다. "그는 너와 함께 가지 않을 것이다." 그리고 유다가 가까이 가서 말했다. "그를 저와 함께 보내십시오. 제가 그를 아버지께 다시 데려오지 않으면, 제 인생의 모든 날 동안 아버지 앞에서 제가 그 책임을 지겠습니다."

20 그는 주간의 둘째 해2172 그 달의 첫 날에 베냐민을 그들과 함께 보냈다. 그들은 이집트로 가는 모든 사람과 함께 이집트 땅에 이르렀고, 그들의 손에 소합향과 아몬드와 테레빈 나무의 견과와 순수한 꿀을 선물로 가지고 갔다.

베냐민을 알아본 후 잔치를 베푸는 요셉

21 그들이 가서 요셉 앞에 섰다. 요셉은 그의 동생 베냐민을 보고 그인 줄 알고 그들에게 말했다. "이 자가 너희의 막내동생이냐?" 그들이 요셉에게 대답했다. "그가 맞나이다." 그러자 요셉이 말했다. "여호와께서 네게 은총을 베푸시기를 원하노라. 내 아들아!"

22 요셉은 그들을 자기 집으로 보내고, 시므온을 그들에게 데려와서 그들을 위해 잔치를 베풀었다. 그들은 그들의 손에 들고 온 선물들을 요셉에게 주었다.

23 그들은 요셉 앞에서 먹었고, 요셉은 그들 모두에게는 한 몫씩 주었지만, 베냐민의 몫은 그들보다 일곱 배나 더 주었다.

24 그들은 먹고 마셨다. 그리고 일어나 그들의 나귀들과 함께 머물렀다.

형제 우애를 시험해 보는 요셉

25 요셉은 그들의 생각, 곧 그들 사이에 화평이 있는지 알아보고자 계획을 세우고, 그의 집을 관리하는 청지기에게 말했다. "그들의 모든 자루에 양식을 채우고, 그들의 돈을 그들의 주머니에 도로 넣어라. 그리고 내 잔, 내가 마시는 그 은잔을 막내의 자루에 넣고 그들을 보내라."

베냐민을 붙잡아 두려는 요셉

43 그는 요셉이 그에게 말한 대로 그들의 모든 자루에 그들을 위한 양식을 채우고, 그들의 돈을 그들의 자루에 넣었으며, 그 잔을 베냐민의 자루에 넣었다.

2 아침 일찍 그들이 출발해 그곳에서 떠났

을 때, 요셉이 그의 집 청지기에게 말했다. "그들을 쫓아가라. 달려가서 그들을 붙잡고 말하여라. '너희가 선을 악으로 갚았도다. 너희들이 내 주인이 마시는 은잔을 내게서 훔쳐 갔다.' 그리고 그들의 막내동생을 내게로 데려오라. 내가 나의 재판석으로 나아가기 전에 그를 속히 데려오라."

3 그는 그들을 뒤쫓아가서 이 말 그대로 그들에게 전했다.

4 그러자 그들이 그에게 말했다. "하나님께서는 당신의 종들이 이런 일을 하는 것을 금하시며, 당신의 주인의 집에서 어떤 물건을 훔치는 것을 금하십니다. 먼젓번에 저희 자루에서 발견한 그 돈도 당신의 종들은 가나안의 땅에서 다시 가져왔습니다.

5 그러므로 우리가 어떻게 어떤 물건이라도 훔칠 수 있겠습니까? 보십시오 여기 우리와 우리의 자루들이 있으니 찾아보시고 당신이 우리 중 어떤 사람의 자루에서든 그 잔을 찾으시면, 그는 죽게 하시고 우리와 우리 나귀들은 당신의 주인을 섬길 것입니다."

6 그는 그들에게 대답했다. "그렇지 않소. 내가 찾는 사람, 그 사람만 내가 종으로 삼으리니, 당신들은 평안히 당신들 집으로 돌아갈 것이오."

7 그가 맏형으로부터 시작하여 막내에 이르기까지 그들의 짐을 수색하다가 그 은잔이 베냐민의 자루에서 발견되었다.

8 그들은 그들의 옷을 찢었으며, 그들의 나귀에 짐을 싣고, 그 성읍으로 돌아와 요셉의 집에 이르렀다. 그리고 그들 모두는 요셉 앞에서 그들의 얼굴을 땅에 대고 엎드려 절하였다.

9 요셉이 그들에게 말했다. "너희가 악을 행하였도다." 그러자 그들이 말했다. "우리가 무슨 말을 할 수 있겠나이까? 어떻게 우리 자신을 변호할 수 있으리이까? 우리 주인님께서 종들의 죄를 발견하셨나이다. 보십시오. 우리는 우리 주인님의 종이며, 우리 나귀들도 그렇나이다."

10 요셉이 그들에게 말했다. "나도 여호와를 경외하노라. 너희는 너희 집으로 가고, 너희 동생은 내 종이 될 것이니, 이는 너희가 악을 행하였음이니라. 내가 이 잔으로 마시는 것을 기뻐하는 것처럼 사람이 자기 잔을 기뻐하는 것을 너희가 알지 못하느냐? 그런데도 너희가 이것을 내게서 훔쳤도다."

요셉의 마음을 울리게 한 유다의 간청

11 유다가 말했다. "오 나의 주인님, 당신의 종인 제가 당신에게 간구하오니, 나의 주인님의 귀에 한 말씀만 드리게 해주십시오. 그의 어머니가 두 형제를 우리 아버지에게 낳아 주셨습니다. 하나는 사라져 잃어버렸고 아무도 그를 찾지 못했으며, 그의 어머니의 자녀 중 오직 그만 홀로 남았습니다. 당신의 종 우리 아버지는 그를 사랑하여, 아버지의 생명조차 이 아이의 생명과 묶여 있습니다.

12 우리가 당신의 종인 우리 아버지께로 갈 때, 그 아이가 우리와 함께 있지 아니하면, 아버지께서는 돌아가실 것입니다. 우리가 우리 아버지를 슬픔으로 죽음에 이르도록

끌어내리는 것이 될 것입니다.

13 이제 차라리 당신의 종인 저를, 이 아이 대신 내 주인님의 종으로 머물게 하시고, 이 아이는 그의 형들과 함께 보내주소서. 제가 당신의 종인 우리 아버지의 손에 그를 위한 담보가 되었기 때문이니, 만약 제가 그를 돌려보내지 못한다면 당신의 종은 영원히 우리 아버지께 죄를 짓게 될 것입니다.”

요셉이 형제들에게 자신을 알리다

14 요셉은 그들이 모두 서로 선하게 화합되어 있는 것을 보며 스스로 자제하지 못하고 그들에게 자신이 요셉이라고 말했다.

15 그리고 요셉은 히브리 말로 그들과 대화하고, 그들의 목에 기대어 울었다. 그러나 그들은 그를 알아보지 못했으며 그들은 울기 시작했다.

16 요셉이 그들에게 말했다. “나로 인해 울지 마시고, 서둘러 내 아버지를 나에게 모셔와서, 내 아우 베냐민이 두 눈으로 나를 보는 것처럼, 아버지가 돌아가시기 전에 나를 보게 하소서. 이것을 말하는 것이 나의 입인 줄 당신들은 보고 있습니다.

17 보십시오. 올해는 흉년의 두 번째 해이며, 아직도 5년 동안은 수확도 없고 나무 열매도 없고 밭을 갈지도 못할 것입니다.

18 당신들과 당신들의 집이 이 기근으로 멸망하지 않도록 서둘러 내려오십시오. 당신들의 소유로 인해 근심하지 마십시오. 여호와께서 나를 당신들보다 앞서 보내셔서 많은 사람들이 살 수 있도록 이 일을 계획해 놓으셨습니다.

19 그리고 내 아버지께 내가 아직 살아 있다고 말씀드리십시오. 그리고 당신들은 보십시오. 여호와께서 나를 파라오의 아비처럼 되게 하셨고, 그의 집과 이집트 온 땅의 통치자로 삼으신 것을 당신들이 보고 계십니다.

20 나의 모든 영광과 여호와께서 내게 주신 모든 부귀와 영광을 아버지께 전하십시오.”

21 그 후 파라오가 그 입으로 직접 명하므로 요셉은 그들에게 병거들과 길에서 쓸 양식을 주었고, 그들 모두에게 채색옷과 은을 주었다.

22 그리고 그들의 아버지에게 요셉은 의복과 은과 곡식을 운반하는 나귀 열 마리를 보내며, 그들을 돌려보냈다.

요셉의 소식을 들은 야곱

23 그들은 올라가서 그들의 아버지에게 요셉이 살아 있고, 땅의 모든 민족에게 곡식을 나눠주고 있으며, 이집트 온 땅의 통치자가 되었다고 전했다.

24 그들의 아버지는 정신이 혼미하여 그 말을 믿지 않았으나, 요셉이 보낸 마차들을 보았을 때, 그의 기운이 소생하여 말했다. “요셉이 살아 있다면 나는 그것으로 족하다. 내가 죽기 전에 내려가서 그를 보리라.”

브엘세바에서 이스라엘이 칠칠절을 기념하다

44 셋째 달 월삭에 이스라엘은 헤브론에 있는 그의 집을 떠났고 맹세의 우물 길로 가다가 이 달 7일에 그의 아버지 이삭의

하나님께 희생 제사를 드렸다.

두려워 말고 이집트로 내려가라고 하시는 하나님

2 야곱은 벧엘에서 보았던 꿈[235]을 기억하고, 이집트로 내려가기를 두려워했다.

3 야곱은 요셉에게 전갈을 보내어 요셉이 자기에게 오도록 하고 자신은 내려가지 않으려는 생각을 하고 있었다. 야곱은 자신이 머물러야 할지 아니면 내려가야 할지에 대한 계시를 혹시 볼 수 있지 않을까 하여 그곳에 7일 동안 머물렀다.

4 가나안 온 땅에 한 줌의 곡식(씨)조차 없었으며, 기근이 모든 짐승과 가축과 새뿐만 아니라 사람에게까지 덮쳤기 때문에 그는 묵은 곡식으로 첫 열매의 추수 축제를 경축하였다.

5 16일에 여호와께서 그에게 나타나 말씀하셨다. "야곱아, 야곱아." 그가 대답했다. "제가 여기 있나이다." 그분께서 그에게 말씀하셨다. "나는 네 조상들의 하나님, 아브라함과 이삭의 하나님이다. 이집트로 내려가는 것을 두려워하지 말라. 내가 거기서 너로 큰 민족을 이루게 하리라.

6 내가 너와 함께 내려갈 것이며 내가 너를 다시 데리고 올라오리니, 이 땅에 네가 묻힐 것이고, 요셉이 그의 손으로 네 눈을 감기리라. 두려워 말고 이집트로 내려가라."

7 야곱의 아들들과 손자들이 일어나, 그들의 아버지를 마차에 모시고 그들의 소유를 실었다.

8 이스라엘은 이 셋째 달 16일에 맹세의 우물에서 일어나 이집트 땅으로 갔다.

9 이스라엘이 유다를 그의 아들 요셉에게 먼저 보내어 고센 땅을 살펴보게 하였으니, 이는 요셉이 그의 형제들에게 자기와 가까이 살 수 있도록 그곳에 와서 거주하라고 말했기 때문이다.

10 이곳은 이집트 땅에서 가장 좋은 땅이었고, 요셉에게 가까운 곳이자, 그들 모두와 가축을 위해서도 가장 좋은 땅이었다.

이스라엘 아들들의 이름

11 아버지 야곱과 함께 이집트로 들어간 야곱의 아들들의 이름은 이러하다.

12 이스라엘의 장자 르우벤과 그의 아들들 하녹, 발루, 헤스론, 갈미, 5명.

13 시므온과 그의 아들들 여무엘, 야민, 오핫, 야긴, 스할, 스밧 여인의 아들 사울, 7명.

14 레위와 그의 아들들 게르손, 고핫, 므라리, 4명.

15 유다와 그의 아들들 셀라, 베레스, 세라, 4명.

---

235 벧엘에서 본 꿈: 희 32:21 벧엘 사다리 환상 후 천사가 일곱 돌판을 주어 읽고 기록하게 하는데, 그 내용은 이스라엘의 미래 역사였다. 이집트로 가는 도중에 미래에 이집트에서 그의 후손들이 겪을 큰 고난의 때를 기억하며 야곱은 이집트로 내려가기를 두려워하여, 브엘세바에서 머물며 칠칠절을 지킨 후 7일간 더 머물며 하나님의 응답을 기다리려고 했다. 이틀을 더 지체하던 야곱에게 주님께서 나타나 두려워 말라고 말씀해 주셔서 야곱은 이집트로 내려간다.

236 【창 46:23】 "단의 아들 후심이요" 창세기에는 단의 아들을 후심 한 명으로 소개하고 있지만 희년서에서는 나머지 4명의 명단과 그들이 이집트에 들어가자마자 죽었다는 정보를 유일하게 제공해 주고 있다.

16 잇사갈과 그의 아들들 돌라, 부와, 욥, 시므론. 5명.

17 스불론과 그의 아들들 세렛, 엘론, 얄르엘, 4명.

18 이들은 야곱의 아들들이며, 레아가 메소포타미아에서 야곱에게 낳아준 여섯 아들과 그들의 누이 디나이다. 그들의 아버지 야곱과 함께 이집트로 들어간 레아의 아들들의 모든 혼과 그들의 아들들은 29명이었으며, 그들의 아버지 야곱이 그들과 함께 있었으니, 그들은 총 30명이었다.

19 야곱의 아내인 레아의 여종 실바가 야곱에게 낳아준 아들들은 갓과 아셀이다.

20 그리고 야곱과 함께 이집트로 들어간 그들의 아들들의 이름은 이러하다. 갓과 갓의 아들들 시본, 학기, 수니, 에스본, 에리, 아렐리, 아로디, 8명.

21 아셀과 아셀의 아들들 임나, 이스와, 이스위, 브리아, 그들의 누이 세라, 6명.

22 그들의 혼들은 모두 14명이었으며, 레아에게 속한 모든 자는 총 44명이었다.

23 야곱의 아내 라헬의 아들들은 요셉과 베냐민이다.

24 요셉의 아버지가 이집트로 들어오기 전에, 이집트에 있던 요셉에게 난 이들은 헬리오폴리스의 제사장 보디발의 딸인 아스낫이 요셉에게 낳아 준 므낫세와 에브라임이며, 그들은 총 3명이다.

25 베냐민과 그의 아들들 벨라, 베겔, 아스벨, 게라, 나아만, 에히, 로스, 뭅빔, 훕빔, 아릇, 그들은 11명이다.

26 라헬에게 속한 혼들은 모두 14명이었다.

27 야곱의 아내인 라헬의 여종 빌하가 야곱에게 낳아준 아들들은 단과 납달리였다.

28 그들과 함께 이집트로 들어간 그들의 아들들의 이름은 이러하다. 단의 아들들은 후심, 사몬, 아수디, 이자카, 살로몬이며, 그들은 총 6명이다.

29 그들은 이집트에 들어간 그 해에 죽었고, 단에게는 후심만 남았다.[236]

30 납달리의 아들들은 야스엘, 구니, 예셀, 실렘, 이브다.

31 흉년 이후에 태어난 이브는 이집트에서 죽었다.

32 라헬에게 속한 모든 혼은 26명이었다.

33 이집트로 들어간 야곱의 혼들은 모두 70명이었다. 이들 70명 모두는 그의 자녀들과 그의 자녀들의 자녀들이다. 그러나 5명은 이집트에서 요셉보다 먼저 죽었고 자녀가 없었다.

34 그리고 가나안 땅에서 유다의 두 아들 엘과 오난이 죽었으며, 그들에게는 자녀가 없었고, 이스라엘의 자녀들이 죽은 자들을 묻었으며, 그들은 70 이방 민족 중 하나로 간주되었다.

요셉이 야곱을 영접하고, 그들에게 고센 땅을 주다

45 이스라엘은 45번째 희년의 셋째 주간의 둘째 해2172 넷째 달 월삭에 이집트 땅에 이르러 고센 땅으로 들어갔다.

2 요셉이 아버지 야곱을 만나러 고센 땅으로 가서 아버지의 목에 기대어 울었다.

3 이스라엘이 요셉에게 말했다. "내가 너를 보았으니, 이제 죽어도 여한이 없구나. 이제 여호와 이스라엘의 하나님은 송축 받

으소서. 아브라함의 하나님 이삭의 하나님은 그분의 종 야곱에게 자비와 은혜를 거두지 않으셨나이다.

4 내가 아직 살아있는 동안에 너의 얼굴을 본 것만으로 내게 족하니, 참으로 내가 벧엘에서 본 환상이 사실이구나. 여호와 나의 하나님은 영원 영원히 송축 받으시며, 그분의 이름은 송축 받으소서.”

5 요셉과 그의 형제들은 그들의 아버지 앞에서 빵을 먹고 포도주를 마셨고, 야곱은 요셉이 형제들과 함께 자기 앞에서 먹고 마시는 것을 보고 심히 큰 기쁨으로 즐거워했으며, 그는 자신을 보존하시고 자기를 위해 열두 아들들을 보존하신 만물의 창조주를 송축했다.

6 요셉은 자신이 파라오 앞에서 다스리는 고센 땅과 람세스와 그 주변의 모든 지역에서 거주할 권리를 그의 아버지와 그의 형제들에게 선물로 주었다. 이스라엘과 그의 아들들은 이집트 땅의 가장 좋은 지역인 고센 땅에 거주했다. 이스라엘이 이집트에 들어왔을 때 그는 130세였다.

7 요셉은 그의 아버지와 형제들과 그들의 소유를 위해 7년 기근 동안 충분할 만큼의 양식을 공급하였다.

요셉이 이집트의 모든 땅과 소유를 사들이다

8 이집트 땅은 기근으로 인해 고통을 겪었고, 요셉은 파라오를 위해 이집트의 모든 땅을 식량의 대가로 얻었으며, 백성과 그들의 가축과 모든 것을 파라오를 위해 소유하게 되었다.

9 기근의 해가 지나고, 요셉은 그 땅에 있는 백성들에게 씨와 식량을 주어 여덟번째 해에 땅에 씨를 뿌리게 하였으니, 이는 강물이 이집트 온 땅에 넘쳐흘렀기 때문이었다.

10 기근이 든 7년 동안에는 강이 범람하지 않아서, 강둑의 몇 군데만 물을 대어주었지만, 이제는 강이 범람하여 이집트 사람들이 땅에 씨를 뿌렸고, 그해에 많은 곡식을 얻었다.

11 이는 45번째 희년의 넷째 주간의 첫 해2178였다.

12 요셉은 왕을 위해 수확한 곡식의 5분의 1을 가져가고, 5분의 4는 그들에게 식량과 씨를 위해 남겨주었다. 요셉이 이것을 이집트 땅의 규례로 정했고, 이것이 오늘날까지 시행되고 있다.

이스라엘이 죽어 헤브론 막벨라에 묻히다

13 이스라엘은 이집트 땅에서 17년을 살았고, 그가 살았던 모든 날은 세 번의 희년 즉, 147년이었으며, 그는 45번째 희년의 다섯째 주간의 넷째 해에2188 죽었다.

14 이스라엘은 그가 죽기 전에 그의 아들들을 축복했고, 이집트 땅에서 그들에게 닥칠 모든 일을 그들에게 일러주었으며, 마지막 날에 그들에게 임할 일들을 알려주었고, 그들을 축복하며 그 땅의 두 몫을 요셉에게 주었다.

15 그는 그의 조상들과 함께 잤고, 가나안 땅의 이중 동굴, 곧 헤브론 땅의 막벨라에 자신을 위해 파 놓은 무덤에 그의 조부 아브라함 곁에 묻혔다.

야곱이 레위에게 조상들의 책과 자기의 책을 넘겨주고, 레위 자손이 보존하게 하다

16 그리고 야곱은 자신의 모든 책들과 조상들의 책들을 그의 아들 레위에게 주어 그 책들을 잘 보존하게 하였으며, 그의 아들들을 위해 그 책들을 새롭게 필사하게 하여 오늘날까지 이르게 하였다.[237]

이집트에서 이스라엘의 번영

46 야곱이 죽은 후 이스라엘 자손이 이집트 땅에서 번성하여 큰 민족이 되었으며, 그들은 마음과 뜻이 일치되어 형제가 형제를 사랑하고, 각 사람이 자기 형제를 도왔다. 요셉의 생애 10주간 즉, 70년의 모든 날 동안 그들은 크게 크게 증가하였고 심히 번성하였다.

2 요셉이 그의 아버지 야곱의 뒤를 이어 살았던 모든 날 동안 사탄(대적자)이나 어떤 악도 없었는데, 이는 모든 이집트 사람들이 요셉이 사는 동안 이스라엘 자손을 존경했기 때문이다.

요셉의 죽음과 유언

3 그 후 요셉은 110세에 죽었다. 17년 동안 그는 가나안 땅에서 살았고, 10년은 종으로 지냈고, 3년은 감옥에 있었으며, 80년 동안은 왕 아래서 이집트의 온 땅을 다스렸다.

4 요셉은 죽었고, 그의 모든 형제들과 그 세대가 다 죽었다.

5 그는 죽기 전에 이스라엘 자손들에게 명령하여 그들이 이집트 땅에서 나갈 때 자신의 뼈를 가지고 나가라고 하였다.

이집트와 가나안의 전쟁기간 동안 요셉을 제외한 야곱의 모든 아들들의 유골이 헤브론 막벨라에 묻히다

6 요셉은 그들에게 자기의 뼈에 대해 맹세하게 하였는데, 이는 이집트 사람들이 자

---

237 자신의 모든 책들과 조상들의 책들: [희 32: 26] "그가 야곱을 떠나 올라갔고, 야곱은 잠에서 깨어나, 그가 읽고 본 모든 것을 기억했고 그가 읽고 본 모든 말을 기록했다." 이집트 고센 땅에서 정착하여 살아가던 야곱은 죽기 전에 유언을 한 후 조상들의 책들을 레위에게 넘겨준다. 그리고 이집트에서 높은 경건성을 유지했던 레위는 그의 둘째 아들 고핫에게 제사장 직분을 넘기면서 그 책들을 물려준다. 쿰란 동굴에서 발견된 "고핫의 유언 Testament of Qahat(4Q542)"의 Column 2에서 고핫은 이 책을 아버지 레위로부터 받았으며, 아들 아므람에게로 전해준다고 기록한다. "조상들이 기록한 책들을 내 아버지 레위가 받았고, 내 아버지 레위가 나에게 전해주었고, 내가 기록한 이 모든 글들도 증거로써 주니, 주의를 기울여서⋯전승시켜라." 고핫으로부터 제사장 직분과 이 책을 물려받은 아므람은 자신의 아들 아론과 모세를 임종의 순간에 불러 아론에게 제사장 직분과 이 책을 물려준다. 쿰란 4번 동굴에서 발견된 "아므람의 비전 Visions of Amram 4Q543-549"에서 아므람은 요셉을 제외한 나머지 야곱의 열한 아들의 모아두었던 시신을 헤브론 막벨라 동굴에 묻기 위해 갔다가, 이집트와 가나안과 블레셋 사이에 일어난 전쟁 때문에 이집트로 돌아오지 못하고 약 41년 동안 헤브론에 체류하던 중에 체험했던 영적 전쟁을 임종 직전에 아론과 모세에게 들려주는 유언 문헌이다(희년서 46:6-11). 40년 광야 시대 때에도 레위 사람 제사장은 고문서들을 맡아서 보관하고 필사하는 일을 계속했음을 신명기 17:18을 통해서 알 수 있다. "그가 왕위에 오르거든 이 율법서의 등사본을 레위 사람 제사장 앞에서 책에 기록하여" 이후 사사 시대와 왕국 시대와 제1차 성전 시대와 제2차 성전 시대의 하스모니안 왕조까지 사독 계열 제사장이 이 역할을 계속해 왔다. 마카비 가문에서 제사장권을 장악하면서 밀려난 사독 계열 제사장들의 일부는 쿰란 공동체와 같은 모습으로 그들의 정통성과 경건성을 유지해왔다. 이것이 쿰란 공동체가 보존되어 왔던 에녹 계열 문헌들과 열두 족장의 유언과 그 중에서 특별히 레위의 유언, 고핫의 유언, 아므람의 유언과 희년서가 사해사본을 통해서 발견된 경위이다.

기 유골을 가지고 나와 가나안 땅에 다시 묻지 않을 줄 알았기 때문이다. 당시 가나안 왕 마카마론이 앗수르 땅에 거할 때 이집트 왕과 골짜기에서 싸워 거기서 이집트 왕을 죽이고 이집트 사람들을 에르몬 성문까지 쫓아갔다.[238]

7 그러나 가나안 왕은 이집트로 진격할 수 없었는데, 이는 다른 새로운 왕이 이집트의 왕이 되었으며, 그는 가나안 왕보다 더 강했기 때문이다. 그는 가나안 땅으로 돌아갔고, 이집트의 문들은 닫혀서 아무도 나가거나 들어오지 못했다.

8 요셉은 46번째 희년의 여섯째 주간의 둘째 해에2242 죽었으며, 그들은 그를 이집트 땅에 묻었고, 그의 형제들은 모두 요셉이 죽고 난 후에 죽었다.

9 이집트 왕이 47번째 희년의 둘째 주간의 둘째 해에2263 가나안의 왕과 전쟁하러 나아가니[239], 이스라엘 자손들은 요셉의 유골을 제외한 야곱의 아들들의 모든 유골을 가지고 나갔으며, 그들은 그 산에 있는 막벨라 굴의 들판에 그 유골들을 묻었다.

10 그리고 그들 대부분은 이집트로 돌아갔지만, 그들 중 몇 명은 헤브론 산지에 남아 있었으며, 네 아버지 아므람은 그들과 함께 남아있었다.[240]

238 요셉은 자신의 시신이 야곱 처럼 곧장 헤브론에 묻히게 되지 못하고 이집트에 남겨질 것을 알았 이는 요셉이 죽기 전에 "내 뼈가 조상들의 땅으로 옮겨질 때, 주님께서는 빛 가운데 너희와 함께 계실 것이요, 벨리알은 어둠 가운데 이집트인들과 함께 있을 것이다"(요셉의 유언 20:2)라고 예언했었기 때문 이며, 이집트의 마술사들도 "요셉의 뼈가 이집트를 떠날 때 온 땅에 어둠과 큰 재앙이 임할 것"(시므온의 유언 8:3)이라고 말했기 때문이다. 요셉의 유언 때문에 요셉의 유골은 출이집트할 때까지 이집트인들이 왕들의 무덤에 머물게 되었다. 창 50:24-26에서는 상세히 알려주지 않고 있는 요셉의 장례 시점에 일어난 가나안 왕과 이집트 왕 사이의 전쟁과 이집트 왕의 전사와 전쟁으로 인한 국경의 패쇄 상황을 희년서는 설명해 주고 있다. 이러한 시대적 정황은 "아므람의 유언(비전) Visions of Amram 4Q543-549"의 증언과도 일치한다(열두 족장의 유언(진리의집 출판사) 부록 참조).

239 전쟁으로 국경이 닫혀 왕래가 금지된 상황이었지만, 이집트 왕이 가나안 왕과 싸우기 위해 출전하는 틈을 이용해 야곱의 열한 아들의 유골을 헤브론 막벨라로 옮겨 묻는 일이 잠시 진행된다. 이집트가 가나안에게 패하게 되어 다시 이집트 국경이 굳게 닫히게 되는 과정에서 아므람은 가족이 있는 이집트로 돌아가지 못한 채 41년을 머물게 된다.

240 "아므람의 환상들Visions of Amram"은 이집트에 있던 아므람이 헤브론 막벨라에 가서 야곱의 아들들을 위한 무덤을 준비하는 도중 가나안 전쟁의 발발로 인해 이집트로 돌아가지 못하고 헤브론에 남아 머물다 체험한 영적 전쟁의 환상들과 두 천사의 다툼과 그의 유언이 기록되어 있다. 아므람이 헤브론에 갔다가 가나안 전쟁으로 인해 이집트로 돌아가지 못하고 약 41년 동안 체류하며 영적 전쟁을 체험했다는 사실은 "희년서"와 "아므람의 환상들Visions of Amram"에서만 주고 있는 정보이다. "아므람의 환상들Visions of Amra'm"은 쿰란 동굴에서 5개의 아람어 사본 조각으로 발견되었다(4Q543 (4Q Amrama), 4Q544 (4Q Amramb), 4Q545 (4Q Amramc), 4Q546 (4Q Amramd), 4Q547 (4Q Amrame)).

241 11절에서 이집트의 문을 닫은 3인칭 단수와 12절 문장의 주어인 3인칭 단수가 이집트 왕인지, 가나안 왕인지 분명하지 않다. 라틴어 사본에서는 12절 문장의 3인칭 단수 주어를 '그 가나안 왕'이라고 명시하고 있다. 가나안 왕들 중 하나가 이집트를 정복한 후, 이집트의 국경을 닫고, 이집트의 지배 세력이 된 이후에 이스라엘 백성을 노예로 삼은 것이라 이해되고, 이는 힉소스 왕조의 시작을 언급하는 것일 수 있다.

11 가나안 왕이 이집트 왕을 정복했고, 그는
　　이집트의 문들을 닫았다.

이집트의 압제 아래 번성하는 이스라엘 자손

12 그가[241] 이스라엘 자손들을 괴롭힐 악한
　　계략을 꾸미고 이집트 사람들에게 말했다.
　　"보라, 이스라엘 자손의 백성이 번성하여
　　우리보다 많도다.

13 오라. 그들이 너무 많아지기 전에 우리가
　　현명하게 그들을 다루자. 우리에게 전쟁
　　이 일어나기 전에, 그들이 우리와 맞서 싸
　　우기 전에 그들을 노예로 만들어 괴롭게
　　하자. 그렇지 않으면 그들은 적과 결탁하
　　여 우리의 땅을 떠날 것이다. 이는 그들의
　　마음과 얼굴이 가나안 땅을 향하고 있기
　　때문이다."

14 그는 그들을 노예로 괴롭히기 위해 그들
　　위에 감독관들을 세웠으며, 그들은 파라
　　오와 비돔과 라암셋을 위해 강한 성읍들
　　을 건설했고, 이집트 성읍들에 무너진 모
　　든 성벽과 모든 요새를 건축했다.

15 그들은 가혹하게 그들을 압제하며 강제 노
　　동을 시켰지만, 그들을 더 악하게 다룰수
　　록 그들은 더 증가하고 더 번성했다.

16 그리고 이집트 사람들은 이스라엘 자손들
　　을 혐오하였다.

7일 동안 강가에 숨겨진 아기 모세

47 47번째 희년의 일곱째 주간의 일곱째
　　해에[2303] 네 아버지는 가나안 땅에서 나왔
　　고, 너는 48번째 희년의 넷째 주간의 여섯
　　째 해에[2330] 태어났다. 이는 이스라엘 자손
　　들에게 환난의 시기였다.

2 이집트의 왕 파라오는 이스라엘 자손에 관

한 명령을 내려 그들에게 태어난 사내아
이는 모두 강물에 던져 버리라고 했다.

3 그들은 네가 태어난 날까지 일곱 달 동안
　　사내아이들을 강물에 던졌다. 네 어머니
　　는 너를 세 달 동안 숨겼으며, 그 후 그들
　　은 네 어머니를 보고했다.

4 네 어머니는 너를 위해 방주를 만들고 역
　　청과 아스팔트를 발랐으며, 강가의 갈대
　　사이에 방주를 두고 너를 7일 동안 그 안
　　에 두었으며, 네 어머니가 밤에 와서 너에
　　게 젖을 물렸고, 낮에는 네 누이 미리암이
　　새들로부터 너를 보호해 주었다.

파라오의 딸이 모세를 입양하다

5 그 때에 파라오의 딸 타르무스가 강물에
　　목욕하러 왔다가, 네가 우는 소리를 듣고,
　　시녀들에게 너를 데리고 오라고 하여 너
　　를 데려오니,

6 그녀가 너를 방주에서 꺼냈고, 그녀는 너
　　를 불쌍히 여겼다.

7 너의 누이가 그녀에게 말했다. "제가 가서
　　히브리 여인 중 하나를 불러 당신을 위해
　　이 아기를 돌보고, 젖 먹이게 하리이까?"
　　그녀가 네 누이에게 말했다. "가보거라!".

8 네 누이가 가서 네 어머니 요게벳을 불러
　　왔으며, 파라오의 딸은 네 어머니에게 삯
　　을 주었고, 네 어머니는 너를 돌보았다.

9 그 후에 네가 자랐을 때 그들이 너를 파라
　　오의 딸에게 데려갔고, 너는 그녀의 아들
　　이 되었다. 네 아버지 아므람이 네게 글쓰
　　기를 가르쳤고, 네가 3주간(21년)을 채운
　　후에 그들이 너를 왕궁으로 데려갔다.

왕실에서 21년을 산 후 살인죄를 짓고 도망치다

10 그리고 너는 왕실에서 3주(21년)를2351-2372 지냈다. 너는 왕궁에서 나가 이집트 사람이 이스라엘 자손인 네 친족을 때리는 것을 보고, 그 이집트 사람을 죽여 모래 속에 숨겼다.

11 다음 날 너는 이스라엘 사람 둘이 서로 싸우는 것을 보고 잘못을 저지른 자에게 말했다. "어찌하여 너는 네 형제를 때리느냐?"

12 그는 화가 나서 분노하며 말했다. "누가 너를 우리를 다스리는 자와 재판관으로 삼았느냐? 네가 어제 이집트 사람을 죽인 것처럼 나를 죽이려고 하느냐?" 너는 이 말 때문에 두려워하며 도망쳤다.

마스테마는 모세가 이집트로 보냄 받은 이유를 알고 온 힘을 다해 그를 죽이려 하다

48 49번째 희년의 셋째 주간의 여섯째 해에2372 너는 이집트를 떠났고, 다섯 번의 주간과 일 년(36년)을 미디안 땅에서 거주했다. 그리고 너는 50번째 희년의 둘째 주간의 둘째 해에2410 이집트로 돌아왔다.[242]

2 그분께서 시내 산에서 네게 말씀하신 것과 네가 이집트로 돌아가던 길에 네가 머물던 곳에서 군주 마스테마를 만났을 때, 그가 너에게 하려고 했던 일을 너 자신은 알고 있다.

3 네가 이집트 사람들에게 심판과 복수를 집행하도록 보냄 받은 것을 군주 마스테마가 보고, 그가 자신의 모든 능력을 다해 너를 죽이고 이집트 사람들을 네 손에서 구하려고 하지 않았느냐?

10가지 재앙: 주님의 통제 아래 두신 마스테마와 악한 자들

4 내가 너를 그의 손에서 건져 내었고 너는 이집트에서 파라오와 그의 온 집과 그의 신하들과 백성들에게 행하도록 보냄 받은 표적들과 기적들을 행하였다.

5 여호와께서 이스라엘을 위해 그들에게 큰 보복을 행하사 피와 개구리, 이와 파리, 수포가 생기는 악성 종기의 재앙으로 그들을 치셨으며, 또한 그들의 가축을 죽음으로 치셨고, 돌 우박으로 그들을 위해 키운 모든 농작물을 파괴하셨으며, 우박을 면하고 남겨진 것들을 먹어 치운 메뚜기와 흑암으로 멸하셨고, 사람과 짐승의 처음 난 것들을 죽음으로 치셨다. 그리고 여호와께서는 그들의 모든 우상들에 대해 보복하시고 그것들을 불로 태우셨다.

6 모든 일이 네 손을 통해서 보내어진 이유는 이 일들이 이루어지기 전에 네가 이 일들을 선포하게 하려 함이며, 네가 그의 모든 신하와 백성 앞에서 이집트의 왕과 말하게 하려 함이었다.

7 네가 이스라엘을 위하여 이집트 땅에 보

---

[242] 희년서의 정보를 통해서 모세의 일생을 정리하면 다음과 같다. 모세의 출생 A.M. 2330년(희 47:1) → 요게벳 아래에서 자람 21년(희 47:9) → 왕궁에서 지냄 21년(희 47:10) → 42세 때 살인 후 미디안 광야로 도망감 → 이집트를 떠난 해부터 이집트로 다시 돌아온 해는 38년(2410 - 2372 = 38)(희 48:1) → 미디안에서 산 총 햇수는 36년(5주간 + 1년 = 36년)(희 48:1) → 이집트를 떠나 미디안에 완전히 정착하기 전까지의 약 1년의 빈 시간은 방황의 시간? (38년 - 36년 = 2년) → 출이집트해서 시내 산에 도착한 때는 A.M. 2410년(희 50:4)이며, 이때 모세의 나이는 80세(2410 - 2330 = 80).

복을 행할 수 있도록 10가지 크고 두려운 심판이 이집트 땅에 임했으니, 모든 일이 네 말대로 이루어졌다.

8 여호와께서 이집트 사람들이 이스라엘 자손을 강제로 노예 삼았던 것에 대해 그들에게 보복하심으로 이스라엘을 위해, 그리고 아브라함과 맺으신 그분의 언약에 따라 모든 일을 행하셨다.

9 군주 마스테마는 너를 대적하여 일어서서 너를 파라오의 손에 넘겨주려 하였고, 이집트 마술사들을 도와 그들이 너를 대적하고 네 앞에서 행하도록 하였다.

10 우리는 그들이 악한 일들을 행하도록 허락했으나, 복원되는 능력이 그들의 손으로 행해지는 것은 허락하지 않았다.

11 여호와께서 그들을 악성 궤양으로 치셨으므로 그들은 너에게 맞서 대항할 수 없었다. 이는 우리가 그들이 단 한 가지 표적도 행할 수 없도록 그들의 능력을 빼앗았기 때문이다.

홍해를 건너는 과정에 개입한 마스테마와 천사들

12 이 모든 표적과 기적에도 불구하고 군주 마스테마는 그의 오만함을 거두지 않고 힘을 더 내어 이집트 사람들에게 외쳤으며, 이집트의 모든 힘과 병거와 말과 이집트 백성의 모든 군대와 함께 너희를 추격하게 했다.

13 내가 이집트 사람들과 이스라엘 사이에 서 있었고, 우리는 그의 손과 그의 백성의 손에서 이스라엘을 구해냈다. 여호와께서 그들이 바다 한가운데를 마른 땅처럼 지나가도록 인도하셨다.

14 이스라엘을 추격하도록 그(마스테마)가 데려온 모든 사람을 여호와 우리 하나님께서 바다 가운데로, 이스라엘 자손 아래 심연 깊은 곳들로 던지셨다. 이는 이집트 백성이 이스라엘 자손을 강물에 던진 것 같이 우리 하나님 여호와께서 그들 중 백만 명에게 보복하셨으며, 그들이 강물에 던진 네 백성의 자녀 중 젖먹이 한 명으로 인해 강하고 힘센 자 천 명이 멸망하였다.

15 14일과 15일과 16일과 17일과 18일에는 군주 마스테마가 이스라엘 자손을 비난하지 못하도록 이스라엘 자손 뒤에 결박되어 갇혀 있었다.

16 19일에 우리는 그들을 풀어주어 그들이 이집트 사람들을 돕고 이스라엘 자손들을 추격하게 했다.

17 군주 마스테마는 이집트 사람들의 마음을 굳게 하고 완악하게 하였는데, 이는 여호와 우리 하나님께서 이집트 사람들을 쳐서 바다에 던지시기 위해 그분께서 고안하신 장치였다.

18 그리고 14일에 우리는 이스라엘 자손이 이집트 사람들에게 그릇과 의복과 은 그릇과 금 그릇과 놋 그릇을 요구했던 날 그가 그들을 고발하지 못하도록 그를 결박했다. 이는 이집트 사람들이 그들을 강제로 노역하게 하여 노예로 삼은 것에 대한 대가로 그들에게서 빼앗아 오게 하기 위함이었다.

19 우리는 이스라엘 자손들을 이집트에서 빈손으로 데리고 나오지 않았다.

유월절 기념에 관한 규정

49 유월절에 관하여 여호와께서 네게 명하신 계명을 기억하라. 너희는 첫째 달 14일의 그 정한 때에 유월절을 경축해야 하며, 너희는 저녁이 되기 전에 그것을 희생시켜야 하고, 그들은 그것을 해가 지는 시간부터 15일 저녁의 밤까지 먹어야 한다.[243]

2 이는 절기의 시작이자 기쁨의 시작인 이 밤에 너희가 이집트에서 유월절 양을 먹고 있었기 때문이다. 바로 그때 마스테마의 모든 군대가 파라오의 장자로부터 포로로 잡혀 방앗간에서 일하는 여종의 장자와 가축의 처음 난 것에 이르기까지 이집트 땅의 모든 처음 난 자를 치기 위해 풀려 났다.

3 여호와께서 그들에게 주신 표징은 이것이다. 일 년 된 어린 양의 피를 바른 집마다 그 집 문설주와 상인방에 그 피의 표가 있으니 그들은 장자를 살해하려고 그 집 안으로 들어가지 말고 지나가야 한다. 그 집에 있던 모든 자들은 그 피의 표징이 문설주와 상인방에 있었으므로 구원받으리라.

4 여호와의 군대는[244] 여호와께서 그들에게 명하신 대로 모든 것을 행하였고, 그들은 이스라엘의 모든 자손을 지나갔으며, 그들 중 어떤 가축이나 사람이나 개의 혼(생명)을 멸하기 위한 재앙이 그들에게 미치지 않았다.

5 이집트에는 재앙이 매우 심하여, 죽은 자가 없는 집이 하나도 없었고, 울음과 애통이 가득했다.

6 온 이스라엘은 유월절 어린 양의 고기를 먹고 포도주를 마시며, 그들의 조상들의 여호와 하나님께 찬송하고 송축하며 감사를 드리고 있었고, 이집트의 멍에 아래에서, 그리고 잔혹한 종살이에서 나올 준비가 되어 있었다.

7 너는 네 평생에 이 날을 기억하고, 네 평생 해마다 한 번 모든 토라에 따라 그 날을 준수하며, 그 날에서 하루를 늦추거나 이 달에서 저 달로 미루지 말라.

8 이것은 모든 이스라엘 자손이 대대로 해

---

243 출 12:6의 "이달 십사 일까지 간직하였다가 '해질 때에' 이스라엘 회중이 그 양을 잡고"에서 '해 질 때에'는 히브리어로 베인 하아르바임ם 즉 '두 저녁 사이에'라고 직역된다. 히브리적 시간 개념으로는 해가 지면 하루가 시작한다. 14일 저녁이라함은 13일의 끝과 14일의 시작의 시점이다. 다시 말하면 14일 저녁부터 15일 저녁 사이에 양을 희생시켜야 한다는 뜻이다. 예수님이 제자들과 마지막 만찬을 하던 14일의 시작 부분인 저녁과 십자가에서 달려 돌아가시던 14일의 오후 3시와 해 지기 전 서둘러 빈 무덤에 장사 되신 늦은 오후, 이 세 가지 사건은 모두 '두 저녁 사이에' 양을 희생시켜야 한다는 토라의 말씀의 정한 시간에 일어난 사건이었다. 희년서 49:1은 출 12:6의 베인 하아르바임ם 에 대한 해석을 '두 저녁 사이'라고 해석하게 되는 또 다른 근거가 된다. 희년서 49:1에서 두 가지 조건이 제시되고 있다. 유월절 희생양을 먹는 것은 14일의 시작인 저녁부터 15일의 시작인 저녁과 그날 밤까지여야 한다. 저녁이 시작한 이후 어두워진 밤 시간에 희생양을 도살하는 일은 안된다. 아침과 대낮에는 안 되고 저녁에 가까워진 늦은 오후부터 초저녁에 잡고 밤 3시 이후에는 모든 것을 불태워야 한다.

244 2절에 나오는 '마스테마의 군대'가 4절에서는 '여호와의 군대'로 표현되고 있다. 이러한 표현을 우리는 삼하 24:1과 대상 21:1에서 볼 수 있다. 삼하 24:1에서는 여호와께서 이스라엘을 향하여 진노하사 그들을 치시려고 다윗을 부추기셔서 인구 조사를 하게 하셨다고 표현하고, 대상 21:1에서는 사탄이 이스라엘을 치려고 일어나서 다윗을 부추겨 인구 조사를 하게 했다고 표현하고 있다.

마다 한 번씩 그 날을 지키도록 그들에 관하여 하늘의 돌판들에 새겨진 영원한 규례며, 이는 영원토록 제정된 것이기 때문에 날의 제한이 없다.

9 부정함이 없는 사람인데 정한 날에 여호와 앞에서 흠향될 만한 제물을 가져와서 여호와 앞에서 먹고 마시는 유월절을 경축하러 오지 않으면, 정결하고 가까이 있는 그 사람은 끊어질 것이니, 이는 그가 정한 때에 여호와의 제물을 드리지 않았음으로 자신의 죄에 대한 책임을 스스로 짊어져야 할 것이다.[245]

10 이스라엘 자손들이 첫째 달 14일, 그 정한 절기의 그 날에 와서, 두 저녁 사이 곧 낮의 세 번째 부분부터 밤의 세 번째 부분까지 유월절을 지키게 하라. 이는 낮의 두 부분은 빛을 위해, 세 번째 부분은 저녁을 위해 주어졌기 때문이다.

11 이것이 너희가 두 저녁 사이에 유월절을 지켜야 한다고 여호와께서 네게 명하신 것이다.

12 낮에는 어느 때에도 그 제물이 희생되어서는 안 되고, 오직 저녁의 경계가 되는 시간에 희생되어야 한다. 그리고 저녁 시간부터 밤의 세 번째 부분까지 그들이 그것을 먹도록 하라. 밤의 세 번째 부분 이후에 남은 고기는 모두 그들이 불로 태워야 한다.

13 그들은 고기를 물에 삶거나 날것으로 먹지 말고, 오직 불에 구워서 먹고, 머리와 내장과 발까지 불에 구워 급히 먹되 그것의 어떤 뼈도 부러뜨리지 말라. 이는 이스라엘 자손의 어떤 뼈든 부러져서는 안 되기 때문이다.

14 이런 이유로 여호와께서는 이스라엘 자손들에게 그 정해진 때에 유월절을 지키라고 명령하셨다. 그들은 그것의 뼈를 하나도 꺾지 말아야 한다. 이 날은 축제의 날이며 명령된 날이니, 그 날에서 하루도, 그 달에서 한 달도 지나가지 말고, 그 정한 절기의 그 날에 이것이 지켜지게 하라.

15 너는 이스라엘 자손에게 그들이 사는 동안 매년 일 년에 한 번 정해진 시간의 그 날에 유월절을 기념하도록 명령하라. 이는 여호와 앞에 참으로 기쁘게 받아들여지는 기념일이 되리니, 그분이 명하신 대로 모든 면에서 그들이 그 정한 시기에 유월절을 지키는 그 해에는 그들을 죽이거나 치는 재앙이 그들에게 임하지 않을 것이다.

16 그들은 그것을 여호와의 성소 밖에서 먹지 말고, 여호와의 성소 앞에서 먹어야 하며, 이스라엘 회중의 모든 백성은 그 정해진 시기에 유월절을 기념할 것이니라.

17 그 정한 날에 온 모든 사람은 20세 이상부터 여호와 앞에서 너희 하나님의 성소

---

[245] "자신의 죄에 대한 책임을 스스로 짊어져야 할 것이다" 이 말의 의미를 뒤집어 생각하면 유월절의 의미를 아래와 같이 이해할 수 있게 된다. 세상 죄를 옮겨서 없애 버리시는 하나님의 어린 양의 희생이 드려진 유월절을 합당하게 체험하는 그 사람은 자기 죄에 대한 책임을 스스로 짊어지지 않게 될 것이다. 【요 1:29】 "이튿날 요한이 예수께서 자기에게 나아오심을 보고 이르되 보라 세상 죄를 제거하는 하나님의 어린 양이로다"

안에서 그것을 먹어야 한다. 이는 여호와
의 성소 안에서 그들이 먹어야 한다고 기
록되고 제정되어 있기 때문이다.

18 이스라엘 자손들이 그들이 차지할 땅, 곧
가나안 땅에 들어가면, 그 땅에 여호와의
성전이 세워질 때까지 그들의 지파 중 한
지파의 땅 가운데 여호와의 성막을 세우
고, 그들이 와서 여호와의 성막에서 유월
절을 기념하게 하라. 그리고 그들이 해마
다 여호와 앞에서 어린양을 잡게 하여라.

19 그들의 기업의 땅에 여호와의 이름으로 집
이 세워지는 날에, 그들은 그곳에 가서 저
녁 해 질 무렵 낮의 셋째 부분에 유월절
양을 잡아야 한다.

20 그들은 그 피를 제단 밑바닥에 부어 드리고,
그 기름을 제단 위에 있는 불에 올려놓고,
여호와의 이름으로 거룩하게 된 그 집의 뜰
에서 그 고기를 불에 구워 먹어야 한다.

21 그들은 그들의 성읍에서 유월절을 지킬 수
없으며, 여호와의 성막 앞에서나 그분의
이름이 거하는 그분의 집 앞을 제외하고
는 어느 곳에서도 유월절을 지킬 수 없다.
그리하여야 그들은 여호와로부터 벗어나
지 않을 것이다.

22 모세야, 너는 이스라엘 자손들에게 명하
여 유월절의 규례를 네게 명하여진 대로
지키게 하고, 너는 그들에게 매년 그 날의
시간과 무교절을 그들에게 선포하여 7일
동안 무교병을 먹게 하고, 그 절기를 경축
하게 하라. 그 희락의 7일 동안 매일 여호
와 앞 너희 하나님의 제단에서 예물을 드
리게 하라.

23 너희가 이집트를 떠날 때부터 바다를 건

너 수르 광야로 들어갈 때까지 이 절기를
서둘러 지켰으니, 이는 너희가 그 바닷가
에서 이 절기를 마쳤음이라. [246]

희년에 관한 토라

50 이 토라 후에[247] 내가 엘림과 시내 사이
에 있는 신 광야에서 너희에게 샤밭의 날
(안식일)을 알려 주었다. [248]

2 내가 시내 산에서 그 땅의 안식년들에 대
해 너희에게 알려주었고, 안식년 중에서
희년에 대해 알려주었으나, 그 연도에 대
해서는 너희가 차지해야 할 땅에 들어가
기 전까지 알려주지 않았다.

3 그들이 그 땅에 거주하는 동안 그 땅도 땅
의 샤밭(안식년)을 지켜야 한다. 그렇게 해
야 그들은 희년의 해를 알게 될 것이다.

4 이러한 이유로 내가 너희를 위해 7년 주
기와 연도와 희년을 제정해 두었으니, 아
담의 날부터 오늘까지 49번의 희년과 1주
간과 2년[2410년]이 지났으며, 그들이 요단 강
을 건너 서쪽 가나안 땅으로 건너 갈 때까
지[2450] 여호와의 계명들을 배우기 위해 여
전히 40년이 더 남아있다. [249]

5 이스라엘이 온갖 음행의 죄와 불결과 오
염과 죄와 잘못으로부터 정결해지고 모든
땅에서 안심하며 굳건히 자리잡고 살게 될
때까지, '그 희년들'[250]이 지나가리라. 그
리고 더 이상 사탄이나 어떤 악한 자도 없
을 것이며,[251] 그 땅은 그때로부터 영원토
록 정결하리라. [252]

샤밭에 대한 토라

6 내가 너를 위하여 기록해 놓은 안식일들
에 관한 계명들과 그 토라들의 모든 판결

246 이스라엘 백성은 무교절 마지막 날인 일곱째 날에 홍해를 건넜고, 건너편 홍해 바닷가에서 모세의 노래를 부르며 용사이신 하나님(אישׁ מלחמה 이쉬 밀하마: 전쟁의 사나이)을 찬양하고 춤을 추며 절기를 마쳤다.
【출 15:1-2】"내가 여호와를 찬송하리니 그는 높고 영화로우심이요 말과 그 탄 자를 바다에 던지셨음이로다" 일곱 번째 나팔이 울리면 불이 섞인 유리 바다를 건넌 부활한 성도들은 모세의 노래와 어린 양의 노래를 부르며 찬양을 부를 것이다. 【계 15:3-4】"주 하나님 곧 전능하신 이시여 하시는 일이 크고 놀라우시도다 만국의 왕이시여 주의 길이 의롭고 참되시도다 주여 누가 주의 이름을 두려워하지 아니하며 영화롭게 하지 아니하오리이까 오직 주만 거룩하시니이다 주의 의로우신 일이 나타났으매 만국이 와서 주께 경배하리이다."

247 여기서 '이 토라 후에'는 유월절에 대한 가르침(토라)을 받고 난 후를 의미한다. 토라의 원래 뜻은 '위에서 아래로 내려준 가르침'이다.

248 이스라엘 백성이 홍해를 건너고 나서 모세의 노래를 부른 후, 첫 사건으로써 마라의 쓴물과 여호와 라파의 계시가 주어졌던 과정을 설명하는 중에 "거기서 여호와께서 그들을 위하여 법도와 율례를 정하시고 그들을 훈련하실 때"라 말씀하시는데, 이 문장에서 한 법도(호크חק)는 안식일 계명이며, 한 율례(미쉬파트משפט)는 부모 공경의 계명이다(출15:22-16:1). 시내 산에서 십계명을 받기 전에 안식일 계명과 부모 공경 계명이 먼저 주어졌음을 희년서 50:1에서도 확인해 주고 있다. 신명기 5장에서의 십계명 설명에서는 출20장의 출애굽기 설명과 달리 안식일 계명(신5:12)과 부모 공경 계명(신5:16)의 구절에 "네 하나님 여호와께서 전에 (이미) 명하셨던 대로"라 하며 이 두 계명은 미리 주셨던 계명이라는 기억이 반영되어 있다.

249 아담 창조를 첫 희년으로 삼을 때, 2450년은 50번의 희년 주기가 가득 채워지는 해로 이스라엘 자손들은 그 해 아빕월에 여호수아의 인도로 법궤를 모시고 요단 강을 건너 약속의 땅을 밟았다. 그리고 약 6개월 후 이스라엘은 약속의 땅에서 51번째 희년의 나팔을 불었다. 하나님은 여호수아의 군대가 에덴-동산의 땅으로 들어가 51번째 희년을 시작하도록 계획하셨다. 희년서는 모세가 시내 산 위에서 하나님과 천사들로부터 교육받은 증거의 책(ספר התעודה)이며, 모든 인류 역사는 하나님이 세심하게 계획하신 패턴에 맞춰서 진행된다는 것을 증언하고 증명하는 예언의 책이다.

250 여기서 '그 희년들'은 예수님께서 초림으로 오셔서 공생애를 시작하실 때, 나사렛 회당에서 그 주간의 토라포션(이사야 61:1-2)을 나눠 읽으시고 선언하시면서 시작하신 바로 '그 희년들' 곧, 이방인의 충만을 위한 은혜 받을 만한 때요 구원의 날을 의미한다. 이방인들에게도 본격적으로 천국의 기쁜 소식을 전하심으로 이방인들도 천국의 유업을 받을 수 있도록 초대하시는 '그 희년들'의 기간이 다 지나가면, 이스라엘은 오류에서 바로잡혀지고, 이스라엘 땅에서 안심하고 살게 될 것이며, 더 이상 사탄이나 어떤 악도 없는 의와 평강의 시대가 시작될 것이다.

251 '사탄이나 악한 자가 없다'는 표현은 완전한 통치가 이루어진 나라를 의미하는 표현으로, 요셉이 이집트에서 파라오와 이집트 모든 백성으로부터 존경받으며 통치하던 시대를 표현할 때도 사용되었다. [희 40:9b] "파라오의 왕국은 잘 다스려졌으며, 사탄(대적자)도 어떤 악한 자도 그곳에 없었다". [희 46:2b] "요셉이 사는 동안 그곳에는 사탄도 어떤 악도 없었으니, 이는 모든 이집트 사람들이 요셉이 사는 동안 이스라엘 자손을 존경하였기 때문이다." 희 23장에서 아브라함의 죽음의 장면 중 '그 얼굴의 천사'가 모세에게 천년왕국에 대해서 설명해주면서, "그들은 그들의 모든 날들을 채울 것이며, 샬롬과 희락 안에서 살 것이다. 사탄이나 다른 어떤 악한 파괴자도 없을 것이니, 이는 그들의 모든 날들이 복과 치유의 날들이 될 것이기 때문이다"(희 23:29)라고 묘사해주고 있다. 이는 올람 하티쿤(개정되고 고쳐진 세상)에 대한 그림이며, '그 희년들'이라는 긴 세월이 지난 후에야 온 땅에서 사탄이 없어지고 어떠한 악도 제거되어 없어지는 천년왕국이 시작될 것을 알려주는 것이다.

252 이스라엘 땅에 희년이 적용되어 땅에 희년이 선포되는 두 가지의 사이클이 4절과 5절에서 나타난다. 4절의 작은 사이클 희년은 에덴-동산에서 쫓겨났던 인류가 50번째 희년에 여호수아의 인도로 다시 에덴-동산에 들어오는 희년이며, 5절의 큰 사이클 희년은 첫째 부활로 새롭게 출발한 인류가 예슈아의 인도로 다시 에덴-동산으로 복귀하여 천년왕국을 시작하게 될 희년이다.
　50번째 희년에 약속의 땅인 가나안 땅을 정복하러 들어가는 것은 이미 정해져서 하늘의 돌판들에 기록된 사실이었지만, 그 시점이 인간들에게는 알려지지 않은 채 감추어져 있다가 40년 전 시내 산 정상에서 모세에게 그 해법을 자세히 보라.

7　6일 동안 너희는 힘써 일할 것이나, 제7일은 너희 하나님 여호와의 안식일이다. 너희와 너희 아들들과 너희 남종들과 너희 여종들과 너희 모든 가축과 너희와 함께 있는 임시 거류자라도 그 날에는 아무 일도 하지 말라.

8　그 날에 어떤 일이든 하는 자는 죽으리니, 누구든지 그 날을 더럽히는 자, 아내와 동침하는 자,[253] 그 날에 무엇을 하겠다고 말하며 매매와 관련된 일을 위해 그날에 길을 떠나는 자, 혹은 누구든지 여섯째 날에 스스로 준비하지 않은 물을 그 날에 긷는 자, 자기 장막이나 자기 집 밖으로 짐을 들고 나르는 자는 죽으리라.

9　너희는 안식일에 아무 일도 하지 말고 너희가 여섯째 날에 너희를 위해 준비한 것을 먹고 마시며 쉬고, 모든 일에서 샤밭(안식일)을 지켜 너희에게 절기의 날과 거룩한 날을 주신 여호와 너희 하나님을 송축할 것이다. 온 이스라엘을 위한 거룩한 왕국의 날은 그들의 날들 중 언제나 이 날이다.[254]

10　이스라엘이 이 절기의 날에 먹고 마시며

가 미리 계시되어졌다.

　부활한 성도들을 약속의 땅인 에덴-동산의 중앙 예루살렘으로 이끌고 들어가시는 그리스도의 재림도 우리에게 정확히 알려지지는 않았지만, 하늘의 돌판들에 새겨진 대로 진행될 것이며, 재림의 과정을 지나 그리스도께서 예루살렘으로 입성하시는 해는 예정된 '그 희년들'이 지난 후의 어느 희년에 맞춰질 것이다.

　그 희년에 땅과 인류와 자연 세계에 희년을 선포하시며 천년왕국을 시작하실 때, 이스라엘은 온갖 음행과 불결과 오염과 죄와 잘못으로부터 정결해지고 온 땅에서 안심하고 살게 될 것이며, 더 이상 사탄이나 악한 자가 없을 것이고 그 땅은 그때로부터 영원토록 정결할 것이다. 모세에게는 이 사실이 40년 전에 계시되어 알려졌으며, 여호수아는 7년 동안 가나안 땅 정복 전쟁을 치렀으며, 그후 땅은 지파별로 분배되었다.

253 안식에 대한 규정을 매우 엄격하게 준수하도록 성결과 구별을 엄중하게 강조하고 있는 희년서에서는 안식일에 부부가 동침하는 것도 금하고 있다. 하지만 후대의 랍비 유대교에서는 안식일에 단순한 금욕적인 휴식이 아닌 풍성한 음식을 먹고 가족과 즐거운 시간을 보내며 부부 관계를 통해서 친밀한 사랑을 누리는 것은 오네그 샤밭עֹנֶג שַׁבָּת(샤밭의 즐거움)을 실천하는 중요한 요소들로 간주했으며, 부부 간의 친밀함도 샤밭에 누려야 할 신성한 하나 됨으로 가르쳤다. 안식일 부부 관계에 대한 이러한 다른 입장은 시간이 흐름에 따라 역사적이고 문화적이고 신학적인 맥락에 따라서 변화가 있었던 것으로 보인다. 유대인들이 겪었던 전쟁과 인구 감소와 같은 민족적인 위기는 결혼과 출산을 장려하는 방향으로 영향을 미쳤으며, 금욕적인 샤밭보다는 풍성한 음식과 친밀한 사랑의 나눔과 영적 풍성함이 서로 조화를 이루는 샤밭으로의 신학적인 해석의 변화가 유대교 안에 있었다.

254 하나님께서는 일곱 하늘을 창조하셨고, 새 하늘과 새 땅에서 영원을 시작하시기 전까지 인류 역사를 7천 년으로 정해놓으셨으며, 일곱째 천년에 지구에 이루어질 메시아 왕국(천년왕국)은 일곱째 날인 샤밭(안식일)과 항상 연결되어 있도록 해놓으셨는데, 이것이 하나님께서 성경에서 일곱째 날을 기억하고 거룩하게 지키며 기념하라고 하신 이유이다. 이스라엘과 이스라엘에 접붙여진 교회가 반드시 천년왕국에 부활의 몸으로 다 참여하여 그 인자의 날에 다 제사장으로서 하나님을 섬기며 왕으로서 땅을 다스리게 하기 위하여 일곱째 날을 만드셨으며, 일곱째 천 년의 의와 평강의 시대, 회복된 에덴-동산의 시대와 일곱째 날이 항상 서로 연결되도록 해놓으셨다. 이미 완성해 놓으신 이날을 복 주시고 안식하시며, 안식일의 주인이신 예수 그리스도께서 우리를 초대해 주셨으므로, 우리가 그리스도를 믿음으로, 또한 그리스도의 믿음을 가짐으로 그 안식에 들어간다. 이것은 이스라엘에 접붙여져 참 이스라엘이 된 우리에게도 주신 큰 특권이며 큰 영광이다(롬 9:6-8, 갈 6:16-17, 요 1:47).

만족해 하고, 분향하는 일과 샤밭(안식일)을 위한 예물과 제물을 여호와 앞에 드리는 일 외에 사람의 수고에 속한 모든 수고로부터 안식하는 것은 여호와께서 이스라엘에게 주신 큰 영광이다.

11 오직 이 일만 샤밭의 날(안식일)에 여호와 너희 하나님의 성소에서 행할 것이니, 이는 그들이 날마다 계속되는 제사로 이스라엘을 위하여 속죄하여 이스라엘이 여호와 앞에 열납됨을 기념하기 위함이며, 또한 네가 명령받은 대로 그들이 행함으로 그분께서 그들을 날마다 영원히 받으시게 하려 함이니라. **255**

12 그 날에 누구든지 어떤 일을 하거나, 여행을 떠나거나, 집에서든 다른 곳에서든 밭을 갈거나, 불을 피우거나, 어떤 짐승 위에 타거나, 배를 타고 바다를 여행하거나, 어떤 것을 때리거나 혹은 죽이거나, 짐승이나 새를 죽이거나, 동물이나 새 혹은 물고기를 잡거나, 금식을 하거나 전쟁을 하거나,

13 이러한 일들 중 하나라도 샤밭에 행하는 자는 죽으리라. 이는 각 시대마다 그 시대의 토라들을**256** 내가 너를 위해 기록하도록 그분께서 내 손에 두신 돌판들에 기록된 대로 이스라엘 자손들이 그 땅의 샤밭에 관한 계명들을 따라 샤밭을 준수하게 하려 함이다.

이것으로 날들(시대)의 구분에 대한 기록은 마친다.

---

255 7일 중 하루인 안식일을 잘 지키는 것은 나머지 6일 동안의 모든 삶의 예배와 산 제사의 삶이 잘 드려지도록 영향을 미친다. 샤밭 때마다 "그분께서는 '그분의 기쁘게 받아들여 주시려는 갈망들'이 항상 그분 앞에 흠향되는 감미로운 향기로 올라가게 하셨다(희년서 2:22)." 샤밭마다 이 하나님의 선하신 뜻을 하나님께서 기억하시도록 하는 일을 명하신 이유는 이 일곱째 날이 일곱째 천 년과 연결되어 있고 또한 일곱째 하늘과도 연결되어 있기 때문이며, 영원히 우리를 받아주실 완전하고 완벽한 새 예루살렘과도 연결되어 있기 때문이다.

256 각 시대마다 그 시대의 토라들: '토라תורה'는 '위에서 아래로 내려주신 가르침'이라는 뜻이다. 하나님의 토라는 완전하고 변하지 않는다. 하지만 시대마다 각 사람에게 계시되는 토라는 부분적이어서, 각 시대마다 그 시대에 맞게 주어진다(희 33:16, 36:20, 50:13). '모세의 토라'가 시내 산에서 모세에게 주어졌다. 예수님께서 오셔서 '새 계명과 새 언약의 토라(가르침)'를 주셨다. '모세의 토라' 이전에는 '에녹의 토라'가 있었다. 예수님께서 재림하시면 천년왕국의 토라(가르침)가 있게 될 것을 이사야 선지자는 내다보았다.

【사 2:2-3】 "2.말일에 여호와의 전의 산이 모든 산 꼭대기에 굳게 설 것이요 모든 작은 산 위에 뛰어나리니 만방이 그리로 모여들 것이라 3. 많은 백성이 가며 이르기를 오라 우리가 여호와의 산에 오르며 야곱의 하나님의 전에 이르자 그가 그의 길을 우리에게 가르치실 것이라 우리가 그 길로 행하리라 하리니 이는 율법이 시온에서부터 나올 것이요 여호와의 말씀이 예루살렘에서부터 나올 것임이니라" 천년왕국과 토라에 관해서는 희 23:26-32을 참조하라.

에필로그
참고문헌

희년서를 처음 접하는 대부분의 사람들은 기존 학계에서 희년서에 대해 내린 연대 평가와 개관을 먼저 접합니다. 학계는 희년서를 제2성전 시대, 특히 기원전 2세기 중반에 누군가에 의해 창작된 작품으로 추정해 왔습니다. 희년서 본문을 꼼꼼히 읽어본 적이 없는 대다수의 사람은 이러한 사전 지식에 기반하여 희년서를 이해하려고 접근을 시작합니다. 그러나 본문을 직접 자세히 읽고 스스로 평가해 본 사람은 극히 소수에 불과합니다. 이 책의 서문에서도 논의했듯, 이러한 학계의 평가는 성경이 먼 미래를 예언할 수 있다는 가능성을 처음부터 배제한 사고방식에서 비롯된 것입니다.

학계는 희년서를 모세가 시내 산에서 하나님으로부터 받은 책이 아니라, 제2성전 시대에 누군가가 모세의 이름으로 창작한 작품이라고 간주하며, 이로 인해 희년서의 가치를 크게 축소시켜 왔습니다. 그러나 희년서는 창세기와 출애굽기를 더 깊이 이해하기 위한 중요한 배경 문헌일 뿐만 아니라, 모세오경과 역사서, 예언서, 시가서, 그리고 신약성경을 이해하는 데에도 필수적인 배경지식을 제공해 주는 귀한 책이며, 이 책은 히브리적 세계관을 확장하고 성경을 더 풍성하게 이해하도록 돕는 소중한 고대 히브리 문헌으로써 모세의 작품입니다.

오랫동안 극소수의 사람들만 희년서 본문에 접근할 수 있었으며 당신이 그 소수일지 모릅니다. 하지만 대다수의 사람에게 잘 번역된 희년서 본문이나 본문에 대한 바른 해설도 한국어로는 소개되지 않았습니다.

그러나 하나님의 섭리로 이제 한국 교회는 잘 번역된 희년서 본문에 접근할 기회를 얻었으며, 구약과 신약 시대를 살았던 사람들이 정경을 이해하던 방식으로 정경을 더 깊이 이해할 수 있는 한 편의 길이 열리게 되었으니, 이 책을 통해서 성경을 사랑하는 많은 사람들이 유익을 얻기 바라며, 이 책을 바탕으로 더 많은 관련 자료가 나오게 되길 바랍니다.

저는 지금 이 책의 마지막 문장을 모세가 이 모든 계시를 보고 들었던 영광으로 불타오르던 시내 산 정상에 올라서서 기록하고 있습니다.

아담 이후 5785년 에타님אתנים 월
아라비아에 있는 시내 산 정상에서 역사의 장엄함을 바라보며
고대히브리관점연구소
육에녹

참고문헌

Boccaccini, Gabriele, Giovanni Ibba, Jason von Ehrenkrook, James Alan Waddell, and Jason Zurawski, eds. *Enoch and the Mosaic Torah: The Evidence of Jubilees.* Grand Rapids, Mich: William B. Eerdmans Pub. Co, 2009.

Brooke, George J. "Things Revealed: Studies in Early Jewish and Christian Literature in Honor of Michael E. Stone." JSTOR, 2007.

Brown, Francis, S. R. Driver, and Charles A. Briggs. *A Hebrew and English Lexicon of the Old Testament.* Oxford: Clarendon Press, 1906.

Charles, R. H. The Book of Jubilees or the Little Genesis. London: Black, 1917.

Charlesworth, James H. *The Old Testament Pseudepigrapha. Volume 1: Apocalyptic Literature & Testaments,* 1983.

Chazon, Esther G., Ruth Clements, and Avital Pinnick. *Liturgical Perspectives: Prayer and Poetry in Light of the Dead Sea Scrolls: Proceedings of the Fifth International Symposium of the Orion Center for the Study of the Dead Sea Scrolls and Associated Literature, 19-23 January, 2000.* BRILL, 2018.

Crawford, Sidnie White, and James C. VanderKam. "Jubilees: A Commentary in Two Volumes" (2018).

Davenport, G. L. "The Eschatology of the Book of Jubilees." Brill, 2022.

Duhm, Bernhard. *Das Buch Jesaia.* Handkommentar zum Alten Testament. III. Abt., Die prophetischen Bücher. Göttingen: Vandenhoeck & Ruprecht, 1892.

Eshel, Esther. "Jubilees 32 and the Bethel Cult Traditions in Second Temple Literature." Pages 21–36 in *Things Revealed*. Edited by Esther G. Chazon, David Satran, and Ruth Clements. BRILL, 2004.

———. "Mastema's Attempt on Moses' Life in the 'Pseudo-Jubilees' Text from Masada." *Dead Sea Discov* 10.3 (2003): 359–64.

Gilders, William K. "Where Did Noah Place the Blood? A Textual Note on Jubilees 7:4." *Journal of Biblical Literature* 124.4 (2005): 745–49.

Goldstein, Jonathan A. "The Date of the Book of Jubilees." *Proceedings of the American Academy for Jewish Research* 50 (1983): 63–86.

Joseph Naveh. *Early History of the Alphabet: An Introduction to West Semitic Epigraphy and Palaeography,* 2005.

Koehler, Ludwig, Walter Baumgartner, and Johann Jakob Stamm. *The Hebrew and Aramaic Lexicon of the Old Testament.* Translated and edited under the supervision of M. E. J. Richardson. 2 vols. Leiden: Brill, 1994–2000.

Knibb, Michael A. *The Ethiopic Book of Enoch and the Book of Jubilees.* 2 vols. Oxford: Clarendon, 1978.

Kugel, James L. "Jubilees." Pages 1279–1500 in *Outside the Bible: Ancient Jewish Writings Related to Scripture.* Edited by Louis H. Feldman, James L. Kugel, and Lawrence H. Schiffman. 3 vols. Philadelphia: Jewish Publication Society, 2013.

———. *A Walk through Jubilees: Studies in the Book of Jubilees and the World of Its Creation.* Supplements to the Journal for the Study of Judaism v. 156. Leiden; Boston: Brill, 2012.

Paulus, Heinrich Eberhard Gottlob. *Philologisch-kritischer und historischer Kommentar über das Neue Testament.* Bohn, 1804.

Schuster, Ruth. "Archaeologists Reveal Oldest Inscription in Jerusalem: A Canaanite Curse." Haaretz, 10 July 2022, § Archaeology.

VanderKam, James C. *The Book of Jubilees*. Guides to Apocrypha and Pseudepigrapha. Sheffield, England: Sheffield Academic Press, 2001.

———. *Jubilees: A Commentary on the Book of Jubilees 2 Chapters 22-50*. Hermeneia: A Critical and Historical Commentary on the Bible. Minneapolis: Fortress Press, 2018.

———. *Jubilees: A Commentary on the Book of Jubilees Chapters 1-21*. Edited by Sidnie White Crawford. Hermeneia:A Critical and Historical Commentary on the Bible. Minneapolis: Fortress Press, 2018.

Deane, William John. *Pseudepigrapha: An Account of Certain Apocryphal Sacred Writings Of The Jews And Early Christians*. Kessinger Publishing, 1891.

Wintermute, O. S. "The Book of Jubilees: A New Translation and Introduction." Pages 35–142 in *The Old Testament Pseudepigrapha,* Volume 2: *Apocalyptic Literature and Testaments.* Edited by James H. Charlesworth. New York: Doubleday, 1985.

희 년 서

초 판   2025년 3월 22일
2쇄   2026년 2월 20일
글쓴이   육에녹
펴낸이   육에녹
본문번역   고대 히브리관점 연구소(AHPI) 번역팀
펴낸곳   도서출판 진리의집
교 정   임하나,박아인
편 집   백진영

출판등록   제2023-000005호(2020.09.02)
주 소   (03723)서울시 서대문구 연희로174, 201호
전자우편   houseoftruth832@naver.com
홈페이지   www.AHPI.space
유튜브   진리의집
네이버카페   http://cafe.naver.com/houseoftruth
온라인몰   네이버 진리의집_http://smartstore.naver.com/housoftruth
영업, 관리   백진영(010-5164-2593)

ISBN   979-11-987933-4-8
정가   23,000원